H
Jiaoyu Daolun

汉语国际教育导论

教育部教学改革重点项目
——「文化原典导读与本科人才培养」成果

傅其林　邓时忠　甘瑞瑷 主编

杨颖育　魏　红　李菲 副主编

高等院校汉语言文学专业系列教材

重庆大学出版社

图书在版编目(CIP)数据

汉语国际教育导论/傅其林,邓时忠,甘瑞瑗主编.
—重庆:重庆大学出版社,2014.9(2023.8重印)
高等院校汉语言文学专业系列教材
ISBN 978-7-5624-8540-7

Ⅰ.①汉…　Ⅱ.①傅…②邓…③甘…　Ⅲ.①汉语—
对外汉语教育—研究　Ⅳ.①H195

中国版本图书馆 CIP 数据核字(2014)第 188318 号

汉语国际教育导论

主　编　傅其林　邓时忠　甘瑞瑗
策划编辑:贾　曼　雷少波　林佳木
责任编辑:李桂英　庞国栋　版式设计:雷少波
责任校对:邹　忌　　　　责任印制:张　策

*

重庆大学出版社出版发行
出版人:陈晓阳
社址:重庆市沙坪坝区大学城西路 21 号
邮编:401331
电话:(023) 88617190　88617185(中小学)
传真:(023) 88617186　88617166
网址:http://www.cqup.com.cn
邮箱:fxk@ cqup.com.cn (营销中心)
全国新华书店经销
POD:重庆新生代彩印技术有限公司

*

开本:787mm×1092mm　1/16　印张:16.25　字数:346千
2015 年 2 月第 1 版　　2023 年 8 月第 3 次印刷
印数:4 001—5 000
ISBN 978-7-5624-8540-7　定价:46.00 元

本书如有印刷、装订等质量问题,本社负责调换
版权所有,请勿擅自翻印和用本书
制作各类出版物及配套用书,违者必究

高等院校汉语言文学专业系列教材编委会

主　　编　曹顺庆

编　　委（按拼音排序）

曹顺庆	邓时忠	冯宪光	付飞亮
付品晶	傅其林	干天全	靳明泉
李　凯	廖思湄	刘　荣	刘　迅
刘　颖	刘文勇	马　睿	孙纪文
王　进	王友亮	魏　红	鲜丽霞
肖伟胜	谢建英	熊伟业	徐　蔚
徐行言	徐希平	阎　嘉	杨红旗
杨亦军	杨颖育	赵渭绒	支　宇

主编助理　李　菲

《汉语国际教育导论》
编委会

Valeria Petrone(四川大学)	陈　侠(四川大学)
邓时忠(西南财经大学)	邓文斌(西南民族大学)
杜晓莉(四川大学)	范水平(江西师范大学)
方智颖(四川大学)	傅其林(四川大学)
何宝璋(美国圣十字学院)	黄　洁(重庆师范大学)
解　藜(四川师范大学)	金孝真(韩国又松大学)
康　健(西华师范大学)	郎　斌(四川师范大学)
李　菲(四川大学)	李　莉(西南交大)
李　淼(四川师范大学)	李玉凤(四川大学)
梁　京(四川信息工程学院)	刘　颖(四川大学)
罗艺雪(四川大学)	母皓元(四川大学)
孙　琳(西南大学)	肖达娜(四川师范大学)
魏　红(云南师范大学)	徐　亮(内江师范学院)
杨颖育(四川师范大学)	俞志强(美国纽约城市大学)
袁　喆(四川大学)	翟　汛(武汉大学)
詹海玉(宜宾学院)	张戎茸(四川师范大学)
周仁平(四川大学)	朱　姝(四川大学)
朱其智(中山大学)	

总序

　　这是一套以原典阅读为特点的新型教材,其编写基于我们较长时间的教改研究和教学实践。

　　有学者认为,中国当代几乎没有培养出诸如钱钟书、季羡林这样学贯中西的学术大师,以至钱钟书在当代中国,成了一个"高山仰止"的神话。诚然,钱钟书神话的形成,"钱学"(钱钟书研究)热的兴起,有着正面的意义,这至少反映了学界及广大青年学子对学术的景仰和向往。但从另一个角度看,也可以说是中国学界的悲哀:偌大一个中国,两千多万在校大学生,当钱钟书、季羡林等大师级人物相继去世之后,竟再也找不出人来承续其学术香火。问题究竟出在哪里? 造成这种"无大师时代"的原因无疑是多方面的,首先是我们的教育(包括初等教育与高等教育)。我们的教育体制、课程设置、教学内容、教材编写等方面,都出现了严重的问题,导致了我们的学生学术基础不扎实,后续发展乏力。仅就目前高校中文学科课程设置而言,问题可总结为四个字:多、空、旧、窄。

　　所谓"多"是课程设置太多,包括课程门类多、课时多、课程内容重复多。不仅本科生与硕士生,甚至与博士生开设的课程内容也有不少重复,而且有的课程如"大学写作""现代汉语"等还与中学重复。于是只能陷入课程越设越多,专业越分越窄,讲授越来越空,学生基础越来越差的恶性循环。其结果就是,中文系本科毕业的学生读不懂中国文化原典,甚至不知《十三经》为何物;外语学了多少年,仍没有读过一本原文版的经典名著。所以,我认为对高校中文课程进行"消肿",适当减少课程门类、减少课时,让学生多有一些阅读作品的时间,是我们进行课程和教学改革的必由之路和当务之急。

　　所谓"空",即我们现在的课程大而化之的"概论""通论"太多,具体的"导读"较少,导致学生只看"论",只读文学史以应付考试,而很少读甚至不读经典作品,以致空疏学风日盛,踏实作风渐衰。针对这种"空洞"现象,我们建议增开中国古代原典和中外文学作品导读课程,减少文学史课时。教材应该搞简单一点,集中讲授,不要什么都讲,应倡导启发式教育,让学生自己去读原著,读作品。在规定的学生必读书目的基础上,老师可采取各种方法检查学生读原著(作品)情况,如抽查、课堂讨论、写读书报告等。这既可养成学生的自学习惯,又可改变老师满堂灌的填鸭式教育方式。

　　所谓"旧",指课程内容陈旧。多年来,我们教材老化的问题并没有真正解决,例如,现在许多大学所用的教材,包括一些新编教材,还是多年前的老一套体系。陈旧的教材体系,造成了课程内容与课程体系不可避免的陈旧,这应当引起我们的高度重视。

"窄",也是一个亟待解决的问题。自20世纪50年代以来,高校学科越分越细,专业越来越窄,培养了很多精于专业的"匠",却少了高水平的"大师"。现在,专业过窄的问题已经引起了国家教育部的高度重视。拓宽专业口径,加强素质教育,正在成为我国大学人才培养模式的一个重要改革方向。中文学科是基础学科,应当首先立足于文化素质教育,只要是高素质的中文学科学生,相信不但适应面广,而且在工作岗位上更有后劲。

纵览近代以来的中国学术界,凡学术大师必具备极其厚实的基础,博古通今,学贯中西。而我们今天的教育,既不博古,也不通今;既不贯中,也不知西。这并不是说我们不学古代的东西,不学西方的东西,而是学的方式不对。《诗经》《楚辞》《论语》《史记》我们大家多少都会学一点,但这种学习基本上是走了样的。为什么是"走了样"的呢?因为今天的教育,多半是由老师讲时代背景、主要内容、艺术特色之类"导读",而不是由学生真正阅读文本。另外,所用的读本基本是以"古文今译"的方式来教学的,而并非让同学们直接进入文化原典文本,直接用文言文阅读文化与文学典籍。这样的学习就与原作隔了一层。古文经过"今译"之后,已经走样变味,不复是文学原典了。诚然,古文今译并非不可用,但最多只能作为参考,要真正"博古",恐怕还是只有读原文,从原文去品味理解。甚至有人提出,古文今译而古文亡,一旦全中国人都读不懂古文之时,就是中国文化危机之日。其实,这种危机状态已经开始呈现了,其显著标志便是中国文化与文论的"失语症"。更不幸的是,我们有些中青年学者,自己没有真正地从原文读过原汁原味的"十三经"或"诸子集成",却常常以批判传统文化相标榜,这是很糟的事情,是造成今日学界极为严重的空疏学风的原因之一。传统文化当然可以批判,但你要首先了解它,知晓它,否则你从何批判呢?"告诸往而知来者","博古"做不好,就不可能真正"通今"。

那我们在"贯西"上又做得如何呢?在我看来,当今中国学术界、教育界,不但"博古"不够,而且"西化"也不够,准确地说是很不够!为什么这样说呢?详观学界,学者们引证的大多是翻译过来的"二手货",学生们读的甚至是三手货、四手货。不少人在基本上看不懂外文原文或者干脆不读外文原文的情况下,就夸夸其谈地大肆向国人贩卖西方理论,"以己昏昏,使人昭昭"。这种状况近年来虽有所改善,但在不少高校中仍然或多或少地存在着。一些中文系学者仍然依赖译文来做研究(我并非说不可以参照译文来研究,而是强调应该尽量阅读和参照原文),我们不少学生依然只能读着厚厚的"中国式"的西方文论著作。在这种状况下怎么可能产生学贯中西的学术大师?

这种不读原文(包括古文原文与外文原文)的风气,大大地伤害了学术界与教育界,直接的恶果,就是空疏学风日盛,害了大批青年学生,造就了一个没有学术大师的时代,造成了当代中国文化创新能力的严重衰减。

基于以上形势和判断,我们在承担了"教育部教学改革重点项目——文化原典导读与本科人才培养"的教改实践和研究的基础上,立足"原典阅读"和夯实基础,组织了一批学科带头人、教学名师、著名学者、学术骨干,为培养高素质的中文学科人才,群策群力,编写了这套新型教材。这套教材特色鲜明,立意高远,希望能够秉承百年名校的传统,再续严谨学风,为培养新一代基础扎实、融汇中西的创新型人才而贡献绵薄之力。

本教材第一批共九部,分别由各学科带头人领衔主编,他们是:四川大学文科杰出教授、教育部社科委员、985 创新平台首席专家项楚教授,四川大学文科杰出教授、教育部长江学者、国家级教学名师曹顺庆教授,原伦敦大学教授、现任四川大学符号与传播研究中心主任赵毅衡教授,以及周裕锴、谢谦、刘亚丁、俞理明、雷汉卿、张勇(子开)、李怡、杨文全等教授、博士生导师。

本丛书第一批九部出版以来,被多所学校选作本科生、研究生的教材,或者入学考试的参考书目,读者反响良好。目前第一批已经全部安排重印或者修订,以期精益求精。同时,在出版社的倡议和推动下,我们启动了第二批教材的编写工作。此次编写依然由我担任总主编,在第一批书主编的基础上,第二批书的主编人员既有著名学者、美学家冯宪光教授,也有一些中青年专家,如四川大学文新学院的傅其林教授,四川大学海外教育学院的刘荣教授。需要特别指出的是,第二批的编写工作与第一批不同是,主编及编写人员的组织遴选上不限于四川大学,而是将兄弟院校一些有专长、有影响的学者邀请来一起做。如,四川师范大学文学院院长李凯教授、西南交通大学艺术与传播学院徐行言教授、西南民族大学文学院院长徐希平教授、西南大学文学院副院长肖伟胜教授、成都理工大学传播科学与艺术学院院长刘迅教授、西南财经大学邓时忠教授等。相信通过这些新生力量的加入,丛书第二批将更能代表和体现教学的需要,更好地服务教学实践。

曹顺庆

2014 年 7 月于四川大学

前言

　　虽然汉语国际教育专业的硕士培养 2006 年才开始启动，但是在汉语国际传播与推广方面已经作出了一些突出成绩，尤其是在短短几年内培养了一大批高层次、实践性、国际性的汉语师资队伍，逐步改变了学术型汉语教师的培养理念。不过，在汉语国际教育本科生培养方面，培养理念、师资素养、课程设置、课堂教学、教材建设、实践环节等方面仍处于探索阶段，尤其是针对不同学校、不同层次的汉语国际教育本科生的培养模式还亟待进一步探索。《汉语国际教育导论》作为汉语国际教育的本科生教材，立足于教育部本科专业之名称由"对外汉语"调整为"汉语国际教育"的精神，教材的基本编写理念突出了基础性、原典性、国际性三大原则。

一、基础性

　　《汉语国际教育导论》属于汉语国际教育本科层次的基础性教材，因此基础性是编写理念的核心思路之一。教材具体体现本科生初级阶段的接受心理特性，提供专业基本知识与能力的概览，让本科生初步把握汉语国际教育的基本面貌，为进一步专业知识学习与教学实践能力培养作准备。

　　学习对象是教材首先考虑的问题。本教材适用于刚刚进入大学学习汉语国际教育专业的本科生，这些学生的接受心理尚处于高中的知识储备与能力水平，同时对汉语国际教育专业充满期待和潜在的兴趣，但是对本专业又基本上是茫然的。我们凭借多年给四川大学"对外汉语"专业授课以及与该专业同学的交流发现，多数学生的专业意识较为薄弱，学汉语不如中文系学生，学外语不如外语系学生。此中原因颇为复杂，不仅在于教师、培养方案、课堂教学等因素，还在于专业引导教材的缺乏，尤其是适合高中水平到大学初级阶段的专业引导教材的缺乏。基于此，《汉语国际教育导论》强调"导论"特性，试图把刚进入大学的本科生引入汉语国际教育的殿堂，"走马观花"地展示汉语国际教育的广阔场景。在编写过程中，我们设置本专业核心的领域，让学生"浏览"汉语国际教育涉及的点与面，让他们置身在一个较为具体的、多面的专业世界。本教材分为八章，除了教育学、心理学、语言教学、第二语言教学等普遍的问题，主要涉及汉语国际教育教师素质、课堂教学、汉语国际教育教材、汉语习得、评估与测试、历史与未来等问题。这些领域的选取考虑到汉语国际教育的国内外现状所呈现出来的问题。譬如汉语国际教育教师素质以往常常被忽视，近年来成为突出的问题,这不仅是全球汉语教师的问题,更是我们培养的学生如何成为合格乃至优秀的汉语教师的重要因素。2012年6月四川大学与美国纽约城市大学等在成都联合召开的"第十一届国际汉语教学学术研讨会"的大会主题确立为"汉语国际教育师资",此主题得到国内外与会专家的肯定,并对此进行了深入研讨。又譬如,关于"课堂教学",我们选取汉语国际教育最基本的教学课型与教学方法,主要有"汉字教学""语法教学""口语及语音教学""文化教学""计算机辅助汉语教学"等,既有传统的教学模式的延续,也有最新的教学方法的展示。

为了适应初学者的接受心理并满足其专业期待视野,本教材注重以"概述"来实现"导论"的意义。教材每一章首先简要概述本章所涉及的基本领域,勾勒其简单的历史,概括几个主要领域的成果成效,目的是让学生尽快把握相应领域的重点,篇幅一般在1000字左右,语言力求简洁,有概括性。譬如第六章"汉语国际教育的国别化",编者在概述中总结:"语言本身的差异与不同国家间社会文化的差异,决定了'国别化'是当前汉语国际教育所面临的重要课题。本章主要概述了美国、意大利、法国、韩国等国家的汉语教育历史与现状,并强调加强国际交流与合作,学习他国先进的理论,吸取新的研究成果和经验教训,才能针对不同国家的民情、国情和地情,制定出不同的汉语国别化教育对策,从而使汉语全面、丰富、完整地走向世界。"每一章下面的每一节也首先是概述,篇幅一般在1 500字左右,简要地勾勒该节最主要的几个问题,没有详细分析和逻辑论证,力求减小初学者的难度系数,为他们形成专业知识的基本框架,实现"导论"奠定课程专业基础之目的。

二、原典性

原典性是《汉语国际教育导论》教材编写的另一个重要理念,也是本教材最具创新之点。

本教材之所以强调原典性,原因有二。一是为实践四川大学文学与新闻学院近二十年来的本科教学理念:重视原典教学与本科生人才培养。四川大学文学与新闻学院通过教学改革与多年的教学实践探索出基于原典的教学理念,已经在国内产生了重要影响。在汉语国际教育领域,我们已经编写了《现代汉语》《语言学概论》等原典教材,但是真正切入汉语国际教育的原典教材还在进行中,《汉语国际教育导论》教材就是此过程中之一部,今后还会陆续出版相关的教材。我们的汉语国际教育专业本科生录取分数多年处于学院最高的重点分数线上,常常超过中文录取分数线,甚至超过基地班,学生较为优秀。他们处于研究型大学的研究学院和学科并受其教育理念的影响,不能简单地学知识和教学技能,还需要知识结构的创造性更新与教学教育理念的创造性实践,以成为卓越的汉语国际教育师资队伍为目标。这就需要接触与学习本专业的原典文献,原汁原味地领略汉语国际教育专业的重要领域与关键问题。二是关于汉语国际教育本身的问题。虽然汉语国际教育经过几十年的发展,实践经验与教育理论取得了一定成效,但是总体上看,这还是一门相当年轻的学科,专业性没有得到很好的建设。这其中的原因之一便是经典文献缺乏,就连一般的大学老师也处于摸索阶段,更别说刚刚入门的大学生了。虽然汉语热不断升温,但是汉语国际教育的专业化始终是一个瓶颈问题,因为这里面涉及太多的学科,譬如教育学、心理学、语言学、应用语言学、管理学、伦理学、汉语知识、跨文化交际等。似乎每个能够说汉语的中国人皆可教汉语,并能够总结出自己一套经验模式。有实践经验的人能够无师自通,一个长期在国外教汉语的人即使不学"现代汉语"也能够赢得较好的声誉。但是专业建设,优秀的汉语国际教育人才的培养不能随意,而是需要专业经典的建构。学生在学习经典文献、经典教育模式的过程中不断走向成熟,所以,我们在教材的编写中重视汉语国际教育的原典文献,崇尚所谓"恒久之至道,不刊之鸿教"。我们力求从众多汉语国际教育的历史足迹中寻觅经典的引领意义,也许这些原典还够不上严格意义的经典,但是我们尝试建构一种本专业的经典,让本科生快速地知道汉语国际教育领域的知名专家、重要的理论贡献、有效的教学教育实践模式,启迪本科生沿着原典文献开启的空间继续拓展,形成具有汉语教育特色的第二语言教学,而不是紧随西方模式。经典立足于高位,学生也容易在高位上思考问题,实践教学理念,而不是低水平地重复。

基于此,《汉语国际教育导论》经过具有多年汉语国际教育经验和研究成果的高校教师反复琢磨、讨论、筛选,确定了30篇左右的国内外的原典文献,每篇的字数在6 000字左右。这些原典文献作者有中国的吕必松、刘珣、陆剑明、李培元、赵金铭、崔希亮、周小兵、石锋、陈绂等,也有美国的桑代克(Edward Lee Thorndike)、哈德利(Alice Omaggio Hadley)、库玛(Kumaravadivelu)、萨姆瓦(Samovar)、吴伟克(Galal Walker)、罗云(Claudia Ross)、卜德(Derk Bodde)、何宝璋、温晓红、祖炳民等,法国的白乐桑(Joël Bellassen),瑞典的汉学家高本汉(Bernhard Karlgren),意大利的图莉安(Antonella Tulli),韩国的孟柱亿,捷克的夸美纽斯(Comenius)等。原典的选取原则是具有历史性或者代表性、重要性、新颖性的文献。"原典"之"原"突出原汁原味,从语言来说,主要是汉语文献和英文文献;"原典"之"典"则突出文献的代表性、普遍性。在每一节的概述之后就是原典文献,为了让学生较为容易地进入原典世界,在原典之前有简单的介绍。

三、国际性

汉语国际教育专业相对于以往的"对外汉语专业",更注重国际性,更关注世界汉语教育教学的最新发展趋势与全球化局势。根据最近几年孔子学院发展与建设状况,国外汉学发展的最新成果以及对国外中小学、大学、培训机构的汉语教育的基本把握,《汉语国际教育导论》在基础性上突显原典性,在汉语国际教育的全球化新趋势下,强调编写的国际性原则,呈现全球化语境下世界汉语教育的多姿多彩的景观。因此,《汉语国际教育导论》没有把多样性的世界汉语教育教学纳入一个统一的不变的原则或者理念,亦非站在一种立场来批判其他立场的教育教学理念,而是充分地植入本土化、国别化的汉语教育教学,给本科生和教材使用者更多的自我评价和琢磨思考的空间。

国际性原则是两方面的。一是体现出汉语教育的全球性发展的趋势。从英语世界到法语、斯拉夫语、德语、意大利语、西班牙语等世界,汉语教育雨后春笋般涌现,汉语在一些西方国家跃居第二外国语学习之首位。亚洲、非洲的不少国家的汉语教育也呈现出兴盛势头,尤其是东南亚国家以华文教育带动的汉语教学,成为所在国家的教育教学体系的有机组成部分。本教材对全球化的汉语教育教学现状与态势颇为重视,力图为学生展示汉语国际传播的总体格局,同时也反映一些具体的困境与困惑。二是体现为对多元本土化的汉语教育教学的国别化特征的彰显。国际性、全球化涉及到普遍性的发展趋势,关涉汉语教育教学的普及,关涉汉语教学理念、教学模式与方法的普遍化、规律化。但是富有成效的汉语教学又是本土化的,不同国家和地区的汉语教学具有不同的特点,具有政治体制、教育政策与体制、文化背景、社会生活方式的诸多差异。因此,汉语国际教育不论是所在国家和地区教师还是中国教师必须考虑国别化问题。

事实上,汉语教育教学的国别化探讨与实践是近年来的重要问题之一。我们在2008年参加国家“汉办”与加拿大英属哥伦比亚大学(UBC)联合举办的有关汉语国际教育专业硕士学位培训的过程中,较为清醒地认识到汉语教学不能完全按照西方的语言学理论、语言教学理论、第二语言教学理论来实践。我们在与美国的何宝璋、俞志强、刘乐宁教授,韩国的甘瑞瑗教授,新加坡的刘宏教授,俄罗斯的斯特洛夫斯基等的交流中,意识到汉语国际教育本土化的重要性与迫切性。四川大学近年招收了一批国外的汉语国际教育专业硕士生,2013年又与韩国又松大学联合招收培养汉语国际教育专业硕士生。我们的硕士培养经验提供了一个重要的启示:本科生的汉语国际教育的本土化推进势在必行。我们认为,本土化的推进是汉语国际教育本科生培养走向成熟的重要标志。本教材通过本土化的具体举措来彰显国际性,以国别化思路凸显和充实汉语国际教育培养的国际性目标。在具体的编写方面,我们用三章来突出汉语国际教育的国别化问题,分量几乎占到教材的一半。第四章为“汉语国际教育教材”,主要突出了中国大陆汉语教材的状况与特点、美国汉语教材的特点、法国汉语教材的特点,突出中国学者李培元等编写的《基础汉语课本》,罗云、何宝璋等人编写的最新美国大学汉语教材《现代汉语课程》以及法国汉学家白乐桑编写的《汉语语音文字启蒙》的代表性。第五章为“汉语作为第二语言的习得”,在普遍性的视野中突出了北美学生汉语习得的特点、欧洲学生汉语习得的特点以及亚洲非中国学生的汉语习得特点。第六章为“汉语国际教育的国别化概览”,从总体上概括了美国汉语教育状况、法国汉语教育状况、意大利汉语教育状况、韩国汉语教育状况。在本土化、国别化的原典选择过程中,我们选了一些国内的代表性研究成果,但是主要是本土的汉语国际教育专家的原典,以突出国别化的原汁原味,如美国祖炳民的《中文教学在美国》、法国白乐桑的《法国汉语教学历史沿革与现状》、意大利图莉安(Antonella Tulli)的《意大利汉学研究的历史》、韩国孟柱亿的《韩国汉语教育的现状与未来》等。

《汉语国际教育导论》是集体探索而编写的成果,编写团队体现了一定的国际性。教材的编委包括美国的何宝璋、俞志强,韩国的甘瑞瑗、金孝真以及意大利的莉丽(Valeria

Petrone)博士,中国武汉大学、中山大学、西南大学、西南财经大学等著名高校的翟汛、邓时忠、魏红、朱其智、邓文斌、杨颖育、康健等学者以及四川大学的编写团队。虽然我们在具体的编写过程中,对基础性、原典性和国际性方面的遴选与把握还存在诸多不足和疏漏之处,但是编写团队为四川大学的汉语国际教育本科层次的教材编写的探索做出了一些奠基性工作。当然,具有四川大学培养特色的《汉语国际教育导论》是否富有成效,还需要我们的老师和学生在今后的教学实践中去验证。

《汉语国际教育导论》编写组

2014 年 6 月

目　录

第一章　教育学、心理学及语言教学

第二章　汉语国际教育教师素质与能力

第三章　汉语国际教育课堂教学

第四章　汉语国际教育教材

第五章　汉语作为第二语言的习得

第六章 汉语国际教育的国别化概览

第七章 汉语国际教育水平测试与等级标准

第八章 汉语国际教育的历史、现状与未来

第一章　教育学、心理学及语言教学

从事汉语国际教育首先需要了解与其相关的一些学科理论和基本概念,如教育学、心理学以及与语言教学相关的理论。

什么是教育学? 教育学是以教育现象、教育问题为研究对象,归纳总结人类教育活动的科学理论与实践,探索解决教育活动产生、发展过程中遇到的实际教育问题,从而揭示出一般教育规律的一门社会科学。它研究的对象是人类教育现象和问题,以及教育的一般规律,是研究教育、社会、人之间和教育内部各因素之间内在的本质联系和关系的科学,具有客观性、必然性、稳定性、重复性。具体的研究对象如教育与社会政治、经济、科技、文化、人口、环境等之间的关系;教育活动与人的发展之间的关系;教育内部的学校教育、社会教育、家庭教育之间的关系;初等教育、中等教育、高等教育之间的关系;学校教育中教育目标与教学、课外教育之间的关系;教育、教学活动中智育与德、体、美、劳诸育之间的关系;智育中教育者的施教与受教育者的受教之间的关系;学生学习活动中学习动机、学习态度、学习方法与学习成绩之间的关系;高等教育结构、专业设置、课程设置的关系等,这些关系都存在着规律性联系。教育学的任务就是探讨、揭示种种教育的现象和问题,揭示教育的一般规律。

什么是心理学? 心理学是一门研究人类及动物的心理现象、精神功能和行为的科学,包括基础心理学与应用心理学两大领域。基础心理学是心理学的基础学科,研究心理学基本原理和心理现象的一般规律。它涉及的领域包括心理的实质和结构,心理学的体系和方法论问题,以及感觉知觉与注意,学习与记忆,思维与言语,情绪情感与动机意识,个性倾向性与能力、性格、气质等一些基本的心理现象及其有关的生物学基础。基础心理学也包括物理学方法的研究,包括实验设计、心理测量和各种具体的研究方法。目前,基础心理学的发展与脑科学、计算机科学结合的趋势十分明显。心理与大脑的关系成为基础心理学的核心问题。由于人们在工作及生活方面的需要,多种主题的相关研究领域形成了应用心理学学科。应用心理学研究心理学基本原理在各种实际领域的应用,包括工业、工程、组织管理、市场消费、社会生活、医疗保健、体育运动、军事、司法、环境、教育等各个领域。随着经济、科技、社会和文化迅速发展,应用心理学有着日益广阔的前景。

作为教育学和心理学的交叉学科,教育心理学是主要研究学校教与学情境中人的各种心理活动及其交互作用的运行机制和基本规律的科学。有效的教育教学需要懂得教育教学过程中师生双边活动的心理规律,整个系统过程包括学生、教师、教学内容、教学媒体和教学环境五个要素。

语言教学研究则是以语言学、心理学、教育学等为主要理论基础,以培养、提高受教育者的语言能力为重要目的科学研究活动。语言教学与其他教学活动一样,有其特定目的、计划和方法,是教育活动的重要组成部分。在国外,对语言教学的说法有很多种,常见的有教育语言学(educational linguistics)、外语教育(foreign language education)、外语教学(foreign language teaching)、应用语言学(applied linguistics)等。

以下四节将分别是教育学、心理学、语言教学、第二语言教学等方面涉及的一般理论及其原典文献。

第一节　教育学

一、概　述

教育既是一种永恒的社会现象,又是一个有自身特点的社会活动领域。广义的教育泛指能增进人们的知识技能、改变人们的思想和行为的活动,它包括家庭教育、学校教育和社会教育等基本形式。狭义的教育一般是指学校教育,它是根据社会政治、经济、文化发展的需要和学生身心发展规律及年龄特征,有目的、有计划、有组织地对受教育者施加影响,培养人才的过程。因此,教育学是以教育现象、教育问题为研究对象,归纳总结人类教育活动的科学理论与实践,探索解决教育活动产生、发展过程中遇到的实际教育问题,从而揭示出一般教育规律的一门社会科学。

1. 教育功能

教育功能指的是教育在与人及周围环境相互联系与影响中所发挥的作用。从教育作用的对象来看,教育功能可分为个体发展功能和社会发展功能。个体发展功能是指教育具有维系个体的生存与发展的作用。教育的社会功能表现在教育对其他社会子系统的作用,包括经济、政治、文化、人口和生态方面。

2. 教育目的

教育目的是人们对受教育者的期望,不同的人对教育的期望不尽相同。就同一时代而言,教育目的具有代表不同层面追求的层次结构和相应功能。就不同时代而言,教育目的具有时代赋予的历史使命和理想追求。

3.学校教育制度

学校教育制度,简称学制,是指一个国家各级各类学校的系统,规定着各级各类学校的性质、任务、培养目标、入学条件、修业年限、管理体制以及各级各类学校的关系等。一个完整的学制系统由学校的类型、学校的级别和学校的结构三个基本要素构成。学制的建立取决于社会经济和科技发展水平的状况、社会政治经济制度、各国历史条件和文化传统以及受教育的青少年儿童的年龄特征等。

4.教师与学生

教师是学生学习的促进者,学生进步的协助者,教材的开发者和教育研究者。教育学就教师的劳动特点、社会地位、基本素质等进行了详细的研究。

学生是教育的对象、学习和发展的主体。学生的权利和义务、学生的年龄特征与教育对策等是学校教育研究的重点。

教师与学生的关系:在角色上相互依存,在教育教学活动中相互促进和共同成长,在人格上平等互尊,人际关系上民主合作,情感关系上互容互信。

5.课　　程

课程是指学校教学的内容及其进程的安排,是教育目的的载体与实现路径。课程的表现形式包括文本形式(课程计划、课程标准和教材)、实践课程(理想的课程、正式的课程、理解的课程、运作的课程和经验的课程)、现代形式的课程(即课程包,包括书本、光盘、教学平台等在内的复合教材)。

课程基本类型包括根据课程的表现形态划分的显性课程(正式课程)与隐性课程(非正式课程);以课程内容所固有的逻辑范畴划分为学科课程和活动课程;根据课程组织方式可分为分科课程和综合课程;从学生的学习要求角度可分为必修课和选修课;以课程开发、设计管理主体可分为国家课程、地方课程和校本课程。

课程资源,特别是校本课程的利用及开发。校本课程的开发需要考虑九个方面的要素:课程目标、课程内容或专题、学习材料、学习方式、教学策略、教学组织、评价方法程序、时间安排、空间和环境。

6.教学理论和实践

教学理论是教育学的重要组成部分,包括教学的概念、教学的意义与任务、教学过程的基本规律、教学原则、教学组织形式等。

教学实践是教学理论的物质表现形式,集中体现为教师的一系列教学活动和行为,渗透在教学活动的各种实务里,表现在教学设计的策划和教学方法的优化及教学疾病的预防中。教学实务是教师从事教学工作的基本事物(如备课、上课、作业布置、课外辅导、学业成绩等);教学设计是实现教学过程最优化的系统策划过程,是提高教学质量的基础;教学方法是实现教学目标所采用的方式和手段的总称;课堂教学疾病的预防与诊治主要探讨教学的形态结构和行为特征发生的偏离教学目标的异常变化。具体的教学实践内容请参考第二部分的原典选读。

7.学校德育

德育作为我国全面发展教育的重要组成部分,旨在使受教育者形成一定的政治态度、思想观点、道德情操、心理品质和行为习惯,以及与之相应的价值判断和自我教育能力,使之适应社会发展的要求和满足自身发展的需要。

8.班级管理和班主任

班级管理是班主任在一定目的要求下,采用一定的手段措施,对班级中的各种资源进行计划、组织、协调、控制,以实现教育目标的组织活动过程。它是学校管理的重要组成部分。班级管理的内容包括班级组织建设、班级制度管理、班级教学管理、班级活动管理。班主任是班级管理的设计师,是学生的精神关怀者,是多方关系的协调者。在教师专业化发展的背景下,班主任工作必须由"经验型"向"专业化"转变,使班主任的专业水平得到不断提高。

9.教师教育研究

教学和科研构成教师工作的基本内容,教学带动科研,科研促进教学。教育研究是指通过一系列规划好的活动步骤的实施及方法、技术的运用,对教育实践中存在的问题和现象进行分析、综合、解释、预测,从而揭示教育规律的一种社会实践活动,分为基础研究与应用研究、调查研究和实验研究、实证研究和综述研究等类型。学校教育研究的一般过程包括选题与设计阶段(选择课题、查阅文献、提出假设和制订方案)、实施阶段(搜集资料,形成科学事实;分析事实,形成新理论)、总结与评价阶段(撰写研究报告或学术论文;鉴定和评价)。

10.基础教育改革

基础教育改革的理念主要是强调实施素质教育,强调创新教育,努力实现以人为本,科学与人文整合,人与自然和谐,实现全面发展。

二、原典选读

夸美纽斯:《大教学论》(选读)

扬·阿姆斯·夸美纽斯(J. A. Comenius,1592—1670)是17世纪捷克教育家,是人类教育史上里程碑式的人物。他一生致力于民族独立、消除宗教压迫以及教育改革事业,曾担任捷克兄弟会牧师及兄弟会学校校长。夸美纽斯的各类著作共有265种。《大教学论》(*Great Didactic of Comenius*,1632)是西方教育史上第一部体系完整的教育学著作,是教育学产生的标志。它全面论述了人的价值、教育的目的及作用、旧教育的弊病、改革教育的必要性和可能性,以及学制、教学法、体育、德育、宗教教育、学校管理等。该书的正文共有三十三章。其中第一到九章概述人生和教育的目的,教育在人的发展中的作用;第十到十四章说明改革旧教育的必要性和可能性,设立新学校的基本原理;第十五到十九章阐述教学理论,提出教与学的一般原则;第二十到二十五章分述各科教学法;第二十六章论学校纪律;第二十七到三十二章制订统一的学校制度以及各级学校的基本方案;最后一章作者叙述了实现他的教育理想应具备的条件。由于本教材主要着重于语言习得的研究,所以这里选编了该书中关于语文教学法的第二十二章。作者用引证自然的方式总结了语文教学法方面的丰富的历史经验(包括他自己的经验),虽然所采用的论证方法具有时代局限性(尽管在当时是进步的),但他总结的经验弥足珍贵。

一　学习语文,并非因为它们本身是博学或智慧的一部分,而因为它们是一种手段,可使我们获得到知识,并把知识传授给别人。

所以,不必学习一切语文,因为这是不可能的;也不必学许多种语文,因为这没有用处,而且会浪费许多可以用来获得实用知识的时间;应学的只是必需的语文。必需的语文是:国语,为在本国之用,邻近诸国的语文,为的是和邻国人相交往。比如,对于波兰人,德文是必需的;对于其他国家的人民,匈牙利文、窝雷基阿文(Wallachin)或者土耳其文又是必需的了。为了阅读正经的书籍,拉丁文也是应学的,因为这是学者通用的语文。对于哲学家和医生,希腊文和亚拉伯文是应学的;对于神学家,希腊文和希伯来文是应学的。

二　这些语文不是全应彻底学会的,只要学到必需的限度就够了。

我们用不着把希腊语或希伯来语说得象(像)国语一样流利,因为没有人可以和我们说这种语言。把它们学得能读能懂用它们写出的书就够了。

三　语文的学习,尤其在青年时代,应当和事物的学习联系起来,使我们对客观世界的认识和对语文的认识,即我们对事实的知识和我们表达事实的能力得以同步前进。因为我们是在形成人,不是形成鹦鹉,这是在第十九章原则六说过了的。

四　由此可见:第一,学习文字不应该离开它们所代表的事物。因为事物不是分别存在的,没有文字是不能够懂得的,它们是两者并存,一同履行它们的功用的。我之所以发表我的《语言入门》(Janua Linguarum),就是基于这种想法;在那本书上,安排在句子里面的字说明了事物的性质,据说成绩还不小。

五　第二,不论哪种语文,对它的完整和细微的知识是很不必要的,如果有人要去达到这种目的,那是荒谬和无用的。甚至西塞罗(他被视为拉丁语的最伟大的通家)对于拉丁语的一切细枝末节也不完全知道,他承认过他不知道工匠们所用的字眼;因为他从来没有跟皮匠和劳工相处,去看过他们的手工,听过他们所用的术语。事实上,他为什么要去学习这类术语呢?

六 那些扩大我的《入门书》的人没有注意这一点,使它塞满了不平常的字眼,塞满了极不合于一个孩子的理解的材料。一本《入门书》应当是一本《入门书》,此外的事应该留待将来。这对从来没有出现过,或遇到时容易在别种辅助性书籍(如同词汇、字典、植物辞典之类)找到的字,尤其是如此。由于这个原因,所以我没有继续我的《拉丁初阶》(*Latinitatis Posticum*)——因为我介绍了废弃的和不常见的字眼到里面去。

七 第三,可见孩子们的智力和语文应当在吸引他们的材料上得到练习,而吸引成人的材料则应当留待后一阶段。凡是把西塞罗和其他大作家的作品放到孩子们跟前的人都是浪费他们的时间。因为,假如学生对于题材并不懂得,他们怎样能够掌握各种有力地表达题材的设计呢?他们的时间可以比较有用地花在野心较小的努力上,使语文知识和一般智力同步地渐进。自然并不跃进,艺术也一样,因为艺术模仿自然。我们必须先教孩子们行走,才能教他们跳舞;先教他们骑木马,才能教他们骑战马;先教他们呀呀(牙牙)学语,再教他们说话,先教他们说话,再教他们演说。西塞罗说,他不能教会一个没有先学会说话的人去演说。

八 对于多数语言,我们的方法可以归纳成八条规则,可以使学会各种语言变成一件容易的事情。

九 (1)每一种语言都应当分别学习。

首先必须学国语,然后再学可能代替国语的另一种语言,我的意思是指邻国的语言(因为我认为现代语应当比学者语先学)。再后才可以学拉丁语,拉丁语以后才可以学希腊语、希伯来语等。

一种语言永远应当在学会另一种语言以后去学,而不是同时学;否则学的时候,两者会弄混。要等彻底学会以后,用并行的文法、字典等方法去作比较才有用处。

一〇 (2)每一种语言都必须有一定的时间去学习。

我们应该当心,不可把一种辅助性的学习当作一种主要的学习,或把可以用来获得关于事物的知识的时间浪费在学习文字上面。国语和客观世界之逐渐展露在感官跟前是有密切联系的,所以须要几年功夫(我应当说八年或十年,或是说全部儿童期和少年期的一部分)。然后我们才可学习其他现代语,每种有一年工夫就可以充分学会。拉丁文两年以内可以学会,希腊文一年,希伯来文六个月。

一一 (3)一切语言通过实践去学比通过规则去学来得容易。

这是指的听、读、重读、抄写,用手、用舌头去模仿,在可能的范围以内,尽量时时这样去做。参看上章规则一与规则十一。

一二 (4)但是规则可以帮助并强化从实践得来的知识。

关于这一点,我们在上章规则二已经讨论过了。我们所特别谈到的是我们只得从书本去学的学者语,虽则我们并不排除现代语。因为意大利语、法语、德语、波希米亚语(Bohemian)和匈牙利语可以化成规则,并且已经化成规则了。

一三 (5)语言所化成的规则应当是文法的,而不是哲理的。

这就是说,它们不应当探究字眼、成语与句子的原因和来历,或试图找出这一或那一结构为什么是必需的,而应当简单地说明那是对的,怎样才能选出那种结构。对存在于事物与文字中的原因与联系、同点与异点、类似与变化的更精细的考察,是哲学家的责任,对语言学家只会耽搁他。

一四　(6)在为新学的语言写述规则的时候,心里必须时时记住业已学会的语言,只应强调两种语言的不同之点。

要求学生注意它们的共通之点,不仅没有用处,而且实际还有害处,因为超过实际情形的烦琐和不规则的假象是令人生厌的。比如,在希腊语文法中,便没有重述名词、动词、格和式的定义或造句法规则的必要,因为它们并没有新的东西,是可以看作业已熟知的。只有希腊语的用法与业已知道的拉丁语的用法不同的地方,才应该包括进去。这样一来,希腊语文法就可以压缩成不多几页,变得更清楚、更容易了。

一五　(7)新学一种语言的时候,最初的练习必须从业已熟悉的题材入手。

否则心灵便得同时注意文字与事物,这样就会分心,力量就会变弱。所以,心灵的努力应当限于文字,使它能够容易地、迅速地精通文字。这种教材很可以用《教义问答》《圣经史》或其他任何充分熟知的材料(总而言之,我的《初阶书》(*Westibulum*)和《入门书》二书是可以采用的;虽则它们比较适于记忆,而上述的题材则因同样的字眼时时出现,因此可以变熟悉,印在记忆上,所以适于经常阅读)。

一六　(8)所以,一切语言都可以用这个方法去学。

这就是说要通过实践去学,同时也学一些极简明的,只涉及它与业已学会的语言之间的异点的规则,要通过涉及业已熟悉的题目的练习去学。

一七　论应当用心学会的语言。

我们在这章开始时说过,一切语言不必同样精确地去学会。国语和拉丁语是最值得注意的,我们人人都应该彻底掌握。学习这种语言的进程可以分成四个时期——

第一个　　　　牙牙学语的婴儿期　　　　　　　模糊地
第二个　时期是　日趋成熟的儿童期　这时我们学着　正确地　说话
第三个　　　　比较成熟的青年期　　　　　　　漂亮地
第四个　　　　精强力壮的成人期　　　　　　　有表现力地

一八　这种层次是唯一真正的原则。

如果采取任何其他制度,一切事情便会陷入混淆,发生紊乱,这是我们多数人都已经验过的。但是按这四种层次,只要准备好教授语文的合适的材料,凡想学习语文的人就都容易通过;这是说,要准备好学生所用的合适的课本和帮助教师的手册,两者都要简短,要有条理。

一九　合于各种时期的课本应当有四种——

《初阶书》

《入门书》

《升堂书》(*Palatium*)

《聚珍书》(*Thesaurus*)

《初阶书》应当包含儿童会话用的材料

二〇 《初阶书》应当包含儿童会话用的材料——几百字,组成句子,加上名词的变格和动词的变位。

二一 《入门书》应当包含语言中一切常用的字,总数八千左右。它们应当组成短短的句子,包括描写自然事物的句子在内。此外还要附上一些简短明白的文法规则,对写作、发音、造字与用字给以准确的指导。

二二 《升堂书》应当包含对一切事物的各种不同论述,这些论述是用一种既有变化又漂亮的文体表达出来的,边线上注明成语的出处。书末应当有变换,并以种种不同方式意译文句的规则。

二三 《聚珍书》是指认真地用优美的文体写过任何事情的古典作家的作品,并附以关于品评与汇集著名段落和精确地翻译成语(这是一件最重要的事情)的规则。这种作品之中,有些应当选来在学校里读,其余的应有一个目录,使有人想要寻找写过任何题目的作家的时候,可以找出是哪些作家。

二四 所谓辅助性书籍是指可以帮助课本,以便学起来更迅速、更有效果的书籍。应当为《初阶书》预备一本小词汇,要有国语拉丁的,也要有拉丁国语的。

应当为《入门书》预备一本拉丁国语字源字典,单字及其转来字、复合字,并为它们的意义说明理由。

应当为《升堂书》预备一本国语的、拉丁语的(如果必要,希腊语的)熟语字典,成为《升堂书》里所有各种熟语、同义字和纤说法的一个纲要,并注明它们见于何处。

最后,为使《聚珍书》趋于完备起见,应当预备一本综合字典(国语拉丁语的和拉丁-希腊语的),它要包括每种语言的一切事项,一无遗漏。这本字典应当用一种学者的、精确的方式写成,要使几种语言的意义上的细微分别互相符合,要为成语找出适当的对应语。因为只要我们肯去鉴别,世上是不会有一种语言这样缺乏字眼、成语和谚语,以致对任何拉丁文表达不能供给一种相当表达的。无论如何,凡具有充分的模仿技巧,善于用适当的材料去产生适当的结果的人,是可以想出精确的译法来的。

二五 迄今为止,还没有过这样一本综合字典。一个波兰的耶稣会士 G. Cnapius,确实由于他的一本名叫《波兰、拉丁、希腊语字典》A. Thesaurub of polish, Latin and Gruk 的著作,对于他的国人作出了良好的贡献;但是这本著作也有三个缺点。第一,国语的字与熟语收集得不完全。第二,他没有遵守我们在上面所建议的次序,因此个别假借字和废弃了的字没有分类排列,虽则分类排列之后,两种语言的特性、优点和源泉都可以同等地得到阐明。因为他对每一个波兰字和波兰成语作了不少的拉丁译法,但是依照我的计划,却只应作一个,但要是一个确切的相等译法。这样一来,我的字典对于把书籍从拉丁文译成国语,或从国语译成拉丁文的人便会大有帮助。第三,Cnapius 的《字典》在例证的排列方面非常缺乏章法。这些例证是不应当漫不经心地堆在一道的。首先应当是从历史上取来的简单例证,然后是从演说家取录的较为夸张的,再后才是从诗人的复杂与不平常的用法中去采取的,最后才是废弃了的用法。

二六　但是关于这种综合字典的详细叙述,应当留待下次再说,至于那些可以使人能精确地学会语文的《初阶书》《入门书》《升堂书》《聚珍书》的更进一步的详情,也当留待将来再说。关于这些事项,要等到我们详细讨论各个班级的时候再说才合适。

三、建议阅读书目

扬·阿姆斯·夸美纽斯.大教学论[M].北京:人民教育出版社,1984.

约翰·杜威.民主主义与教育[M].北京:人民教育出版社,2001.

维果茨基.维果茨基教育论著选[M].北京:人民教育出版社,2005.

彭正梅,本纳,李其龙.赫尔巴特教育论著精选[M].杭州:浙江教育出版社,2011.

杜德栎,曹汉斌.简明教育学教程[M].北京:中国人民大学出版社,2010.

李尚未.普通教育学[M].北京:北京师范大学出版社,2010.

四、思考题

1. 教育学有哪些主要研究领域?

2. 如何理解教师与学生的关系?

3. 《大教学论》的现实意义是什么?

第二节　心理学

一、概　述

心理学是一门研究人类心理的现象、过程、功能及其对行为影响的科学,包括对研究对象的描述、解释、预测和控制四个不同的层次。心理学的研究领域广泛,包括认知、情绪、个性、行为、人际交往、群际关系等领域,同时,也与诸多重要领域形成交叉学科,既有家庭、健康、教育、管理等社会生活的领域,也有神经科学、医学、生物学等自然科学的领域。

早期的心理学研究诞生于哲学与生物两大学科。作为一门独立学科的心理学始于1874年。德国生理学家威廉·冯特在其著作《生理心理学的原理》序言中宣称"要建立一个新的科学领域",由此而被称为"心理学之父"。冯特也是最早将实验引入心理学研究的人,他的学生爱德华·B.铁钦纳作为美国早期心理学家的重要人物,成为结构主义者。受美国哲学家与心理学家威廉·詹姆士影响,诞生了与结构主义相对而立的机能主义,主要机能主义者包括约翰·杜威和哈维·卡尔。

奥地利医生西格蒙德·弗洛伊德自19世纪90年代创立的精神分析学,20世纪衍生出不同的分支学派,后被划入新弗洛伊德学派。受弗洛伊德影响,瑞士精神科医师卡尔·荣格创建了分析心理学,与深度心理学互补。20世纪上半叶,行为主义学派占据心理学的主流,代表人物为史金纳,主张对内在的认知历程"存而不论"。20世纪50年代,在行为主义与精神分析的影响下,诞生了人本主义心理学,试图从整体理解个人——而不是偏重个性或认知的某一个部分,关注最基本的人类问题,如个人的自由意志、成长、自我实现、认同、死亡、孤独、自由与意义。人本学派的奠基人包括美国心理学家亚伯拉罕·马斯洛、卡尔·罗杰斯。从马斯洛的人本主义心理学衍生出的积极心理学,运用实验法研究人类的快乐与力量,关注如何增进健康人的幸福。

20世纪初,沃尔夫冈·苛勒、马科斯·韦特墨、科特·考夫卡联合创立了完形心理学派,反对将思维与行为分解成为细小的元素,坚持将个人经验作为整体进行研究,认为总体不同于部分相加。20世纪50到60年代,受德国哲学家马丁·海德格尔、丹麦哲学家索伦·奥贝·克尔凯郭尔影响,美国原精神分析学家罗洛·梅建立了存在主义心理学,关注死亡、自由意志、意义。近期,与行为主义针锋相对的认知主义日渐兴起,重新研究此前被忽略的内在认知过程,包括问题解决、知觉、记忆、学习等,皮亚杰、米勒、西蒙等是其代表人物。认知心理学还与神经科学、哲学、语言学、计算机科学与人工智能等学科密切相关,同属认知科学。

经历了曲折的发展,当前的心理学已成为包含多种理论学科与应用学科的社会科学领域。根据所关注的特定领域,心理学可细分为多个门类。

生物心理学或行为神经科学从生物角度研究行为和心理的过程。比较心理学,借助于对非人类动物的科学研究,启发对人类行为的研究,但两者关联常常很复杂,如艾德华·威尔森提出的"社会生物学"。临床心理学涵盖理解、预防、缓解个体的心理痛苦与紊乱,促进心理健康和个人成长。其中,着重于对脑损伤病人进行临床监护的领域被称为临床神经心理学。发展心理学试图理解人的意识、理解、行动过程,研究这些现象如何随年龄而改变,着重于认知、感情、道德、社交、神经等方面的发展,并设计了特殊的研究方法和一整套心理学理论支持其研究。教育心理学研究人类在教育过程中的学习效率、授课心理规律。进化心理学从进化观点研究心理的特质理论——例如记忆、知觉、语言等,探究何种人类心理特征适应进化的选择,总结人类心理特质的演化及其适应性功能。工业与组织心理学运用心理学的概念与方法,改善工作场所与人力资源的管理,包括人事心理学与组织心理学两大分支。人格心理学关注个人行为、思想、情绪的持久特征,有不同的理论流派与假设,如:弗洛伊德基于本我、自我与超我的假设;汉斯·艾森克的人格三大特质为"外向性与内向性、神经质、精神质"等。社会心理学的研究课题则包括他人对个体行为的影响,信仰的建立、态度,刻板印象,社会文化的变迁等。

心理学的研究方法主要用到了动物研究法,实验法,病例对照研究、纵贯研究等定量研究法,访谈、现场观察、参与观察、档案研究法等描述性研究法,调查问卷法,神经功能影像,计算模型等多种方法。心理学重视通过统计分析的技术,对研究数据进行分析,力图基于实证研究得出结论。

教育心理学作为心理学一个分支,在19世纪就发展为一门独立的学科体系,赫尔巴特的《普通教育学》力图在心理学基础上建构教育学理论。20世纪涌现出一批教育心理学专家,提出众多颇有影响的教育心理规律,诸如桑代克提出的学习三大定律即效果律、准备律、练习律,杜威提出的"从做中学"的观点,维果斯基提出的"内化论",罗杰斯提出的"以学生为中心"的主张。这种心理学主要研究教育与教学过程的各种心理现象和基本规律,探讨个体与语言发展、社会经济环境、课堂管理、社会文化多样性、学习动机、学习效果评价等内容,以获得最佳的知识学习和技能掌握的效果。在汉语国际教育中,教育心理学研究具有极为重要的参考价值。无论是汉语国际教育的教育者还是受教者,在语言的教学过程中,都同时涉及教育心理学。

　　爱德华·李·桑代克(Edward Lee Thorndike)出生于1874年美国麻省,被认为是教育心理学体系的创始人,他1903年出版《教育心理学》一书,影响深远,1912年被选为美国心理学会主席。此书分为三个部分,第一部分探讨人的原初本质,分析人的本能与能力、动机、需要、学习能力等;第二部分为学习心理学,讨论了动物学习的规律、人类学习的规律,对学习进步和学习心理疲惫的规律进行了科学的细致研究;第三部分分析个体差异及其原因,涉及性别差异和种族差异。

二、原典选读

桑代克:《教育心理学》(选读)

　　原典选文出自1914年出版的桑代克代表著作《教育心理学》(Edward Lee Thorndike: *Education Psychology*)简编本,是他的三本书《人的原初本质》《学习心理学》和《工作、疲劳及其个体差异》的浓缩。选文内容主要选择该书的第二部分"学习心理学"中讨论学习进步的四个条件之一即教育条件的文本。桑代克认为学习进步的条件有四个:外部条件、生理条件、心理条件和教育条件。教育条件涉及主题的选择、安排和呈现,在语言教学和数学教学方面具有不同的方式。

EDUCATIONAL CONDITIONS OF IMPROVEMENT

Under the *Educational Conditions* of improvement all the conditions which school authorities provide might be treated. Their arrangement of the school program would then lead us back to conditions of time of day, length of practice periods and intervals and the like which have been described under *External Conditions*. Their management of heat, light, and ventilation, their isolation of children affected by contagious diseases, and the like, would lead us back to the *Physiological Conditions*. Their selection and arrangement of subject-matter and their methods of teaching would lead us back to the *Psychological Conditions* of interest, freedom from worry, easy identification of bonds and the like, which have just been described. The relation of the time-schedule and school hygiene to improvement need not be discussed here, but the relation of selection and arrangement of subject-matter and of methods of guiding the pupils' responses to heir rate of improvement will give a useful review and clarification of certain principles already stated, and introduce us to a new and important one.

Assuming the acceptance of a certain aim for a pupil's exercise of a given function, the selection, arrangement and presentation of subject-matter, and the approval, criticism and amendment of the pupil's responses, are means of getting the pupil (1) to try to form certain bonds rather than others, (2) to form them in a certain order, (3) to identify more easily* the bonds he is to try to form, (4) to be more satisfied at the right bond, and more unready to repeat the wrong bonds, (5) to be more satisfied by the general exercise of the function, and (6) to be more satisfied by general improvement in it.

Educational effort of any sort will show these six functions. I choose a few illustrations at random. The question concerning the desirability of giving the pupil lists of answers to this examples and problems in arithmetic is a case of balancing (3) and (4) against (1). If the answers are there the pupil can tell what he is to do and whether he has done it better, but he may cheat—that is, form no right bonds at all.

The main changes of the last score of years in the teaching of modern languages in this country offer one huge illustration of (1) and (2). In modern-language teaching we have changed from one selection and ordering of bonds to another—from arranging the subject-matter as *a set of general principles and paradigms in a grammatically convenient system, with minor exercises applying this system to reading, writing, and speaking,* to arranging it as *a multitude of separate usages in an order determined largely by interest and the opportunity offered for the formation of associations in the way in which they will be used.*

The various "methods" in teaching beginners to read differ according to which bonds, and which order of bonds, they favor. The diacritical marks have been dropped from phonic drills, because it became clear that the gain from (3) the pupil's knowledge of just what bonds he was to form was outweighed by (1) the fact that the bonds formed were not nearly so valuable as bonds leading from the sight of a syllable as it appeared in ordinary print. Beginning with a real story such as the *Three Bears*, rather than with isolated words and short easy sentences, is advocated on the ground that the gain from (4), (5) and (6) outweighs the loss in (2) and (3). The acting out in movement what is read, and the statement of it by the pupil in his own words, are found profitable, not only because of the interest they add, but also because they teach the beginner (3) that reading is connecting not only sounds, but meanings, with certain black and white visual details.

The use of drills with a time-limit in arithmetic proves useful especially because of (6). The power of good reading to improve a pupil's speech and writing is a witness to (3) and (4), and also, by a connection not often recognized, to (1). The connection is through *inner speech*; since the pupil, in at least eight cases out of ten, says to himself what he reads, and says to himself what he is going to write, he is being actually drilled somewhat in good speaking and writing by his reading.

"Home" geography as an introduction in place of the proofs of the earth's oblate sphericity, was a change in (2) due to a just suspicion that (1) the bonds formed in the older introductions were often merely verbal, and that the process of making them required very remote and artificial means to (4), (5) and (6).

The educational guidance of learning emphasizes the kind of bonds formed more than does the unaided practice of the learner left to himself. The graded, propaedeutic and ancillary exercises of a good text-book in arithmetic, for example, and its variety of drills and applications, represent a range of selection and an amount of rejection of possible bonds to be formed that would surprise any one unacquainted with the experimentation in the teaching of arithmetic during the past four centuries. This emphasis on the kind of bonds is wise. There is no surer means to improvement than to learn only what is necessary for it; and no surer waste than to form with great labor useless or irrelevant bonds. Yet even a gifted learner, in even a function relatively free from false and blind alleys, will, if left to himself, often go astray.

One new principle is shown by the arrangement of subject matter as a condition of improvement, it being, of course, the principle of *order* or *sequence* of bonds. It might, perhaps, as well have been listed among the psychological conditions, but is shown more clearly by the organization of text-books and courses of study than by the procedures of learners left to themselves.

Contrast in this respect what a pupil eight years old would do if left to learn to add a series of four or five numbers like 46, 73, 17, 80 and 9, as one is left in the ordinary practice-experiment, with what he is led to do in school. In the latter case, the bonds between the words, *one*, *two*, *three* and *four*, and their meanings as names for collections of certain numbers of objects and as names for certain magnitudes in relation to certain units, are reviewed, strengthened, broadened and refined. Meanwhile similar bonds are created with *six*, *seven*, *eight*, *nine* and *ten*, and each successive integer is firmly associated with "the preceding integer—and one more." The single additions to those with 9 as the sum are learned and verified by counting. The figures (1,2,3,4,etc.) are meanwhile connected with the words and used to replace them in the bonds so far formed. The meaning of *adding* and of *equal* and the use of the $\underline{\frac{4}{5}}$ $\underline{\frac{2}{3}}$ $\underline{\frac{5}{2}}$ positions are given appropriate connections. The situations $\underline{\frac{3\ 2}{4}}$ $\underline{\frac{2\ 1}{5}}$ $\underline{\frac{2}{3}}$, each accompanied by the addition attitude, are connected each with its appropriate series of responses.

The symbols visual and oral, *eleven*, 11, *twelve*, 12, etc., up to one hundred, are connected each with its meaning, as "so many tens and so many ones." An adequate sampling of the situations $\underline{\frac{52}{36.}}$ $\underline{\frac{37}{41.}}$ $\underline{\frac{63}{33.}}$ $\underline{\frac{46}{43.}}$ $\underline{\frac{72}{26.}}$ etc., each accompanied by the addition attitiude, are connected with their appropriate responses, the old single-addition bonds serving. The bonds between certain situations and the responses of writing single and two-place numbers in columns and adding them are formed, along with the bonds of the adding processes themselves. The bonds of column addition without carrying are extended to situations like $\underline{\frac{14\ 21\ 22}{24.}}$ $\underline{\frac{11}{13.}}$ $\underline{\frac{23\ 21\ 41}{12}}$ and $\underline{\frac{34\ 22}{21}}$;

and then to situations like $\underline{\frac{2\ 3\ 62}{49.}}$ $\underline{\frac{36\ 3}{5.}}$ $\underline{\frac{32\ 2}{43.}}$ $\underline{\frac{3\ 2\ 32}{41.}}$ $\underline{\frac{3}{2}}$ and $\underline{\frac{21}{64}}$. The bond between *o* and "not any, no" is formed; and then the associations:"5 and o and 5," "o and 4 are 4," and the like. The bond between the sight of o in column addition and "going ahead as if it were not there" is formed, and exercised in examples like $\underline{\frac{20}{30.}}$ $\underline{\frac{50}{40.}}$

$\underline{\frac{20\ 26}{23.}}$ $\underline{\frac{14\ 10}{30}}$ and $\underline{\frac{4\ 20\ 40}{32}}$; and so, on and on, through the acquisition of bonds up to 18 as a sum, then of bonds with the higher decades, the responses here being largely oral.

These bonds are introduced and exercised partly by counting by 2's, beginning with o and 1, by 3's beginning with o, 1 and 2, by 4's beginning with o, 1, 2 and 3, etc. Then "carrying" is associated with the essential element with which it belongs, care being taken that the numbers to be carried include *two* and *three* as well as *one*; and enough special bonds involving "carrying" are formed to give the process general utility. Special bonds are made when o is to be "written down," and 1, 2, 3, etc. "carried."

The order of formation of bonds in the systematic training of schools is probably often pedantic and over-systematized; of the countless orders possible, many may be almost equally favorable to improvement; the order resulting from the unplanned trials and variations of a learner following inner impulses and outer suggestions with no guidance other than his previous learning and zeal to improve, may be more favorable to improvement than any which education has devised for the training of the function in question. These facts, however, do not contradict, but rather illustrate, the statement that the order of exercise of the particular bonds does condition improvement.

三、建议阅读书目

Edward Lee Thorndike, *Education Psychology*. Thoemmes Press, 1914.

John W. Sanrock. 教育心理学[M]. 北京:世界图书出版公司,2005.

四、思考题

1. 教育心理学有哪些主要研究领域?
2. 教育心理学与汉语国际教育有什么关系?
3. 如何评价桑代克关于四个条件的理论意义与实践意义?

第三节　语言教学

一、概　述

语言教学与其他教学活动一样,有其特定目的、计划和方法,是教育活动的重要组成部分。在国外,对语言教学的说法有很多种,常见的有教育语言学(educational linguistics)、外语教育(foreign language education)、外语教学(foreign language teaching)、应用语言学(applied linguistics)等。其中教育语言学与狭义的应用语言学相似,都强调语言教学对语言学的依赖;外语教育和外语教学虽然包含的范围有所区别,但都将重点放在外语上,把以第一语言为教学对象的语文教学与以外语为教学对象的语言教学区分开来。不管侧重点有何不同,各种说法都不否认:语言教学总是以语言学、心理学、教育学为主要理论基础,以培养、提高受教育者的语言能力为主要目的。

一般来说,广义的语言教学包括第一语言和第二语言的教学。第一语言是人自出生起最早接触并自然习得的语言,多数情况下就是一个人所属民族的本族语。第二语言是人掌握本族语后习得或学习到的语言。无论是第一语言还是第二语言教学,其目的都是培养学生的语言能力和语言应用能力,教学内容都包括语言要素、语法规则、语言应用技能、言语交际技能以及相关的文化知识。二者的基本教学原则和教学方法也有许多共通之处。

但是人从出生起就开始接触第一语言,并在不知不觉中逐渐自然习得语言。因此第一语言的教学通常是在学生已具备基本语言交际能力的情况下进行,教学语言与目的语言也是完全一致的。比如以汉语为第一语言的小朋友在上小学前已具备基本沟通能力,但仍然要参加汉语学习,只是教师的教学重点会逐渐从最初的语言要素教学转向语言规范、语用规则及文化知识的教学。学生通过有计划的教学活动,进一步丰富他们对第一语言材料的熟悉和了解,训练其自觉运用第一语言的能力,包括听、说、读、写等基本技能,也包括对母语文化的了解。由于第一语言的听说能力随时可以得到锻炼,在这一教学过程中,书面材料显得格外重要。

第二语言学习者的情况则大不相同,大多数人一开始对所学语言所知甚少,既听不懂,也不能读,因此一开始需要从最基本的发音开始,并且从初级到高级阶段都要经过大量的操练,才能逐渐掌握语用基本规则,真正做到说得出、听得懂,并逐渐学会对书面材料的处理,包括阅读、写作等。此外,二语学习者母语的特点总是会对他们学习目的语造成重要影响,如何合理应用正迁移、消除负迁移就成了教师教学过程中必须重视的问题。针对二语教学的这些特点,教学实践者和研究者们从不同的角度出发,提出了很多有价值的教学原则、教学方法。第二语言教学经历过以语法教学为主的初级阶段,但现在的教学者越来越清楚地意识到,二语学习者最终的目的是学会使用语言,因此培养学生在真实语境中的语言交际能力才是最重要的。也许正是因为二语教学与一语教学相比有更大的难度,一语教学的问题多数在二语教学过程中也会遇到,因此今天我们谈及语言教学,常特指第二语言教学或外语教学。关于第二语言教学的相关问题,我们将在下一节中再详谈。

二、原典选读

哈德利:《在语境中教语言》(选读)

文章节选自爱丽丝·欧玛奇奥·哈德利《在语境中教语言》(Alice Omaggio Hadley, *Teaching Language in Context*)一书第一章和第三章。哈德利在美国俄亥俄州立大学获得博士学位,现为美国伊利诺伊大学香槟分校法语系的教授,同时也是该校基础语言部主任。作为一名有多年外语教学及教学法教学经验的教师,她编写了不少教材,并将其教学经验融入到《在语境中教语言》一书。该书作为一部综合性的教学指导参考书,在国外多所大学相关专业都是必读书目。自1986年问世以来,已出版了两个修订本,其影响可见一斑。

On Teaching a Language

Once, in the throes of the audiolingual revolution, we "knew the truth." Today, I am working with only a set of working hypotheses for myself as a foreign language teacher (Strasheim 1976, p. 42).

For many years, it seemed that the language teaching profession was engaged in a series of "revolutions," most of which had their origins in an attempt to reach some consensus about the best way—"the one true way"

(Strasheim 1976)—to teach a foreign language. Yet despite a few short-lived rallies around a common flag, our professional history has been marked more often by controversy than by consensus. It is true that some of the major shifts in perspective over the years have led to positive and long-lasting change. Yet Grittner(1990) voices concern about the unfortunate recurrence throughout our history of "evangelistic movements that suddenly emerge, capture the attention of many teachers, cause an upheaval in methods and materials, and then—just as suddenly—fade from view" (p. 9). He speaks of these revolutionary movements as "bandwagons" that demand a fervent commitment from their followers to a single theory of teaching and that reject all other methods or approaches as ineffectual and outmoded (p. 10). The common premise behind the search for a unitary approach to learning and teaching seems to be that there exists an ideal method which, once discovered, will unlock the door to language proficiency for all learners and will make the learning process swift and effortless.

Traditionally, language practitioners in search of the "one true way" have grouped themselves along the same empiricist/rationalist continuum that was reviewed in the last chapter, aligning themselves more or less with their counterparts in theoretical linguistics(Chomsky 1965; Diller 1978). For methodologists, the basic distinction between the two ends of the continuum has been one of philosophy. Empiricists believed that language was an oral phenomenon consisting of concrete "signs" that could be described (Diller 1978). Empiricist methodologies treated language learning as habit formation through mimicry, memorization, and drilling. Rationalists saw language not as structure, but as rule-governed creativity (Chomsky 1965). Rationalist methodologies emphasized meaningfulness and understanding of psychologically real rules of grammar(Diller 1978).

Swaffar, Arens, and Morgan(1982), following Diller, characterize the *Rationalist/Process* Approach as one in which high priority is placed on identifying form as meaningful, using problem-solving strategies. The *Empiricist/Skill* Approach, by contrast, places highest priority on reproduction of correct forms.

This controversy over methodological approaches is not just a phenomenon of the twentieth century. Kelly (1976) has described a gradual evolution of language teaching over 25 centuries that is characterized by frequent shifts in focus, purpose, and practice. Interestingly enough, some of the quarrels of the past have a familiar ring. Kibbee(1987,1989) cites evidence, for example, of a heated debate dating from the sixteenth century about the way in which oral skills ought to be taught. Claude de sainliens, in his work entitled *The Frenche Littelton. A most Easie, Perfect, and Absolute way to learne the frenche tongue*, published in 1576, stated that one should not entangle students in rules, but allow them to practice first through dialogue memorization:

> If the Reader meaneth to learne our tongue within a short space, he must not entangle himselfe at the firste brunte with the rules of the pronunciation set(for a purpose) at the latter ende of this booke, but take in hande these Dialogues: and as the occasion requireth, he shall examine the rules, applying their use unto his purpose...(cited in Kibbee 1987,1989).

Jacques Bellot attacks this point of view in his *French Method* of 1588:

> There bee some holding this opinion, that the most expedient, & certaine way to attaine to the knowledge of tongues is to learne them without any observation of rules: But cleane the contrary I doe thinke that he which is instructed in any tongue what so ever by the onely roate, is like unto the Byrd in a cage, which speaketh nothing but that which is taught unto him, and(which is much worse) not understanding that which he sayth, because he is voyde of all foundation of good and certaine doctrine...(pp. 2-3; cited in Kibbee 1987,1989).

Four hundred years later, the essential argument has not greatly changed. By the last decades of the twentieth century, theorists and practitioners had transposed the debate to the modern context, where methodologists steeped in cognitive psychology or transformational grammar argued with those espousing behaviorism in a vain effort to convince one another that they were right about language teaching. One of the more recent versions of the age-old debate has erupted in the controversy surrounding the overt teaching of grammar and the use of error correction in language instruction. In this instance, "natural" approaches to language learning, where the teaching of grammatical rules and the use of error correction techniques are largely discouraged in the classroom, are opposed to more "cognitive" orientations toward methodology, which maintain that students must understand the basic rule system underlying the new language and receive corrective feedback in order to improve. Many language educators who have witnessed these various versions of the same arguments over the years have become somewhat weary of the debate, and are cautious in their enthusiasm for any new trends that seem like old "bandwagons" in disguise. Some have shunned "revolutions" altogether and have decided instead to adopt an "eclectic" approach (Warriner 1980; Brown 1984). And with eclecticism comes a new kind of diversity within the profession, at least on the issue of methodology.

It is not surprising that in the 1980s, many practitioners and foreign language educators still felt the need to reach some sort of consensus about language teaching, but were unsure about how this could be accomplished. The effort to establish uniform goals and standards for language proficiency following the Carter Presidential Commission on Language and International Studies in 1979 was a manifestation of this need for consensus. As was pointed out in Chapter 1, one result of this effort—the development of the *ACTFL Proficiency Guidelines*—sparked a great deal of interest within the language teaching community. But rather than search for consensus about teaching methodology, this project attempted to reach consensus about describing and measuring language abilities, building on the work done previously in language testing by the government language schools. This shift from methodology to measurement questions marked a significant change in direction for the profession. The most recent effort at consensus building has been the development of the *Standards for Foreign Language Learning*, described in Chapter 1, which outline five major content goal areas for language study in grades K-16. Just as in the case of the *ACTFL Proficiency Guidelines*, there are no methodological prescriptions in the *Standards* and no implications that one particular methodology is best for all learners. Instead of searching for one definitive approach to teaching, we have begun looking for some "organizing principle" (Higgs 1984) that can facilitate communication about the nature of language proficiency, and thus about the development of goals and objectives for language teaching.

In the first two editions of this book, I chose the concept of *proficiency*, as defined in the *ACTFL Proficiency Guidelines*, as the organizing principle for discussing issues related to language teaching. This general concept continues to provide a framework for the third edition, broadened somewhat by consideration of the goals outlined in the Standards and the potential contributions of new technologies to language teaching. As was emphasized in Chapter 1, neither the Guidelines nor the Standards constitute a curricular model or a methodological prescription in and of themselves. However, it is certainly possible to derive various implications from them for instruction (Galloway 1987). Because the Guidelines describe language abilities in a hierarchical fashion, they can provide insights for organizing instruction. First, practitioners can use the broad level definitions to evaluate the suitability of their current curricular goals and course objectives for learners in their classrooms. Thus a teacher whose students are currently at the Novice level in a given skill area will choose objectives, activities, and materials that differ substantially from those they might choose for students at the Advanced level. Secondly, by understanding what *general* kinds of abilities lie at each level of proficiency, teachers can plan to shift the emphasis of instruction as students progress to allow for the development of requisite skills. In this way, the Guidelines can serve as an overall frame of reference within which pedagogical choices can be made.

The newly developed *Standards for Foreign Language Learning* (1996, 1999) can also be helpful as a frame of reference for teachers. As we saw in Chapter 1, the Standards articulate general goals for language study that emphasize the potential benefits of learning another language, not just as an end in itself, but as a gateway to understanding other cultures and accessing information in other disciplines. The ability to use language skills for these purposes will develop over time, and judgments about the appropriateness of curricular objectives, classroom activities, and materials will need to be made on the basis of students' overall linguistic and communicative proficiency in both comprehension and productive skills. Thus a general understanding of how language proficiency develops will be essential in creating a workable Standards-based curriculum.

There is no doubt that new technologies will also play an important role in language teaching in the twenty-first century. Indeed, the use of technology in foregin language learning has constituted another important revolutionary movement in our discipline in the last half of the twentieth century. Although it has clearly not been a methodological revolution, technological innovation has played an important role in the recent history of language teaching and is bound to have a profound effect on the way that languages are taught in the future. Beginning with the introduction of filmstrips, audiotapes, and language laboratories in "direct method" and "audiolingual" classrooms over forty years ago, technological innovation has moved from the increased use of cassette tapes, videotapes, and overhead projectors and cameras in the past several decades to the introduction of CD-ROMs and the Internet in the 1990s. The possibilities for computer-enhanced language teaching have most recently been explored in distance education programs as well as in the use of local area networks, computer-assisted reading programs, and Web-based classroom activities (see, for example, Nielsen and Hoffman 1996; Bush 1997; Muyskens 1997; Lyman-Hagger and Burnett 1999). Though the use of technology is nothing new in foreign language teaching, its exact role in the curriculum is still being assessed and questioned, particularly in light of the rapidly changing nature of technological aids to instruction. Rather than seeing technology as just another ancillary to be added to our already overladen arsenal of teaching devices, we need to evaluate its potential for enhancing classroom learning as well as for facilitating student-centered, independent learning outside the classroom. In using technological aids and computer-mediated materials in instruction, we also need to bear in mind the level of proficiency of our students and their ability to benefit from the materials that can be made available to them. The use of authentic materials, including those accessible via the Internet, is discussed in more detail in a later section of this chapter and in subsequent chapters.

Orienting Instruction toward Proficiency

If the proficiency level definitions do indeed describe a global developmental progression in language skills, what kinds of implications for instruction might one derive from examining them? The statements below represent my own attempt to identify some guiding principles for organizing and planning instruction in a second language. These principles apply to instruction at all levels of proficiency, from Novice to Superior, and are meant to be flexible enough to relate to varying needs and purposes for study. For example, if students are attempting to learn the language well enough to use it in traveling, exposure to a variety of situations likely to be encountered in the target culture will be necessary. Students will need practice in accomplishing everyday tasks associated with travel and will benefit from understanding some basic facts about life in the target culture. The ability to get their meaning across will be primary, but students will also profit from some practice with language forms to enhance their comprehensibility, as well as their ability to comprehend others. When the students' ultimate, longrange goal is to develop proficiency at the higher levels on the scale, the same

Principles will hold, but specific objectives and/or criteria for meeting those objectives might change. In order to be rated "Advanced" in oral proficiency, for example, students will need to be able to use the language in a variety of contexts with considerable flexibility and creativity. They will need to communicate with a reasonable degree of precision and coherence. In order to accomplish diverse tasks related to living and working in the culture, they will have to be able to handle a wide range of situations with confidence, showing sensitivity to cultural norms and customs.

The five principles given below outline general characteristics of a classroom environment that I believe would be conducive to the achievement of all of these goals. The principles are stated in the form of hypotheses, in keeping with Strasheim's (1976) observation cited at the beginning of this chapter that none of us can be certain that we "know the truth" about how languages should be taught; however, each of us needs to develop our own set of guiding principles—"working hypotheses"—for teaching based on our own experience with language learners and our best understanding of the knowledge that has been generated in our field. This is what I offer here, using the concept of "proficiency" as a point of departure. Each person's perspectives on teaching will undoubtedly be based on his or her own set of principles. Whatever principles we choose to guide our teaching, they need to be somewhat flexible, particularly since our knowledge base is constantly growing, necessitating revisions and adjustments to accommodate new ideas. Indeed, a few of the hypotheses offered here have been revised somewhat since they first appeared (Omaggio 1983) in an effort to clarify them and incorporate some of the insights generated recently in the field of language teaching.

HYPOTHESIS 1. *Opportunities must be provided for students to practice using language in a range of contexts likely to be encountered in the target culture.*

COROLLARY 1. *Students should be encouraged to express their own meaning as early as possible after productive skills have been introduced in the course of instruction.*

COROLLARY 2. *Opportunities must be provided for active communicative interaction among students.*

COROLLARY 3. *Creative language practice(as opposed to exclusively manipulative or convergent practice) must be encouraged in the proficiencyoriented classroom.*

COROLLARY 4. *Authentic language should be used in instruction wherever possible.*

HYPOTHESIS 2. *Opportunities should be provided for students to practice carrying out a range of functions (tasks) likely to be necessary in dealing with others in the target culture.*

HYPOTHESIS 3. *The development of accuracy should be encouraged in proficiencyoriented instruction. As learners produce language, various forms of instruction and evaluative feedback can be sueful in facilitating the progression of their skills toward more precise and coherent language use.*

HYPOTHESIS 4. *Instruction should be responsive to the affective as well as the cognitive needs of students, and their different personalities, preferences, and learning styles should be taken into account.*

HYPOTHESIS 5. *Cultural understanding must be promoted in various ways so that students are sensitive to other cultures and are prepared to live more harmoniously in the target-language community.*

Each of these principles is explored in more detail in the next section. They are then related to the discussion of specific teaching methodologies. Indeed, most of the methods described in this chapter draw upon principles such as these to varying extents. But before examining the hypotheses in more detail and discussing the way they relate to particular methods, it would be useful to try to clarify the concept of *methodology* itself.

三、建议阅读书目

齐沪扬.对外汉语教学语法[M].上海:复旦大学出版社,2005.

束定芳,庄智象.现代外语教学——理论、实践与方法[M].修订版.上海:上海外语教育出版社,2009.

章兼中.国外外语教学法主要流派[M].上海:华东师范大学出版社,1982.

赵金铭.语音研究与对外汉语教学[M].北京:北京语言文化大学出版社,1997.

四、思考题

1. 语言教学有哪些主要理论?

2. 语言教学理论研究对汉语国际教育有什么作用?

3. 如何理解哈德利的"在语境中教语言"?

第四节　第二语言教学

一、概　述

第二语言教学的定义可以简要概括为教授本族语以外的语言教学。例如,一个中国人学习本民族以外的语言,其所学语言就是第二语言,来中国留学的外国人学习汉语,在中国曾称作"对外汉语教学"。为了达到更优质的教学成果,第二语言教学法需要综合运用多个相关学科的科学成果。20世纪80年代后是第二语言教学法发展的重要时期。这一时期,各种全新的教学方法相继出现,形成了流派纷呈、百家齐放的局面,展现出第二语言教学法作为新生事物强大的生命力,以下逐一简单评介。

1. 语法翻译法

语言翻译法是最早的语言教学法之一,中世纪时在一些欧洲国家被应用于拉丁语和希腊语的教学中,其方法主要有两种:一是互译,即将拉丁语或希腊语译为本国语,或相反;二是背诵文法规则。这种教学法数百年来取得了一定的成效,其优点是以翻译作为教学形式,注重语法规则的学习和语料的规范性。然而其自身也存在一定的局限性:如过分重视语法规则和语言知识,而对于语言能力的运用则较为忽略。同时也存在诸如对母语过分依赖、教学方式枯燥等问题。

2. 直接法

该教学法起源于19世纪的欧洲,其"直接"在于要求学生直接用外语学习外语,而不使用母语,即模仿幼儿学习母语的自然过程来进行二语习得。这种方法的优点是注重学生外语思维能力的训练,强调口语教学,强化学生的感性认识。该教学法在欧洲出现以后,影响了很多国家的外语教学,对我国的对外汉语教学同样影响巨大。但是这种教学法过度套用儿童习得母语的过程,而忽视了成人的特点,其推广受到一定的限制。

3. 听说法

这种方法最初于20世纪40年代被应用于训练美国的军事人员,以达到短期、强化、速成的目的。这种方法以教师授课为主,要求学生反复操练以达到对外语自由运用的效果,而教师对其严格纠错,以培养学生良好的语言习惯为主要目的。听说法吸收了结构主义语言学等前沿理论,也比较适应外语教学的客观规律。然而听说法也有一些固有的缺陷,如对语言形式过分重视,对于语言本身的意义则有所忽视;过分重视语言训练,而忽视了人对语言的认知能动性。

4. 交际法

该教学法于20世纪70年代在欧洲发展起来,注重学生交际能力的训练,要求学生能够适当地运用语言。交际法一改以往以教师为中心的模式,强调以学生作为教学的主体,教学服务于学生的交际需要,容忍学生出现一些语言错误,如果不影响交际效果,尽量鼓励学生发挥使用语言的主动性。这种教学法极大地提高了学生的积极性,学生交际能力也有显著提升。但是交际法也存在一些缺陷,如该教学法的一些标准难以界定和量化,对语法知识的学习有所忽略等。

从上面的论述可以看出,一百多年来以来,学者们一直在试图创建一种理想的第二语言教学法,所以学者们把这一时期称为"方法"时代。到了20世纪80年代,学者们纷纷对语言教学"方法论"进行反思,出现了一股反对"方法论"的潮流,试图找到更为有效的教学方法。正是在这种时代背景下,"后方法"语言教学理论开始崭露头角。这一理论的倡导人是美国著名教学专家库玛教授(B. Kumaravadivelu)。库玛教授任教于美国圣荷西州立大学(San Jose State University)的语言学和语言发展系,他在第二语言教学法的研究领域成果突出,开拓了第二语言教学的研究视域,是当今世界第二语言教学"后方法"时代的领军人物。其提倡的"实用性""特殊性"和"可能性"三大概念对传统语言教学产生巨大的影响和冲击。"实用性"是指通过教师对自己的教学方法的反思和改进行动来达到"有效教学"的目的。"特殊性"是指无论进行任何第二语言教学,都必须重视该语言的特殊教学环境,以及在特定环境中特定的教学目标。"可能性"是要求第二语言教学不仅限于课堂教学策略、教学材料、教学目标和评价方式,还应当考虑直接或间接影响第二语言教学的历史或文化等人文背景因素。

21世纪初,第二语言教学的"方法时代"转向"后方法时代"。库玛教授所提出的"后方法"第二语言教学理论,超越了传统的语言教学理论,提出了许多值得借鉴的开创性方法,其主要目的是从传统的语言交际能力的培养转向语用能力的培养,尽可能做到因材施教,致力于平衡教师、学习者和语料之间的关系,达到互助相益,而不是顾此失彼。在下面一节的选文中,库玛教授通过对决定性的课堂话语分析,开创性地将后结构主义和后殖民的理论引入课堂话语分析中,丰富了课堂话语分析的研究内容和视角,论述充分,具有很深的借鉴意义。

二、原典选读

库玛:批判课堂的话语分析

　　库玛(B. Kumaravadivelu)的文章《批判课堂的话语分析》(Critical Classroom Discourse Analysis)发表于1999年第二语言教学领域的著名国际权威刊物 *TESOL Quarterly*(Vol. 33,No. 3,Autumn1999),是当今世界第二语言教学的经典文献。在文章中,作者通过对当前的第二语言课堂教学活动分析和课堂话语分析,指出了目前在课堂话语分析研究领域存在的局限性。作者创造性地将福柯的后结构主义和萨义德的后殖民理论引入到课堂话语分析领域,丰富了课堂话语分析领域的研究模式,令人耳目一新。最后,作者对于课堂话语分析的未来发展提出了自己的看法。

　　My primary purpose in this article is to conceptualize a framework for conducting critical classroom discourse analysis (CCDA). I begin with a critique of the scope and method of current models of classroom interaction analysis and classroom discourse analysis, arguing that they offer only a limited and limiting perspective on classroom discourse. I then contend that the concepts of discourse enunciated in Foucauldian post-structuralism and Saidian post-colonialism can be employed to develop a critical framework for understanding what actually transpires in the L2 classroom. Drawing insights from these two discourse traditions, I attempt to construct a conceptual framework for CCDA and present basic principles and procedures that might make CCDA possible. I conclude the article with suggestions for further exploration that CCDA might open up.

　　…

　　One of the earliest L2 classroom observation studies that embraced a discourse analytical approach is Allwright's (1980) study on patterns of participation. Mehan's (1979) ethnomethodological work in general education convinced Allwright (1988) that "whatever happened in the classroom was indeed a co-production, and therefore that it no longer made sense to look at classroom interaction as if it was only the teacher's behaviour that mattered" (p. 171). He was thus motivated by the desire to make sense of classroom discourse in general rather than to narrowly study teacher effectiveness. Accordingly, he posited a three-way analysis in his observational scheme:(a) a turn-taking analysis, which relates to several aspects of turn-getting and turn-giving practices;(b) a topic analysis, which relates to the use of language as instances of linguistic samples mostly meant for student imitation and of communicative expressions about the target language itself; and (c) a task analysis, which relates to the managerial as well as the cognitive aspects of classroom tasks.

　　The significance f Allwright's (1980) observational scheme lies in the fact that it departed from the earlier Flandersian tradition in three important ways: (a) It made no a priori distinction between teachers' and learners' roles but instead allowed patterns of participation to emerge from the data (cf. Fanselow, 1977), (b) it consisted of high-inference categories that are subject to interpretational variations, and (c) it treated classroom participants as individuals rather than as a collective mass by attempting to describe and account for their individual behavior. And, although it involved some numerical measurements, the framework was essentially ethnographic, entailing qualitative interpretations of data.

Allwright's (1980) emphasis on ethnography finds a strong echo in the work of van Lier (1988), who very effectively uses ethnographic means to understand classroom aims and events. Highlighting the need to contextualize the actions and contributions of participants in the classroom, van Lier "takes the educational environment (with the classroom at its centre) as the crucial data resource and thus strongly emphasizes the social context in which language development takes place" (p. 24). Accordingly, in studying turn taking, for instance, he looks not only at the distribution of turns but also at the available options for turn taking and the extent to which different participants took these up. He also offers a useful classification of activity types and how they might influence patterns of participation.

The interpretive nature of classroom discourse analysis advocated by Allwright (1980) and van Lier (1988) also entails an analysis of multiple perspectives-the teacher's, the learner's, and the observer's (researcher's)-on classroom discourse. In studies that ethnographically analyzed transcripts of video recordings of classroom performance along with pre- and post-observation interviews with participants (Kumaravadivelu, 1991, 1993, in press), I have attempted to show the usefulness of classroom discourse analysis that takes multiple perspectives into serious consideration. In the 1991 study, I argue that, to be relevant, any classroom discourse analysis must be based on an analysis of the potential mismatch between intention and interpretation-between the teacher's intention and the learner's interpretation, on the one hand, and between the teacher's and learner's intention and the observer's interpretation, on the other. Accordingly, I have identified 10 potential sources of mismatch between intention and interpretation. In the 1993 study, I demonstrate how classroom discourse analysis can facilitate an understanding of the degree to which classroom participants are able or unable to create and utilize learning opportunities in class. Finally, in my forthcoming study, I provide guidelines for helping practicing teachers explore their own classrooms so that they can self-observe, self-analyze, and self-evaluate learning and teaching acts and thus, ultimately, develop the capacity to theorize from practice and practice what they theorize.

The Context of Discourse and the Discourse of Context

A common thread that runs through the discourse analytical studies discussed above is the way they treated the concepts of discourse and context-both borrowed from the field of mainstream discourse analysis. Standard textbooks on discourse and discourse analysis, particularly those meant for language teachers (e. g. , Cook, 1989; McCarthy, 1991; McCarthy & Carter, 1994),use the term discourse to refer to connected texts as opposed to isolated sentences. Discourse analysis thus becomes a study of larger linguistic units, such as conversational exchanges or written texts. To the extent it relates to language as communication, it relates to the relationship between language structure and the immediate social context in which it is used. Thus, to use a distinction made by Widdowson (1979), discourse analysts are mainly concerned with textual cohesion, which operates in the surface-level lexis and grammar, and discourse coherence, which operates between underlying speech acts.

The emphasis on social context has helped classroom discourse analysts look at the classroom event as a social event and the classroom as a mini-society with its own rules and regulations, routines, and rituals. Their focus is the experience of teachers and learners within this mini-society. Such experience, as Breen (1985) writes, "is two-dimensional: individual-subjective experience and collective-inter-subjective experience." The subjective experience of teacher and learners in a classroom is woven with personal purposes, attitudes, and preferred ways of doing things. The inter-subjective experience derives from and maintains teacher and learner-shared definitions, conventions, and procedure which enable a working together in a crowd (p. 140). Classroom discourse that embodies such a two-dimensional experience "is a central part of this social context, in other words the verbal interaction shapes the context and is shaped by it" (van Lier, 1988, p. 47). Such a view of social context allowed classroom discourse analysts to study the routines of turn taking, turn sequencing, activity types, and elicitation techniques. Thus, the interpretation of any category involving "repeats," "elicits," "responses," and so on was seen to rely on "the contingent relationships between the current and the preceding or upcoming discourse" (Chaudron, 1988, p. 39).

PERSPECTIVES ON DISCOURSE

The concept of discourse and the practice of discourse analysis as delineated by classroom discourse analysts marked a notable departure from the behavioristic approach associated with the earlier interaction approach. Thus, within the confines of their stated research agenda, classroom discourse analysts were able to achieve what they set out to achieve, that is, the explication of contingent relationships reflected in the textual cohesion and discourse coherence created by discourse participants during the course of their classroom interaction. But, as I show below, their discourse perspective is far more limited and limiting than other discourse perspectives, particularly those associated with contemporary cultural studies: Foucauldian post-structuralism and Saidian post-colonialism. I therefore take a detour to peep into these discourse traditions before returning to my critique of classroom discourse analysis. For the sake of continuity and coherence, I discuss the two critical traditions first and then highlight their educational applications.

Discourse and Post-structuralism

For Foucault (1972), the French thinker, discourse is not merely the suprasentential aspect of language; rather, language itself is one aspect of discourse. In accordance with that view, he offers a three-dimensional definition of discourse, "treating it sometimes as the general domain of all statements, sometimes as an individualizable group of statements, and sometimes as a regulated practice that accounts for a number of statements" (p. 80). The first definition relates to all actual utterances or texts. The second relates to specific formations or fields, as in *the discourse of racism* or *the discourse of feminism*. The third relates to sociopolitical structures that create the conditions governing particular utterances or texts. Discourse thus designates the entire conceptual territory on which knowledge is produced and reproduced. It includes not only what is actually thought and articulated but also determines what can be said or heard and what silenced, what is acceptable and what tabooed. Discourse in this sense is a whole field or domain within which language is used in particular ways. This field or domain is produced in and through social practices, institutions, and actions.

In characterizing language as one, and only one, of the multitude of organisms that constitute discourse, Foucault (e. g. , 1970) significantly extends the notion of linguistic text. A text means what it means not because of any inherent objective linguistic features but because it is generated by discursive formations, each with its particular ideologies and particular ways of controlling power. No text is innocent, and every text reflects a fragment of the world. In other words, texts are political because all discursive formations are political. Analyzing text or discourse therefore means analyzing discursive formations that are essentially political in character and ideological in content.

Foucault (1970, 1972) further argues that every individual and every utterance is embedded in and controlled by discursive fields of power/knowledge. Power manifests not in a top-down flow from the upper to the lower strata of social hierarchy but extends itself in capillary fashion, becoming a part of daily action, speech, and life. Power/knowledge is expressed in terms of regimes of truth, which are sets of rules, statements, and understandings that define what is true or real at any given time. Thus, as Mills (1997) succinctly points out, "power, knowledge and truth-this configuration is essentially what constitutes discourse" (p. 17). This configuration is made up of what Foucault (1970, 1972) calls discursive practices, which are used in certain typical patterns to form discursive formations. Discursive formations make it difficult for individuals to think outside of them; hence they are also exercises in power and control. A discursive change, whether social, political, or cultural, can therefore be effected only when an entire community, not just an individual, changes its ways of thinking and knowing, speaking and doing.

Although Foucault does entertain the possibility of systemic social or discursive change through subversion and resistance in his later works (e. g. , *The History of Sexuality*: *The Use of Pleasure*, 1984), much of his analysis tends to focus mainly on the workings of power. A somewhat different focus on the relationship between dominance and resistance comes from another French sociologist, de Certeau (1984), who draws attention to the subversions embedded in the practices of everyday life. For him, the powerful institutions of society are able to demand particular behaviors, thoughts, and responses from individuals. He discusses the coercive power of these institutions as a calculus off me relationships or a strategy. Individuals, he argues, do not always comply with the dictates of dominant institutions. Instead, for a variety of reasons, ranging from incompetence to unwillingness to outright resistance, they reject the demands placed on them institutionally and operate according to their own desires, in a way that presents itself to them as personally empowering. This oppositional response he calls a tactic (pp. xviii-xx). A tactic is an art of the weak... clever tricks of the "weak within the order established by the "strong, "an art of putting one over on the adversary on his own turf … The space of a tactic is the space of the other. Thus it must play on and with a terrain imposed on it and organized by the law of a foreign power. (pp. 31-40)

The weak know intuitively how to manipulate the strong, so much so that under certain adverse circumstances the tactics of the weak can take the form of systematic and sustained subversion. Tactics, de Certeau explains, can be as common as stealing stationery from one's workplace, refusing to cooperate with authority, or spreading disinformation. They "characterize the subtle, stubborn, resistant activity of groups which, since they lack their own space, have to get along in a network of already established forces and representations" (p. 18).

Because subtle, stubborn forms of subversion are part and parcel of the practice of everyday life, de Certeau (1984) emphasizes the importance of investigating them along with subtle forms of dominance. And one site of such investigation is the linguistic text. Like Foucault's (1972) discourse, de Certeau's text extends beyond language. "Today, the text is society itself. It takes urbanistic, industrial, commercial, or televised forms" that produce a system "that distinguishes and privileges authors, educators, revolutionaries, in a word, 'producers' in contrast with those who do not produce" (pp. 166-167). But, unlike Foucault, who conceived discourse largely as power/knowledge, de Certeau, as Threadgold (1997) points out, "made clear the need to think about both the way disciplinary knowledge's work to conceal the positions and interests of those who enunciate them and the way conceiving knowledge as discourse excludes an account of the power of enunciation to subvert or change it" (p. 71).

A similar view about discourse as power/knowledge has been expressed by yet another French theorist, Bourdieu (1990). He argues that individuals strive to respond to dominance and resistance by seeking to maximize their capital. Capital, for him, is a form of power. Contrary to common belief, capital is not only economic but is also social and cultural. A fourth kind of capital, symbolic capital, constrains the realization of the other three. These four fields of capital interact and interweave in myriad ways involving both communities and individuals. For instance, as Luke (1996) explains, economic capital in the form of material goods and resources can be transformed into cultural capital in the form of academic knowledge or cultural thought, and into social capital in the form of access to organizational facilities or political parties (pp. 326-330).

The three fields of capital-economic, social, and cultural-are recognized as capital if and only if they are granted legitimacy, that is, symbolic capital, by the society at large. In other words, realization of one's economic, cultural, and social capital is contingent upon societal, institutional authorization and approval. As Bourdieu (1990) puts it, "The kinds of capital, like trumps in a game of cards, are powers that define the chances of profit in a given field." That is to say, the position of a particular individual in the society is "defined by the position (s) he occupies in the different fields, that is, in the distribution of the powers that are active in each of them" (p. 230). Society itself is structured by the differential distribution of capital. Such structuring is done by the state as well as by established social structures, including educational institutions that regulate the availability, value, and use of capital and its conversion across fields. These forces are constantly engaged in capital formation and distribution, thereby helping produce and reproduce hierarchies of knowledge that legitimize inequalities between social groups. Bourdieu, Passeron, and Martin (1994) call such legitimization la violence symbolique (symbolic violence).

Symbolic violence, according to Bourdieu (1991), manifests itself in discourse, particularly in academic discourse. He asserts that "there is a whole dimension of authorized language, its rhetoric, syntax, vocabulary, and even pronunciation which exists purely to underline the authority" of those who perpetuate symbolic violence (p. 76). He relates particular texts and events to larger macro-social structures by specifically connecting the relations among various discourse formations with the relations among the social positions of their authors.

As the above discussion reveals, Foucauldian poststructuralist discourse and its variations display an acute preoccupation with notions of power/knowledge and of dominance and resistance. In spite of such a preoccupation, strangely enough, neither Foucault nor de Certeau and Bourdieu actually paid any attention to the European colonial expansion or to its effect on the power/knowledge systems of the modern European state (Bhatnagar, 1986; Spivak, 1988). Their theories are considered Eurocentric in their focus and of limited use in understanding colonial discourse. However, their construction of the discourse power/knowledge and of dominance/resistance is so influential that it provided a point of departure for postcolonial discourse analysis.

Discourse and Post-colonialism

Cultural theorist Said's (1978) *Orientalism* was the first account to offer a comprehensive theoretical framework for postcolonial discourse analysis. In reading a number of literary, historical, sociological, and anthropological texts produced by the colonial West, Said found that the colonized people were dehumanized, stereotyped, and treated not as communities of individuals but as an indistinguishable mass about whom one could amass knowledge. The number of stereotypical observations made repeatedly about colonized countries and cultures is so great that these statements cannot be attributed simply to the individual authors' beliefs but can only be products of widespread belief systems structured by discursive frameworks and legitimized by the power relations found in colonialism.

Said (1978) used the term Orientalism to refer to the discursive field constituted by Western representations of the Other. Orientalism is a systematically constructed discourse by which the West "was able to manage-and even produce-the Orient politically, sociologically, militarily, ideologically, scientifically, and imaginatively" (p. 3). It forms an interrelated web of ideas, images, and texts from the scholarly to the popular that are produced by artists, writers, missionaries, travelers, politicians, militarists, and administrators and that shape and structure Western understanding and management of colonized cultures and peoples. Said showed that the discourse of Orientalism is built on a binary opposition between the West and the East, us and them, that produces an essentialized and static Other. He thus moved away from a narrow understanding of colonial authority to show how it functioned by producing a discourse or a structure of thinking about the Other. He explained that ideas, images, or texts that are accorded the authority of academics, institutions, and government create not only interested knowledge but also the very reality they seek to describe. Said's analysis of Orientalism is founded on Foucault's (1972) notion that knowledge and power are inseparably tied together, that is, that knowledge is constructed according to a discursive field that creates a representation of the object of knowledge, its constitution, and its limits.

Although Said's (1978) seminal thoughts on Orientalism inform much of contemporary literary and cultural studies, he has been criticized for adopting a Foucauldian model that not only focuses on the working of power but tends to grant almost total hegemony to dominant systems of representation. As many scholars (e. g., Ahmed, 1992; Breckenridge 8c van der Veer, 1993; Loomba, 1998) have pointed out, Said's view of the colonizer and the colonized as locked in a rigid dichotomy of domination and subordination does not account for the diversity of historical contexts, for the heterogeneity of colonized subjectivity, or for the agency of colonized peoples. It is generally true that colonized people gradually internalize the violently disseminated idea of the superiority of the colonizing culture and therefore seek to imitate the norms of the colonizer. But is this colonial mimicry merely a pure act of subordination?

Raising and responding to that question, and taking a psychoanalytic approach to colonialism, Bhabha (1984, 1985) suggests that colonial mimicry, instead of always being an expression of subjugation (which it frequently is), may at times actually operate as a mode of subversion. Bhabha points out a fundamental contradiction inscribed in colonial ideology: On the one hand, it seeks to assert the unbridgeable gap between the superior West and the inferior East while, on the other hand, continuously attempting to bridge the gap (through religious conversion or secular education) by remaking the Other in the image of the Self. Bhabha also sees this contradiction, Mills (1997) observes, "as a form of complex desire on the part of the colonizer, rather than simply as an act of oppression and appropriation. The colonizer here is just as much at the mercy of these forms of representation as the colonized, and is simply caught in the play of desire and fantasy which the colonial context produces" (p. 125).

The play of desire and fantasy, according to Bhabha (1985), renders colonial discourse "hybrid or" ambivalent. "Hybridity" is the sign of the productivity of colonial power, its shifting forces and fixities; it is the name for the strategic reversal of the process of domination (p. 154). Colonial authority is never able to produce a perfect copy of the original but can produce only something that is transmuted. Consequently, the notion of hybridity opens up spaces for the colonized to subvert the master discourse, thereby unsettling the traditional representation of colonial power as unlimited and nonnegotiable. Hybridity makes it possible for colonized peoples to challenge the colonizers in their own language. Thus, English education in Africa and Asia became a double edged sword because the colonized did not simply accept the superiority of English institutions but also used English education to undermine that superiority, foster nationalism, and demand equality and freedom (Loomba, 1998, pp. 89-90).

Bhabha's (1984, 1985) representations of resistance contrast with the views of another postcolonial critic, Spivak, who is wary of too easy a recovery of the voice or agency of colonized people. In an extremely influential essay titled "Can the Subaltern Speak?" (1985a), Spivak argues that epistemic violence of colonialism was so pervasive and so devastating that it rewrote all intellectual, cultural, and legal systems, making it impossible to discover the authentic subaltern consciousness. She correctly points out that even the voices of resistance that Bhabha and others refer to are the voices mostly of the Western-educated, indigenous elite and not of those on the margins of colonial circuitry: men and women among the illiterate peasantry, the tribals, the lowest strata of the urban population, and the like.

Articulating the relationship between post-structuralism, post-colonialism, and feminism and pointing to the wide acceptance of such totalizing, monolithic constructs such as *Third World* or *Third-World woman*, Spivak (1988) suggests that the colonial construction of knowledge has become the only reality that now constitutes both the colonizer and the colonized and the only currency that is usable both in the West and in the East. From this view, even nationalism is a derivative discourse that, despite its reversal of colonial terms, remains trapped within those very terms and hence has only succeeded in replacing colonialism with neocolonialism. Claiming that the same colonial construction of knowledge informs feminism, Spivak (1985b) challenges "the colour-blindness" of Euro-American feminist theories and movements, asserting that "it is particularly unfortunate" that Western feminism "reproduces the axioms of imperialism" (p. 243) by romanticizing the emergence of the articulate Western female subject and her individuality without marking how the expansion of imperialism makes such a feminist project possible. In highlighting the problematic aspect of Western feminism, Spivak echoes the arguments of yet another postcolonial critic, Mohanty (1984), who demonstrates the ways in which Western feminist scholarship constitutes women of the Third World as a homogeneous group, which it then uses as a category of analysis on the basis of certain sociological and anthropological universals without considering larger social, political, and economic power structures that operate between the West and the non-West.

Although Spivak (1985a) sympathizes with attempts to recover the subaltern voice, she sees difficulties and contradictions in constructing a speaking position for the subaltern. By accentuating the limitations of subaltern representation, however, she does not call upon postcolonial intellectuals to abstain from representation altogether. Rather, she urges them to vigilantly unlearn their privilege and ethically mark their own theoretical positions in order to avoid imperialistic gestures that seek to represent those who cannot represent themselves or to speak for those who cannot speak for themselves. Her focus on the possibility of alternative voices being recoverable within discourses has been instrumental in forcing many postcolonial critics to rethink their own relation to colonial texts (Mills, 1997, p. 120).

...

A reading of post-structural and postcolonial thoughts on discourse motivates a critical look at the discourses and counterdiscourses that shape and reshape practices in ESOL classrooms. Foucault's power, de Certeau's tactics, Bourdieu's capital, Said's Orientalism, Bhabha's hybridity, and Spivak's subalternity-all present variations of the same theme, namely, that discourses manifest power relations. The theme is simple yet barely self-evident. Only a persistent promotion of critical sensibilities, in ourselves and in others, can help us as TESOL professionals unmask the hidden relationship between individual interaction in the classroom and the wider socio-cultural and sociopolitical structures that impinge upon that interaction.

The transformative thrust of CCDA, with its potential to create and sustain critical sensibilities, has serious implications not only for the ways TESOL professionals observe, analyze, and interpret classroom aims and events but for curricular objectives and instructional strategies as well. It has been pointed out that ESL learning and teaching cannot take place in a sociopolitical vacuum (Auerbach, 1995; Pennycook, 1994) and that focusing on sociopolitical themes does not come at the expense of the acquisition and retention of language skills that we hope to impart in our learners (Morgan, 1998). While endorsing those views, I would rather emphasize the importance of instructional strategies in promoting critical reflexivity in the classroom. In the context of the ESL classroom, as in any other educational context, what makes a text critical has less to do with the way its content is constructed by the author (though it surely matters) than the way it is deconstructed by the teacher and the learner…

三、建议阅读书目

库玛.后方法理论与应用书系·超越教学法:语言教学的宏观策略[M].陶健敏,译.北京:北京大学出版社,2013.

刘珣.对外汉语教育学引论[M].北京:北京语言文化大学出版社,2000.

理查德,罗杰斯.语言教学的流派[M].北京:外语教学与研究出版社,2008.

吕必松.汉语与汉语作为第二语言教学[M].北京:北京大学出版社,2007.

库克.第二语言学习与教学[M].北京:外语教学与研究出版社,2011.

王建勤.汉语作为第二语言的学习者习得过程研究[M].北京:商务印书馆,2006.

安德森.第二语言阅读探索:问题与策略[M].北京:外语教学与研究出版社,2009.

塞利格,肖哈密.第二语言研究方法[M].上海:上海外语教育出版社,1999.

萨穆达,拜盖特.第二语言学习中的任务[M].上海:外语教学与研究出版社,2010.

四、思考题

1.第二语言教学有哪些主要理论?

2.什么是后方法?

3.如何在汉语国际教育中使用后方法?

第二章　汉语国际教育教师素质与能力

教师是教学成功与否的关键。无论是一般教学活动还是国际汉语教学，教师素质和能力的培养都具有举足轻重的意义，而汉语国际教育的国际化特点，对教师的素质与能力提出了一些特殊要求。本章试图通过对有关汉语知识、中国文化基础、教师修养、跨文化交际能力以及课堂组织与管理能力方面的经典文献解读，说明其特殊性所在。

汉语国际教学与一般的汉语教学，都是建立在教师对汉语知识有较好把握的基础上的，但国际汉语教学更重实用、对比和学习者能力的培养。以语法教学为例，母语汉语教学注重理论的概括性和系统性分析，第二语言教学则注重语法项目的实用性分解。若对二者不加区别，教条式地挪用母语教学方法，势必脱离教学对象的需求，难以收到理想的效果。在第一节《汉语基础知识》里，我们选取了周小兵教授的《汉语第二语言教学语法的特点》，该文提出了汉语作为第二语言教学语法的八个特点。文章充分体现了自赵元任《汉语口语语法》问世以来汉语国际教学领域的专家学者在构建汉语国际教学语法体系方面的一些共识。

汉语国际教育所面对的是世界各国不同文化背景的教学对象，这对教师的学科意识和个人素养也提出了较高要求。在第二节所选的《汉语教员应有的意识》一文中，陆剑明教授指出，对外汉语教师提高素质，需要树立学科意识，学习、研究意识，以及自尊自重的意识。他从学科理论建设的高度，探讨了树立和增强对外汉语教学学科意识、加强教师专业素养和个人修养的重要性。这对于不同专业出身的汉语国际教育教师转变观念，提高素质，建立一支合格的汉语国际教育师资队伍，具有深远的意义。

跨文化交际是汉语国际教育教师都要面临的活动，教师不仅要有心理上的准备，也要在理论上具备相应的知识。本章第三节所选的 Larry 和 Richard《跨文化交际学》第五章《语言与文化——词语与意义》，着重讨论了与言语过程有关的文化、翻译和亚文化问题。作者认为词汇的意义是由文化决定的，所有文化和亚文化的词汇用法和意义都有其特殊的规约和经验。随着世界变为地球村，跨文化交际和语言翻译的意义越来越重要，但要做到语言的等效翻译却很困难。这对国际汉语教师的跨文化交际实践具有积极的指导作用。

课堂组织与管理涉及教学环境、教师与学生的行为、课堂秩序与效率、教学过程与目标的实现等诸多因素,是汉语国际教育中极为重要的一环,而这方面的研究十分有限。第四节所选的王巍和孙淇的《国际汉语教师课堂技巧教学手册》,对汉语国际教育的课堂组织与管理目标、课堂组织与管理的范围、课堂组织与管理的原则都进行了探讨,弥补了课堂组织与管理研究不足的缺陷,有助于从事汉语国际教育的教师在教学实践中实现教学有序、高效运行和促进学生语言能力及综合能力发展的目标。

国际汉语教师自身的中国文化基础怎样,是一个十分重要的问题。因为面对世界各国的汉语学习者,若对自己的母语文化尚不了解,何论传授?本章第五节所选的《把文本变成自己的:原原本本地阅读中国哲学之反思》一文,是比较哲学专家安乐哲长期研究中西文化的经验之谈。他提出的"原原本本地阅读"的原则,可以让当代中国人重新学会阅读传统和理解自身,找回文化自信,从而避免成为既断了自己的根,又入不了对方的营的"没文化的中国人"。这个原则也适用于要提高中国文化素养,学会正确理解和传授中国文化知识的国际汉语教师。

第一节　汉语基础知识

一、概　述

汉语基础知识,是汉语国际教育教师最基本的素质和必备的学识基础,而汉语语法就是汉语基础知识的核心。但是,我们不能简单地将其引进汉语本体研究的语法体系,因为汉语作为第二语言的教学,其语法自有特点。

本节的选文是周小兵教授的《汉语第二语言教学语法的特点》,该文提出了汉语作为第二语言的教学语法的8个特点:①实用第一。②意义和形式并重。③考虑篇章和语用因素。④语法规则的细化和使用条件的充分。⑤注重描写基础上的解释。⑥语际对比既要考虑特性也要考虑共性。⑦注重习得研究。⑧使用统计方法和实验方法。

这8个特点是汉语国际教育专家学者们在构建教学语法体系时共同追求的目标。

赵元任的《汉语口语语法》既是现代汉语语法研究里程碑式的著作,又是基于作者长期的汉语作为第二语的教学实践。刘月华等的《实用现代汉语语法》和房玉清《实用汉语语法》,是直接面向汉语国际教育专业的中国学生和学习汉语的外国留学生,从书名可看出这两本专著充分体现了"实用第一"的特点。周小兵的《句法·语义·篇章》收录的很多论文的灵感来源于对外汉语教学实践,并且充分体现了"意义和形式并重"的原则。《廖秋忠文集》收录的论文是对汉语进行篇章分析的最好范例,而屈承熹的《汉语篇章语法》,可以说是这方面的最新成果。潘文国的《汉英语对比纲要》,是从汉语出发进行"汉外语"对比的力作,充分考虑了语言的"特性和共性"。王建勤主编的《汉语作为第二语言的习得研究》收录了 20 世纪 80—90 年代汉语习得研究的代表作,而周小兵主编《对外汉语教学习得研究》是这方面研究的新的创获。至于"统计方法和实验方法",林连书的《应用语言学实验研究方法》是一本很好的参考书。

如果说上文提到的专家和专著是从不同侧面体现汉语教学语法的特点,那么近年吕华文《对外汉语教学语法探索》和邓守信《对外汉语教学语法》的出版,可以说是对建构汉语作为第二语言的教学语法体系做出了有益的尝试,这两本专著比较全面地体现了汉语作为第二语言教学语法的特点。

在下面的选文中,周小兵教授就汉语作为第二语言教学语法的 8 个特点作了深入浅出的论述,所举的例证往往都是汉语国际教学实践中的典型例证,这对于汉语国际教育研究生和教师的教学实践和科研都具有举一反三的示范作用。

二、原典选读

周小兵:汉语第二语言教学语法的特点

周小兵的《汉语第二语言教学语法的特点》发表于《中山大学学报(社会科学版)》2002 年第 6 期,文中探讨了汉语第二语言教学语法的 8 个特点,进而提出建立该语法体系的设想和前景。

随着我国经济实力的高速增长和政治影响的日益扩大,汉语热正在世界范围内形成。我国加入世贸和申奥成功,使汉语热迅速升温。为满足社会需求,语言及应用语言学已成为"中国语言文学"下的二级学科,"对外汉语教学"则成为极为重要的学科方向。如何进行应用语言学学科建设,做好对外汉语教学的系统研究,成为摆在我们面前的重要任务。为促进相关研究和学科建设,本文从教学语法入手,论述对外汉语教学的特点。

从教学语法的对象来说,母语学习者和第二语言习得者有本质区别。母语学习者大多是大中小学生,已习得汉语并能用汉语进行交际。他们学的主要是语法知识,但不会按老师说的语法规则去说话。学习目的仅限于考试、教书、审稿改稿、翻译等。他们在交际中可能出现个别语法偏误,但一般不影响交际,很容易解释和纠正。第二语言学习者大多是成人,开始培养用汉语交际的能力,在习得语音词汇的同时习得遣词造句、联句成篇的汉语语法。他们的交际常出现障碍。他们需要学语法知识,而且会按老师教的规则去说话,去类推。这种类推会产生大量偏误,而对这些偏误的解释和纠正并不容易,相关汉语规则的解释更困难。外国学生常常抱怨:我们学汉语时出现病句,教师往往说:"不能那样说,应该这样说。没有为什么,是约定俗成。"一些外国人觉得,汉语好像没有语法至少是没有人能讲清楚。

由于学习对象不同,母语汉语教学语法和第二语言教学语法有本质区别。前者注重理论、知识、语法的概括性和系统性语法单位的分析;后者注重实用、能力、语法项目的分解、语法规则的细化和解释的简明通俗、语法单位的组合(陆俭明、郭锐,1998;赵金铭,1997)。

下面从 8 个方面论述汉语第二语言教学语法的特点,顺带谈谈它跟理论语法的关系。

1. 实用第一

教学语法的最大特点,是从汉语第二语言的教学实际需要出发,促使学生更快地习得汉语语法,而不拘泥于理论语法的理论性和系统性。如"洗澡、游泳、见面、跑步"等动宾组合,理论语法认为是离合词。理由是:两个语素不都是自由语素;中间可插入其他成分。许多对外汉语教材据此将它们定为词,并用相应的外语词对译,如"to bathe, to swim, to see, to run"。结果不少学生把它们类同于"洗、游览、会见、跑"等词,生成出"洗澡着、游泳起来、见面客人、跑步得很快"等偏误。构成语素有一个不是自由语素,因此判定整个语法单位是词,这是根据西方的理论语法。但这对汉语教学没有什么实用价值。而其他特征,如可以插进其他成分,动态助词、带"得"补语等要放在前一语素后边,重叠式是重叠头一个单位,对汉语教学却很重要。而这些特征恰恰是非词的标志。从汉语教学的实用性来看,将它们处理为短语更合适一些。

2. 意义和形式并重

对中国学生讲语法,有时可以少讲一些语义。但对外国学生来说,仅讲形式会让他们难以理解。如只给格式"把+名词+动词+在+处所名词",而不作语义说明,学生就可能造出类似"把汉字学在课堂上"的句子。只有说明该格式中的动词必须有附着的语义,名词所指必须在动作发生后附着在处所名词所指之处,才可能生成合格的句子,如"把字写在黑板上"。再如,依据"程度副词+性质形容词"的格式,可能生成正确的句子,如"有点脏";也可能生成错误的句子,如"有点干净"。因此,在讲解这种格式时,必须说明程度副词"有点"一般跟贬义词和中性词结合,表示说话人的不满意。这样学生才能真正习得这一句式。

3. 考虑篇章和语用因素

传统语法研究认为应把语法研究的范围框定在句子内部。但在汉语第二语言教学中,像"也、反而、连"等词语的用法,仅在句内很难解释清楚。一般语法书说"连"表强调,而且只讲单句,学生很难理解。其实,"连"字句涉及预设、蕴涵等因素,应结合篇章语用进行研究。在教学中列出一个系列进行教学,效果会比较好。如:

(1)同事认不出他,好朋友认不出他,连妻子都认不出他了。

(2)同事、好朋友认不出他,连妻子都认不出他了。

(3)连妻子都认不出他了。

先从递进分句的(1)讲起,说明最后分句的句义在跟前两个分句的对比中受到强调;此外,它还常常表达人们认为最不可能发生的事情。这样讲留学生容易明白"连"字句的作用。然后再讲省略了某些成分的(2)(3)。复句中"连"表递进,整句的作用使"连"后的成分受到强调。因此,单句中的"连"就跟"都"(或"也")一起有了强调的作用。从历时来看,近代汉语中也是先有类似(1)(2)等有对比成分的句式,才有类似(3)的单句。可见,结合篇章教学,既符合句式产生的历史,也符合一般人(包括留学生)的认知顺序,留学生容易理解该句式的预设、蕴涵等用法(周小兵,1996)。显而易见,篇章语用分析,既是理论语法的重要内容,又是教学语法的必要环节,而且是二者的交接点。

4. 语法规则的细化和使用条件的充分

理论语法的概括性对正在学汉语的留学生来说,难于理解,很难运用。赵金铭(1997)认为:当外国人要通过学习语法来掌握一种语言时,几条最一般的规律就不够了。这时候的语法就要深化和细化,一般的规则下还得有细则。一般语法书只讲程度副词能修饰形容词、心理动词,讲"比"字句可分为同类事物比较和程度差别随时间变化两组。但这些规则对汉语学习来说过于概括。下面是学生生成的偏误:

a. *三个人里边,他更高。　　　b. *他住在挺西边。

c. *他比小王越发胖了不少。　　d. *我比他很/最高。

教学语法中,还应将程度副词分为绝对程度副词和相对程度副词两大类,前者如"很、非常、相当、有点"等,不用于比较;后者如"最、顶、更、还、越发、稍微"等,用于比较。相对程度副词中,"最、顶"等只用于多项比较,能修饰方位词语。"更、稍微"等只用于双项比较(因此 a 句错),不能修饰方位词语(因此 b 句错);"越发"只用于一个对象不同时点的比较(因此 c 句错)。"比"字句表双项比较,句中只能用双项比较的相对程度副词,不能用多项比较副词,更不能用绝对程度副词(因此 d 句错)。(周小兵,1996)可见,将程度副词进一步分类,讲清各类的具体用法,有助于留学生理解并掌握它们的用法,减少偏误的出现;对已出现的偏误也可以进行有效的解释。

5. 注重描写基础上的解释

描写主要是说明语法现象和语法规则"是什么",解释主要说明"为什么"。描写基础上的合理解释,能促进教学。如,英语说"two hours and a half"或"two and half hours",汉语说"两个半小时";英语 half 可以在后,也可以在中间,汉语"半"在中间;英语有 and,汉语没有相应成分;汉语有"个",英语没有相应成分。这些都属于描写。

要解答学生提出的"为什么",就属于解释了。英语、汉语上述句式的深层语义结构基本相同(汉语多了量词"个"),但转换程序有区别:

two hours + half an <u>hour</u> → two hours and a half

two <u>hours</u> + half an hour → two and half hours

两个<u>小时</u>+半个小时→两个半小时

英语是后删除或前删除(横线表被删除成分),加合关系有标记。汉语是间隔删除,加合关系无标记。因此,英语为母语的学生容易将该汉语格式误解为"2+半个小时"。

转换程序不同的原因是:汉语重音律和谐,"两个小时/半"顾全了语义组合但并列关系的四一组合在音律上不和谐;"两个半/小时"是三二组合,音律上就和谐了,尽管语义组合不够完美。解释必然要涉及语义、篇章、语用甚至心理社会等因素,属于中层语言学。它可以反过来促进描写的精确化,同时又是语法理论化的必由之路。

6. 语际对比既要考虑特性也要考虑共性

沈家煊指出:世界上的语言千变万化,但"万变不离其宗",语言变异有一定范围,受一定限制。某些看上去是汉语特点的东西其实是语言共性在汉语里的具体反映(张伯江、方梅,1996)。不同语言中的一些语法结构,表层有一些区别,但深层语义结构相同。如:

我们学校数学系的年轻女教师

giáo viên　nữ　　trẻ　　của　khoa　toán　tú ổng chúng tôi(越南语)
(教师)　(女)　(年轻)　(的)　(系)　(数学)　(学校)(我们)

the young woman teachers of the mathematics department in our school

三种语言中 4 个定语的位置不同,但它们跟中心语的距离基本相同:"女(nữ、woman)"离中心语最近,"年轻(trẻ、young)"次近,"数学系(khoa toán、the mathematics department)"次远,"我们学校(tú ổng chúng tôi our school)"最远。即越能表现中心语所指稳定的本质特征的,离中心语越近。说明在中心语和定语的关系上,三种语言的层语义结构相同。此外,类似汉语语序的还有韩语,类似越南语语序的还有泰语,类似英语的就更多了。这也证明了普遍语法中原则与参数的观点。原则指所有语言共有的规则,它们有一些有限的参数。学习母语的过程就是给这些参数赋值。学第二语言,要按目的语特点重设参数值;而普遍语法的原则仍起作用。因此,语法教学既要讲汉语特性,又要讲人类语言的共性。

7. 注重习得研究

教学语法研究必须跟心理学交叉,考虑第二语言学习者的习得过程和心理特点,如习得顺序的考察和研究,就是教学语法研究的重要内容。现状是,某些语法单位(语素、词、短语等),在理论语法中的出现顺序跟留学生习得顺序不同。不少汉语教科书按理论语法的次序安排语法项目,教师和学生按这些顺序教和学,但学生实际的习得顺序却不同。

邓守信(Shou-hsin Teng,1999)的研究指出:一般教科书先出现完成体的"了₁",再出现起始体的"了₂"。但据台湾师范大学第二语言中介语数据库进行的统计发现,母语为英语的第二语言学习者往往较早习得"了₂",经过较长时间后才习得"了₁"。邓守信提出,在教学中"了₂"应该先于"了₁"出现。由于其容易学,应尽可能早出现。"了₁"应在学习了相当数量的基本动词和类似"昨天、上个星期、今天早上"等时间词语后才教。

施家炜(1998)使用北京语言文化大学"汉语中介语语料库系统",探讨留学生习得相关句式的顺序及其成因。研究发现,一些在语法等级大纲中比较容易的句式,学生较晚习得;一些大纲中较难的句式,学生反而较早习得。如,S+把+O+V+R C(T7:他把我打哭了)在大纲中是甲级项目(应早掌握);S+把+O1+V(在/到/给)+O2(T8:我把书放在桌子上)是乙级项目(应晚一些掌握)。但学生的习得顺序相反。这跟3个制约因素有关。①习得难易度。仅从句法结构上看,T8(我把书放在桌子上)比T7(他把我打哭了)要复杂。若施事主语不变,也不考虑篇章语用因素,T8很难换成非"把"字句(＊我放书在桌子上),T7可以换成非"把"字句(他打哭了我)。学习有难度的新句式时,学生常采用回避策略,用已学句式表达相同意思。T8回避不了,就渐渐习得了;T7可以回避,习得时间就会长一些。②使用频率和广度。许多学生回避使T7,平时听说这种句式的机会少,自然会影响习得。③教学难易度。在教授"把"字句时,T8比较容易演示和操练,课堂上可位移的东西很多,位移动作幅度较大,学生较容易掌握。相对来说,T7的演示和操练稍难一点。

8.使用统计方法和实验方法

没有统计就概括出的规则,往往有偏差,并对汉语学习产生负面影响。如一般语法书说,双音节性质形容词能AABB形式重叠。留学生以为是普遍规律,造出类似"长得美美丽丽的""特特别别的衣服"的病句。经统计可知,约70%的双音节性质形容词不能重叠。应告诉学生双音节性质形容词大部分不能重叠,小部分可以;并在教学中随机说明。

陈小荷(1996)曾对北京语言文化大学"汉语中介语语料库系统"中的3 367例"也"进行统计研究。发现"也"的使用率为0.630 68%,比《现代汉语频率词典》统计出的0.532 48%使用率要高。3 367例中跟"也"有关的偏误328例,有4种类型:

第一类(37例,11.28 %):"也"在主语前:课堂里也他表现得很突出。

第二类(30例,9.1 7 %):"也"跟其他状语错位:我也刚才在那边找过半天。

第三类(26例,7.93 %):"也"在周遍性词语中间:他一点儿也没有理解力。

第四类(235例,71.62 %):误代和滥用:我今天也又跟他见面。

统计证实,"也"偏误最多的果然是误代和滥用。通过分析偏误产生原因和语境,还得出:"也"跟时间状语同现时,"刚才、以前"等名词一般在"也"前,"常常、时而"等副词一般在"也"后;并非如前人所说,两种顺序都可以。可见,在统计基础上的分析,可使教学者准确划定偏误范围,有的放矢地进行语法教学。同时对语法规则的修正也有帮助。

实验方法,是使用人为控制和操纵手段,使某些需要观察的语言习得的行为、过程、特征集中地显示出来。实验法往往先有一个假设,再通过实验来证实或证伪。如张凯(2000)为考察SOV语序对日韩学生习得的影响,在HSK预测题语法部分设置了一道实验题:

她_____。

A 还没找到一份如意工作　　　B 一份如意工作还没找到

C 一份如意工作找到还没　　　D 一份如意工作还找到没

此题A、B两个选项都合语法。实验假设是:汉语语序SVO,日韩语序SOV;日韩学生水平高的选 A,水平低的选 B。结果 129 名日韩学生都选了 A 或 B。其中选 A 者 94 人,该考试其他试题的平均分 131(全卷 200 题,每题一分);选 B 者 35 人,该卷其他试题平均分 117.5。实验结果证实了上述假设,并说明:①对日韩学生来说,SOV 先掌握,SVO 后掌握。②因普遍语法的作用,习得者不会产生野语法(无日韩学生选 CD 两题)。可见,实验方法不但可以发现语言习得过程和特点,促进语法教学,还能验证理论语法的一些原则。

结语

汉语语法研究者和教学者应明确汉语作为第二语言教学语法的特点,致力建立一个老师好教学生好学、简单明了、解释性和实用性强的语法体系,以推动世界范围内的汉语教学。

20 世纪初以来,许多人把英语作为第二语言来学习,给理论语法和母语教学语法提出不少难题,迫使理论语法界和教学语法界有更多的合作,结果形成了英语二语教学语法体系并日趋完善,英语语法研究飞速发展。21 世纪,当世界上越来越多的人把汉语作为第二语言来学习,理论语法界和教学语法界必将有更多的结合,使汉语语法研究出现历史性飞跃。

三、建议阅读书目

赵元任. 汉语口语语法[M]. 吕叔湘,译. 北京:商务印书馆,1979.

刘月华,潘文娱,故韡. 实用现代汉语语法[M]. 北京:商务印书馆,2001.

房玉清. 实用汉语语法[M]. 北京:北京语言学院出版社,1992.

周小兵. 句法·语义·篇章——汉语语法综合研究[M]. 广州:广东高等教育出版社,1996.

廖秋忠. 廖秋忠文集[M]. 北京:北京语言学院出版社,1992.

屈承熹. 汉语篇章语法[M]. 北京:北京语言大学出版社,2006.

潘文国. 汉英语对比纲要[M]. 北京:北京语言大学出版社,1997.

王建勤. 汉语作为第二语言的习得研究[M]. 北京:北京语言大学出版社,1997.

周小兵. 对外汉语教学习得研究[M]. 北京:北京大学出版社,2006.

林连书. 应用语言学实验研究方法[M]. 广州:中山大学出版社,2001.

邓守信. 对外汉语教学语法[M]. 北京:北京语言大学出版社,2010.

四、思考题

1. 汉语本体知识主要有哪些?

2. 如何理解汉语国际教育视野下的汉语知识?

3. 汉语本体知识如何影响汉语教师的成长?

第二节　教师的学科意识与素养

一、概　述

进入 21 世纪以来,汉语国际教育事业得到前所未有的关注。在获得巨大发展机遇的同时,毋庸讳言,还存在不少问题,其中比较突出的表现为教师素质亟待提高。那么,对外汉语教师应当怎样提高自身的素质? 如何才能成为一名优秀的对外汉语教师? 陆俭明教授的《汉语教员应有的意识》一文直观、生动地为对外汉语教学从业者阐述了教师所应具备的素质与意识。

近年来,汉语的国际化趋势及其在全球的优势地位已经是不争的事实,在这样的背景下,作为第二语言的汉语教学迎来了空前的机遇。陆俭明教授指出,要使汉语真正成为国际强势语言,必须提高汉语教师的素质。汉语教师要提高素质,第一需要树立学科意识,第二需要树立学习、研究意识,最后还需要树立自尊自重的意识。

为何汉语教师首先需要树立学科意识呢? 陆俭明教授敏锐地觉察到汉语国际教育学科缺乏学科意识的现状。其中一个很突出的现象是来自不同学科背景的教师在进行对外汉语教学时没有很好地将教学与自己的本学科研究结合起来,使得自己的学科知识无法为对外汉语教学所用。因此,他认为树立学科意识首先须明确两点:其一,对外汉语教学的基础是汉语言文学教学;其二,各学科知识必须整合。而后对外汉语教师需要树立以下意识:第一,有针对性地补充学科知识,汉语专业背景的教师应当补充有关学科知识,非汉语专业背景的教师则必须补充汉语言文字学方面的学科知识;第二,关心本学科的学科建设,思考以下几个问题:对外汉语教学学科的哲学基础、理论支撑、学科内涵、辅助学科分别是什么。

其次,对外汉语教师还应当树立较强的学习、研究意识。陆俭明教授指出,当一名对外汉语教师并非许多人想象中的简单,原因有四:其一,对外汉语教学中遇到的某些问题在现有的教科书、专著中难以找到现成的答案,教师只能通过学习、研究找到答案。其二,在低年级的对外汉语教学中,老师既需要为学生传授一些汉语知识,但又不宜系统地、大范围地讲授汉语知识,如何做到"恰到好处",这也要求教师在工作中多思考、多研究。其三,与其他学科一样,对外汉语教学提高教学质量需要有高素质的教师队伍、高质量的汉语教材及高效率的教学方法,这些都需要以对外汉语教学的科学研究为基础。最后,汉语口语中有许多固定格式,初学者很难准确使用这些格式,而且也无法从书上找到现成答案。如何把这一类固定格式讲解清楚,这也需要对外汉语教师亲自去研究。

第三,对外汉语教师还需要树立自尊自重的意识。陆俭明教授特别强调,只要自己尊重自己,尊重自己的学科,再加上自己的努力,从事对外汉语的教师完全有能力成为与其他学科一样的"家"。

陆俭明教授主要研究领域是现代汉语及汉语国际教育,著有《现代汉语虚词散论》(与马真合著)、《八十年代中国语法研究》、《现代汉语句法论》、《现代汉语语法研究教程》、《作为第二语言的汉语本体研究》等,发表学术论文、译文等200余篇。他的文章语言平实、逻辑严密、深入浅出,为广大对外汉语教师的教学和研究提供参考与启示。

二、原典选读

陆俭明:汉语教员应有的意识

陆俭明的《汉语教员应有的意识》一文原载《世界汉语教学》2005年第1期,探讨了汉语国际教育教师应该具有的学科意识、研究意识以及自尊自重的意识,通过反思意识的训练,成为名副其实的汉语国际教育专家。

自20世纪90年代以来,特别是进入21世纪后,随着中国经济的飞速发展和国际地位的日益提高,汉语作为第二语言教学,即我们所说的"对外汉语教学",迎来了大好的春天。汉语正逐渐成为各国学习的热门语言,正逐渐跃升为在全球可能仅次于英语的新强势语言,汉语的国际化趋势日益增强。不难预见,今后汉语教学在全世界范围内将会有更大的发展。汉语作为第二语言教学面临着前所未有的发展机遇。

但应该看到,真要让汉语走向世界,使汉语在21世纪真正成为仅次于英语的国际强势语言,重要的是要不断提高汉语教师的素质。而汉语教师要不断提高自身的素质,首先需要树立一些意识。

一、要树立很强的学科意识

目前,从事对外汉语教学的人员,从领导到一般教员,都异口同声地呼吁,要建立独立的学科,要建立对外汉语教学的硕士点、博士点。这个想法无疑是很好的,我们应朝这个方向努力。但是,我们自己实际上却很缺乏学科意识。譬如说,一般从事对外汉语教学的老师来自各个不同的学科,有来自文学、汉语的,有来自历史、哲学的,有来自外语学科的,有来自心理系科的,等等。他们虽然身在对外汉语教学的岗位上,但仍只是搞原先本学科领域的科学研究,而不考虑或很少考虑怎么将自己原先所学的学科知识跟对外汉语教学紧密地结合起来,从而使自己所学的知识服务于对外汉语教学,成为对外汉语教学的有机的组成部分;而作为对外汉语教学单位的领导似也不注意引导和要求来自不同学科的教员这样做。关于树立对外汉语教学的学科意识问题,我在《增强学科意识,发展对外汉语教学》(2004)一文中已有所论述,这里再就怎么树立学科意识的问题补充说些意见。怎么树立学科意识?我想有两点必须明确:

第一，对外汉语教学的基础教学是汉语言文字教学，而不是别的。在对外汉语教学中，尤其在初级阶段的教学中，其他学科的教学，从整体上来说都是为汉语言文字教学服务的。

第二，各个学科的知识必须整合。对外汉语教学必须走"以汉语教学为基础的、开放性的兼容整合之路"（王路江，2003）。

明确了上述两点以后，我们每个人就应明了自己的职责和所求：

第一，如果你是来自汉语专业或汉语专门化的，那么你得有针对性地补学有关学科的知识。譬如说，你要教经贸汉语，就得补学一些经贸方面的有关知识；你要教医学汉语，你就得补学一些医学方面的有关知识，如此等等。如果你是来自非汉语专业的，那一定得补学汉语言文字学方面的知识，这是对外汉语教学的根基。

第二，人人都得关心本学科的学科建设。每个人都得考虑：①作为一个独立的学科，必须要有它的哲学基础。对外汉语教学学科的哲学基础应该是什么？②作为一个独立的学科，必须有一定的理论作支撑。对外汉语教学学科需要由哪些理论来支撑？③作为一个独立的学科，必须有明确的学科内涵。对外汉语教学学科的内涵是什么？学科的本体研究是什么？④作为一个独立的学科，必须有与本学科相关的、起辅助作用的学科，那么，跟对外汉语教学学科相关的、起辅助作用的学科是哪些？对外汉语教学学科作为一个独立的学科要大踏步地发展，从事对外汉语教学的领导和广大教员都必须树立明确的学科意识，并围绕上述问题，共同致力于对外汉语教学学科的理论建设。观念的转变是最重要的。树立和增强对外汉语教学学科意识，意义深远。

二、要树立很强的学习、研究意识

许多人认为，教外国人学汉语比起其他院系的老师给本科生、研究生上课要容易一些。其实，这个看法不说是完全错误的，起码也可以说是不了解对外汉语教学的人所具有的一种想当然的幼稚想法。

对外汉语教学的老师可不是好当的。从某种意义上来说，这比在高校某些院系当老师要难。作为一名对外汉语教学的老师，面对着零起点的外国学生，能用几个词就把课堂搞活，让学生开口训练，可得有点儿本事；能让零起点的外国留学生在最短的时间里尽快地学习、掌握好汉语，可不是一件容易的事。如果没有深广的专业基础知识和相关的学科知识，没有高超的教学艺术，没有一定的教学技能，是很难达到上述要求的。

因此，对一名从事对外汉语教学的教师来说，首先要有很强的学习意识，使自己具有深广的知识；更重要的是具有很强的研究意识，并具备一定的研究能力。

为什么从事对外汉语教学的老师一定要有很强的学习意识和研究意识呢？理由有三：

第一，我们先前所做的汉语研究，是为解决我们中国人的交际中出现的问题服务的，是为建立汉语学科服务的。在我们看来不成问题的问题，对外国学生来说都可能是难点。对外汉语教学中所碰到或出现的问题，往往不能从现有的教材、工具书、汉语语言学论著中找到现成的、令人满意的答案。这些问题只能由我们自己通过学习、研究来解决。

　　在对外汉语教学中,最忌讳的一句话是"这是汉语的习惯"。有的老师,包括在中国国内教留学生汉语的某些老师,当学生问到一些语法或词汇方面的问题时,特别是当问到"为什么要那么说,不这么说"的时候,常常就用"这是汉语的习惯"把学生的问题顶回去了。他以为这就解决了学生的问题,其实学生是最不愿意、最害怕听到的回答的。这种回答会影响学生学习汉语的积极性,会让一些学生产生"汉语大概没有什么规律"的错误想法。在这个问题上,我们一定要具有一种态度——实事求是的、老老实实的态度。如果自己一时回答不出来,就如实地对学生说"你提的这个问题我得考虑考虑再回答你"。

　　第二,在对外汉语教学中,特别是在低年级的教学中,需要恰到好处地给学生一些汉语知识,但又不宜学院式地对学生大讲汉语知识,包括语音知识、词汇知识、语法知识、汉字知识等,得采取随机教学、点拨式教学法。怎么掌握这个度?这就要求从事对外汉语教学的老师不仅要善于发现并抓住学生在学习汉语过程中出现的带普遍性的语法错误,给以改正,而且要求老师要善于分学生出现某种语法错误的原因,要善于确定解决学生某个语法方面或词汇方面或汉字方面的错误的突破口,并善于针对学生中出现的某种错误与毛病,利用已有的知识和研究成果来作出明确而又通俗的说明。而要做到这一点,自己首先要具有一种很强的学习、研究的意识,并在日常工作中做到勤学习,多研究。

　　第三,提高教学质量的三大条件是,要有高素质的教师队伍,要有高质量的汉语教材,要有高效率的教学方法,而这都有赖于对外汉语教学的科学研究。对外汉语教学必须以学术引航,这样才能确保教学质量的不断提高。而这种研究,不能仅指望从事汉语本体研究的学者,主要得靠处于对外汉语教学第一线的广大教员。

　　第四,在汉语口语中,有许多常用的固定格式,例如:

　　(1)NP 不 X 谁 X(你不教授谁教授!)

　　(2)……,VO-V 的(他最近视力下降得很厉害,准是看电视看的。)

　　(3)……,X 就 X 在……(他错就错在不懂经营。)

　　(4)……V 着也是 V 着,(不如)……(这些书放着也是放着,你拿去看吧。)

　　(5)NP+V 也 V 了,V 也 V 了,……(你说也说了,打也打了,还要怎么样?/你吃也吃了,喝也喝了,总该走了吧?)

　　(6)一 VV 了+数量成分(她一买买了一大堆。/一说说了两个小时。)

　　这些固定格式很有表现力,而外国留学生对这些常用固定格式的每个字、每个词都认识,都知道,但表示什么意思?如果老师不告诉他们,他们是不知道的,而且他们也很难从工具书上找到现成的答案;当然,他们更不会准确地使用这些固定格式。而从事本体研究的学者过去很少研究。这就得靠从事对外汉语教学的老师自己去研究,去解决。如果我们没有这样的研究意识和研究能力,就没法把一些固定格式给学生讲解清楚。

　　根据上述四点理由,我们有理由要求从事对外汉语教学的老师一定要有很强的学习意识和研究意识,使自己具备一种良好的研究素质,使自己具有发现问题、分析问题、解决问题的实际研究能力。这里还需提醒大家的是,在对外汉语教学中,问题最多的还是词汇、语法,特别是虚词方面的问题;要解决好这方面的问题,我们还需要培养自己具有这样一种本事——快速思索实例、独立进行研究的本事;学会一种方法——善于进行比较的方法。有了这些能力,掌握了这些方法,加之能做个有心人,自己就会从必然王国走向自由王国。

三、要树立自尊自重的意识

现在,把对外汉语教学看作"小儿科"的人可能越来越少了,但是社会上、教育界有许多人还是认为从事对外汉语教学的教员只能是个教书匠,不能成为"家",从事本体研究的才能成为"家"。可悲的是我们自己有相当一部分教员和有关领导居然也这样看。我们认为,这种想法是很不对的。关于这个问题,我不想在这里展开说,只想打一个可能不恰当的比方——如果说从事汉语本体研究和理论研究的教员和研究人员类似理科的教员和科学院的研究人员,那么从事对外汉语教学的教员就类似于大学工科的教员和工程院的研究人员。

在理科,在科学院的教员和研究人员,经过努力有可能成为科学院院士,但也不是所有教员和研究人员都能成为科学院院士;而在工科,在具体工程单位从事教学或研究的人员,经过努力也有可能成为工程院院士,当然也不可能都成为工程院院士。同样道理,在高校或研究单位从事汉语本体研究和理论研究的教员和研究人员也未必一定都能成为"家";而在高校从事对外汉语教学的教员也未必一定不能成为"家"。事在人为,一个人能不能成为"家",全在自己的信念和努力,当然其中也会有机遇的问题。我在这里更要强调的是,首先是自己要看得起自己,要自尊自重。有了这种自尊自重的意识,加上自己的努力,我们就可以成为与其他学科的"家"齐名的"家"。

三、建议阅读书目

陆俭明.增强学科意识,发展对外汉语教学[J].世界汉语教学,2004(1).

陆俭明.谈汉语作为第二语言教学的学科建设及其本体研究[J].外语教学与研究,2005(5).

刘珣.对外汉语教学概论[M].北京:北京语言大学出版社,1997.

四、思考题

1.汉语国际教育教师应该具备哪些学科知识的素养?

2.如何看待面前汉语国际教师的素养?

3.怎样看待教书匠和教育家的区别?

第三节　跨文化交际

一、概　述

跨文化交际能力是国际汉语教师必备的素质之一。20 世纪 60 年代,跨文化交际学就因世界科技的迅速发展带来的人类更广泛交流的需要而备受关注,并日益成为一个多学科渗透的研究领域。跨文化交际学(Intercultural Communication)最早由美国人类学家爱德华·霍尔(Edward T. Hall)提出,他在《无声的语言》(*The Silent Language*)一书中认为,不同文化背景的人在使用时间和空间表达意义时具有明显差异,并对时间和空间与交际的关系进行了深入探讨。

在美国,因跨文化交际的实践所需,其理论研究发展迅速,1974 年成立了跨文化教育训练与研究学会(Society for Intercultural Education,Training and Research),陆续出版了一批理论著作,如 John Condon 与 Fathi Yousef 的《跨文化交际学入门》,以及 Larry Samovar 与 Richard Porter 的《跨文化交际学》等。全美 20 世纪 80 年代初就有 200 多所大学开设了跨文化交际学课程,选课学生来自传播学系、教育系、心理学系、语言学系、社会学系和人类学系,甚至包括工商管理、医护专业的学生。在随后的几十年里,美国的跨文化交际学理论与实践并重,逐步向跨文化交际培训和咨询方面发展。

欧洲的跨文化交际学研究起步较晚,而且与语言学研究关系密切,社会语言学家和语用学者是跨文化交际研究的主力,代表著作有 Raymond Williams 的《关键词:有关社会与文化的词汇》,Jenny Thomas 的《跨文化语用失误》等。直到 20 世纪 90 年代,跨文化交际学在欧洲才作为一门独立学科得到承认。

中国的跨文化交际研究始自 20 世纪 80 年代,时间不长,但发展较快。1995 年成立了跨文化交际研究会,研究者包括外语界、对外汉语教学界、语言学界和心理学界的专家学者。研究重点从开始的外语教学以及语言与文化的关系,发展到非语言交际、中西习俗比较、国民性研究、中西管理模式研究,以及跨文化交际学理论研究等。

跨文化交际学的理论核心是普通交际学的交际论,与心理学、语言学、传播学和人类学都有交叉。跨文化交际学研究的内容包括文化差异及其对交际的影响,不同文化和民族之间的异同,语言与文化,以及双语教育和翻译问题,特殊文化模式及其对于跨文化交际的影响,非语言交际,民族中心主义问题,文化休克和文化适应,民族、种族和亚文化,主观文化理论,融合理论等。而按照萨默瓦和波特的理论,跨文化交际学主要由三部分组成:观点(包括价值观、世界观和社会组织)、语言过程(包括语言及思维模式)和非语言过程(包括非语言行为、时间观念和对于空间的使用)。

美国华兹沃斯(Wadsworth)出版公司出版的《跨文化交际学》具有代表性和经典性,自 1972 年初版至今已再版 10 多次,成为该领域研究的经典。该书把交际与文化两方面的基本原则融为一体,并作为贯穿全书的脉络。书中对跨文化交际的基本认识既出自于语用,又来源于哲学。作者把理论和概念转化为实践以帮助读者改善跨文化交际,达到成功交际的目的。《跨文化交际学》的作者拉里·A.萨默瓦(Larry A. Samovar)为美国圣迭戈大学传播学院教授,1962 年在普渡大学获得博士学位,并在该校任教五年。作为早期跨文化交际领域的先驱,他曾在日本做访问学者,在美国多个部门任通信顾问,一直在美国各大学做演讲嘉宾。萨默瓦独立撰写或与人合写的著作有 13 本,共 40 多版。他参加过大量的国际研讨会、讲习班以及国家和地区会议,发表过 100 多篇学术论文,许多出版物被翻译成外语,在 11 个国家使用。

　　理查德 E.波特(Richard E. Porter),南加州大学博士,加州州立大学长滩分校传播学名誉教授。早在 1960 年代末就开始跨文化交际教学和研究,从事了 30 年的跨文化交际学本科和研究生教学,其早期著作与该领域其他先驱者的著述为学科的建立和发展奠定了基础。波特出版和编辑过 4 本跨文化交际学著作。

　　自从 2007 年第六版开始,《跨文化交际学》的作者增加了来自日本学者麦克丹尼尔(Edwin R. McDaniel),并重新修订,增加了文化身份及其对跨文化交际的影响、宗教差异等章节,整合了最新的反馈意见和信息技术、大众媒介、亚洲面子观念等内容。

二、原典选读

Samovar,Porter,and Mc Daniel:
《跨文化交际学》(选读)

　　原典选自第六版的《跨文化交际学》(Larry A. Samovar, Richard E. Porter and Edwin R. McDaniel, *Communication between Culture*)的第六章"Words and Meaning:Language and Culture"中的第二部分"Language and Culture"。这一章讨论了与言语过程有关的三个问题:1.语言与文化;2.语言翻译;3.亚文化与语言使用。作者认为言语行为上表现出的文化多样性可能是跨文化交际所面临的最困难、最持久的问题之一。语言符号和表示符号的声音因文化而异,制约符号和声音使用的规则也因文化而异。语言是了解一种文化如何理解现实的向导。词汇的意义由文化决定,词的用法和意义是学得的,所有文化和亚文化都有规约词汇用法和意义的特有经验。随着世界变为地球村,跨文化交际和语言翻译显得更为重要。人们趋于认为一种语言的语篇可以准确地译为另一种语言,但是在翻译时要做到语言的等效很困难。口译工作者不仅要深刻理解语言的词汇,而且还要有娴熟地处理感情色彩、思维过程和交际技巧的能力。语言的多样性在美国十分明显,居住在同一地区的人也可能在使用语言的方式上与主流文化不同。

Language and Culture

Language usage and style reflect the personality of a culture in much the same way that they reflect the personality of an individual. Philipsen supports this view when he says:

Cultural premises and rules about speaking are intricately tied up with cultural conceptions of persons, agency, and social relations—that is, rules and beliefs about speech articulate with a larger cultural code defining the nature of persons, whether and how it is that humans can act efficaciously in their world of practice, and what are the possible and appropriate ways in which individuals are linked together in social units. [21]

This relationship between language and culture is further emphasized by Saville-Troike when she writes, "There is no doubt, however, that there is a correlation between the form and content of a language and the beliefs, values, and needs present in the culture of its speakers" [22]

The relationship between language and culture has caused Edwards to believe that language and culture have the power to maintain national or cultural identity. For him, language is important in ethnic and nationalist sentiment because of its powerful and visible symbolism; it becomes a core symbol or rallying point. [23]

The impact of language as a strong symbol of national identity may be seen in the history of the Basques an ethnic group in the north of Spain and southwestern France. According to Crystal, the Spanish government from 1937 to the mid-1950s made an active attempt to destroy the Basque culture by forbidding the use of Euskara, the Basque language. Euskara could not be taught in the schools or used in the media, church ceremonies, or in public places. Books in the language were publicly burned, and Basque names could not be used in baptism ceremonies. All Basque names in official documents were translated into Spanish, and inscriptions on public buildings and tombstones were removed. [24] However, the Basque sense of cultural identity was so strongly tied to their language that the Spanish government's attempts to ban Euskara ultimately failed. Today, more than a million Basque speak Euskara, and it is the first language of more than 700,000.

Because many political and civil leaders recognize that language and culture are inseparable, they often take steps to limit or prohibit any change in the language the perceive as a threat to their culture. [25] Costa Rica, for instance, in 1977 enacted a new law that restricts the use of foreign languages and imposes fines on those who break it. Under that law, companies that advertise in a foreign language wrer required to include a Spanish translation in larger letters. [26] Likewise, Iran has banned companies from using Western names. Turkey's government is considering fining anyone who uses foreign names on the airwaves. And France has a list of thirty-five hundred foreign words that connot be used in schools, bureaucracies, or companies. [27] The French have actuall carried this attempt to maintain a "pure" language to an extreme, as Andrews indicates:

The French have an official language academy to watch over linguistic developments and try to regulate them. They're so alarmed by what they consider to be the "contamination" of French by foreign tongues (especially American English) that they've resorted to drastic measures. [28]

The current French strategy for language control "is to set up for all the mass media obligatory percentages of content created and produced entirely in France—that is, to set up *cultural quotas.* " [29]

In addition to recognizing these attempts to preserve languages and language usage, it is also important to realize that languages do acquire words from other languages. Languages around the world, for example, have acquired numerous words from indigenous American languages, such as *avocado*, *chocolate*, *coyote*, *sequoia*, *cqribou*, *chipmunk*, *Chinook*, and *tomato*. Although these words bad their origins in the Americas, they have made their way into a wide range of other languages.

VERBAL PROCESSES

As we have already indicated, it is impossible to separate language from culture. In its most basic sense, Rubin says, language "is a set of characters of elements and rules for their use in relation to one another."[30] These characters or elements are language symbols that are culturally diverse. That is, they differ from one culture to another. Not only are the words and sounds for those symbols different, but so are the rules for using those symbols and sounds.

The words used to represent things are different in various languages. In English for instance, you have a pet dog or cat, but in Spanish, your pet is a *perro or a gato*. While you live in a house, Thai people live in *bans*. Although this type of difference is obvious, there are other types of linguistic diversity that may not be so obvious. Phonology—the number and tonal qualities of speech sounds—is also culturally diverse. While in English there are twenty-one consonant sounds and five vowels that combine to form thirty-eight various phoneme sounds, the Filipino language has sixteen consonants and ten vowels forming twenty-six phonemes. The Arabic language has only twenty letters in its alphabet, which somewhat limits the number of available words. Hence, an Arab may need to use half a dozen words to convey the meaning of a single English word.

Grammatical structures are also unique to each language. In English, there are both singular and plural nouns and pronouns, but in Korean "the distinction between singular and plural is made by the context of the sentence."[31] In English, verb tenses express contrast between past, present, and future acts, but in Vietnamese, the same verb reflects all three and the time of the action is inferred from the context.[32] Syntax, the word order and structure of sentences, also varies depending on the language. In the normal word order of simple sentences for Filipinos, the predicate is followed by the subject.[33] For example, the English sentence "The teacher died" would be "*Namatay ang guro*," or "Died the teacher," in the Filipino language. In Japanese, the predicate comes at the end of the sentence, so "I went to Tokyo" would be "*Watashi wa Tokyo ni ikimashita*" or "I Tokyo went to." In English, the possessive form is indicated by the use of an apostrophe: Rosemary's house. In Spanish, the apostrophe is not used and possession is shown in the form of *casa de Rosa Maria*(house or Rosemary). These examples tell you that if you want to communicate in another language, it is important to know not only the symbols(words) of that language but also the rules(syntax) for using those symbols.

WORD AND PRONUNCIATION DIVERSITY

In situations where cultures share the same language, there ard differences in word meanings and in word pronunciation. Language is much more than just a symbol and rule system that permits communication with another person; it is also the means by which people think and construct reality. As Nanda and Warms point out, "Language does more than just reflect culture: it is the way in which the individual is introduced to the order of the physical and social environment. Therefore, language would seem to have a major impact on the way in which the individual perceives and conceptualizes the world."[34]

Some excellent examples of word and pronunciation differences can be found by comparing American English with British English. Scott explains these differences in the following paragraph:

American and British English vocabularies have diverged over time, resulting in lexical differences that have the potential to confound English-language intercultural communication. The differences derive from the need to adapt the meanings of existing expressions or to find new expressions for different things and to borrow expressions from different cultures. Separation and slow means of communication also cause differences and encourage one side to retain archaic expressions that others have abandoned or modified.

The differences in vocabulary can be grouped into four categories: the same expressions with differences in style, connotation, and/or frequency; the same expressions with one or more shared and different meanings; the same expression with completely different meanings; and different expressions with the same shared meaning. These differences in vocabularies affect understanding of all varieties of English. [35]

An example of how differences in American and British English may manifest themselves is provided in this conversation overheard in the heartland of the London financial district:

"Yes, it is a pity that Ian's in queer street. "

"Too much hire purchase was the problem, wasn't it?"

"Yes and too many purchases of bespoke clothes and other things. "

"And now his personal and business current accounts are badly overdrawn?"

"Precisely. He's been forced to retain a solicitor, and his position as commercial traveler is in jeopardy. "[36]

This conversation between two of Ian's acquaintances reveals that Ian has gotten into debt over his inability to pay, and he has had to hire a lawyer to try to get him out of his adverse circumstances.

In addition to confusion that can arise when two cultures share the same language, when a culture attempts to translate one language into another for purposes of informing the public, a number of comedic situations sometimes arise. Some examples are given from this selection of signs written in English discovered around the world:

In a Japanese hotel: *You are invited to take advantage of the chambermaid.*

Outside a Paris dress shop: *Dresses for street walking.*

In a Rome laundry: *Ladies, leave your clothes here and spend the afternoon having a good time.*

These few examples reveal the difficulties that may occur when appropriate word usage and rules of syntax are unknown or not followed.

Pronunciation diversity can also cause misperceptions and embarrassing situations. Swain tells of a woman who "wondered why Australians are happy about mothers dying. She said they always smile when they say 'mothers die'"[37] The woman did not understand that the pronunciation of the word "day" in Australian English sounds like the word "die" in American or British English. Such differences, while sometimes amusing, illustrate just how language diversity can lead to misunderstanding, confusion, and embarrassment.

LANGUAGE, CULTURE, AND MEANING

As children you probably asked your parents quite frequently, "What does that word mean?" This question indicates that people tend to look for meaning to be inherent in words themselves. If you believe, however, that words actually possess meaning, you are taking a naïve view. It is far more accurate to say that meanings are internal(i. e., held inside our heads) and that words only bring those meanings to awareness as required. A word can elicit many different meanings depending on your background and the context in which the word is encountered. For instance, to one person, the word *cool* might mean something relarted to the weather. For anornther person, *cool* may mean something that is nice and very trendy or "with it. " All people draw on their unique backgrounds to decide what a word means. People can ascribe similar meanings to words only if they have had or can anticipate similar experiences. For instance, if your past experiences include baseball, then a *rope* is a line drive. If your background lies in the world of rock music, the word *ax* is not the name of something used to chop wood but indicates a guitar. And, it is quite likely that a patient or a relative of a patient and a physician engaged in oncology research will possess different meanings for the word *cancer*.

A word, then can potentially elicit many meanings. Linguists have estimated that the five hundred most-used words in the English language can produce over fourteen thousand meanings. The word *cat*, for example, can refer not only to a fuzzy domestic pet, but to a jazz musician, a type of tractor, a type of fish, a kind of sailboat, or even a kind of whip. And the simple word *lap* can stand for the distance around a track, a portion of your anatomy, the drinking method of a cat or dog, or the sound of water washing onto the shore. All of this simply means that there are many more ideas, feelings, and things to represent than there are words to represent them. Consequently, you must use your own personal background and experiences to abstract meaning from the words you encounter. As the English poet Tennyson said, "Words, like Nature, half reveal and half conceal the Soul within." We add that what is "half concealed" may often be more important than what is revealed.

Now, if culture is included as a variable in the process of abstracting meaning, the problems become all the more acute, for culture teaches us both the symbol (dog) and what the symbol represents (a furry, domesticated animal). When you are communicating with someone from your own culture, the process of using words to represent your experiences is much easier because within a culture people share many similar experiences. But when communication is between people from diverse cultures, different experiences are involved and the process becomes more troublesome. Objects, events, experiences, and feelings have the labels or names they do because a community of people arbitrarily decided to so name them. If this notion is extended to the intercultural setting, you can see that diverse cultures can have both different symbols and different responses. If you imagine shifting your cultural references for every word and meaning you know, you can begin to visualize the influence of culture on how we send and receive messages. Think for just a moment about the array of meanings various cultures have for words such as *freedom*, *sexuality*, *trespassing*, *wealth*, *nature*, *leadership*, *assertiveness*, *security*, *democracy*, *outer space*, or *AIDS*.

The Hawaiian and Sami languages offer some additional examples of the relationship between culture and meaning. The Hawaiian language contains only about twenty thousand words, and only fifteen thousand of those are in dictionaries. The Hawaiian language is very ambiguous to outsiders because some words have up to five different meanings, and some of the words can be used in a variety of ways and contexts. Reineke emphasizes the complexity of the Hawaiian language when he says: "Only knowledge of all the possible meanings of a word and the probable intent of the speaker enables one to arrive at the correct interpretation." [38]

Sloane points out that reindeer are a staple of the Sami economy, and snow is a prevalent weather condition in Kiruna, Sweden. Consequently the Sami language, spoken in northern Scandinavia, has five hundred words to explain *snow* and several thousand more to define *reindeer*, but no word for *computer*. [39] For example, in Sami language, one of the words used to describe snow means "where reindeer have been digging and eating in one place and then left, so it's no use to go there." [40] Because these words hold such significance for the Sami culture, their language has hundreds of words to represent them. Computers, however, play no part in the herding of reindeer, so the Sami language does not have words to represent such common English terms as *computer*, *printer*, or *hard drive*.

There are even differences between British and American usage in word meanings. Although some words are spelled and pronounced the same, they have different meanings. For instance, the words *boot*, *bonnet*, *lift*, and *biscuit* in British English translate into American English as *car trunk*, *car hood*, *elevator*, and *cookie*. In the area of business, there are also interesting differences. Ruch provides some examples: The British term *annual gunnel meeting* translates in American English as *annual meeting of shareholders*. The British word *billion* translates as *trillion*, and the British term *superannuation scheme* translates as *pension plan*. [41]

From these examples, you can see that culture exerts an enormous influence on language because culture teaches not only the symbols and rules for using those symbols, but, more importantly, the meaning associated with the symbols. Further, culture influences the way people think and perceive reality. In the next section, we will examine how culture influences language and thought.

三、建议阅读书目

毕继万.跨文化非语言交际[M].北京:外语教学与研究出版社,1999.

陈原.社会语言学:关于若干理论问题的初步探索[M].北京:商务印书馆,1984.

陈国明.跨文化交际学[M].上海:华东师范大学出版社,2009.

邓炎昌,刘润清.语言与文化:英汉语言文化对比[M].北京:外语教育与研究出版社,1989.

杜学增.中英文化习俗比较[M].北京:外语教学与研究出版社,1999.

关世杰.跨文化交流学:提高涉外交流能力的学问[M].北京:北京大学出版社,1995.

胡文仲.跨文化交际学概论[M].北京:外语教学与研究出版社,1999.

胡文仲.跨越文化的屏障[M].北京:外语教学与研究出版社,2004.

林大津.跨文化交际研究:与英美人交往指南[M].福州:福建人民出版社,2008.

Beamer, L. & Varmer, L. , Intercultural Communication in the Global workplace, McGraw-Hill-Company, 2005.

Gumperz, J. J. (ed), Language and Social Identity, Cambridge University Press, 1982.

Hall, E. & Hall, M. , Understanding Cultural Differences: Germans, French and Americans, Intercultural Press, 1990.

Levine, D. & Adelman, M. , Beyond Language: Intercultural Communication for English as Second Language, Prentice-Hall, 1982.

Scollon, R. & Scollon, S. , Intercultural Communication: A Discourse Approach, Blackwell, 1995.

四、思考题

1. 什么是跨文化交际?

2. 为什么汉语国际教师需要跨文化交际能力?

3. 如何处理汉语国际教育中的文化冲突?

第四节　课堂组织与管理

一、概　述

　　随着汉语国际教育的发展,原有的研究成果和教学实践已无法完全满足当前汉语国际教育的需要,也无法全面应对当前的问题。无论是经验丰富的教师还是初上讲台的新手,都面临着改变教学理念、适应新教学模式的挑战。在诸多挑战中,课堂组织与管理是最为重要但却最为薄弱的一环。所谓课堂组织与管理,是指教师通过对自身、学生、环境、规则等诸多影响教学的因素的管理,保证教学有序、顺利、高效地运行,最终实现促进学生语言能力及其综合能力发展的教学目标。

　　课堂组织与管理包含两个方面内容:第一,课堂组织与管理的目标与范围。第二,课堂组织与管理应该遵循的四大原则,即建构性、综合性、国际型和创新性,为国际汉语课堂提供管理的思路。综合前人的看法,课堂组织与管理主要涉及如下类别和具体内容:①教学环境:管理教学环境,创设教室物理环境,以及有利于交际的语言环境。②教师行为:教师的指导与希望。教师是教学过程的激发者、引导者、组织者、调解者,也是良好学习条件的提供者。③学生行为与能力:指导学生的学习行为,引导学生积极学习,促进学生发展,培养学生责任感,挖掘学生潜在能力,培养学生课堂活动的参与感与合作感。④课堂规则与秩序:教师与学生遵循一定的规则,建立良好的课堂秩序,处理学生的问题行为。⑤课堂效率:有效利用学习时间,提高教学效率,发挥课堂的最大效能。⑥教学过程与目标:保证教学活动顺利进行,实现教学目标。⑦综合各因素:协调、调控、整合课堂教学中各种因素和关系,有效地处理课堂上影响教学的诸多因素及其之间的关系。

　　课堂组织与管理要有目标,要实现促进学生语言能力及其综合能力发展的目标。在培养什么样的语言能力方面,各国都有相应的大纲和标准。对于国际汉语教师来说,既要了解国内颁布的教学大纲和标准,也要关注学生所在国家外语学习的政策。目前国内通行的大纲是国家"汉办"颁布的《国际汉语教学通用课程大纲》(以下简称"大纲")。其他国家的外语学习政策各有不同,影响较大的是美国的《21世纪外语学习标准》(*standards for Foreign Language Learning in the 21st century*)和《欧洲语言共同参考框架:学习、教学、评估》(*Common European Framework of Reference for Languages: Learning, Teaching, Assessment*)等,其中前者的影响更大,很多国家在制订语言学习目标时都以其作为参考。《大纲》明确指出了国际汉语课程的总目标:使学习者在学习汉语语言知识与技能的同时,进一步强化学习的目的,培养自主学习与合作学习的能力,形成有效的学习策略,最终具备语言综合运用能力。《大纲》进一步指出:语言综合运用能力由语言知识、语言技能、策略、文化意识四方面内容组成,其中语言知识和语言技能是语言综合运用能力的基础;策略是提高效率、促进学习者自主学习和发展自我能力的重要条件;文化意识是培养学习者具备国际视野和多元文化意识,更得体地运用语言的必备因素。上述四方面内容相互交叉渗透,环环相扣。

美国的《21世纪外语学习标准》也同样体现了语言综合运用能力的发展。该标准涵盖五大目标:沟通(Communication)、文化(Cultures)、贯连(Connections)、比较(Comparisons)和社区(Communities),简称"5C"。它和《大纲》有一个共同的理念,即语言能力是一个综合性的概念,不仅包括语言知识与技能,而且包括文化、策略等多方面的能力,这些能力之间相互交织。所以,教师在安排教学内容,指导学生语言学习,创设教学环境,制订规则时都要建立一个"大语言"的视野,培养学生的语言综合运用能力。至于综合能力的具体表现,在国内教学的老师可以主要参照《国际汉语教学通用课程大纲》,海外教师不仅要依据国内制订的大纲,还要参照所在国的外语教学标准。

课堂组织与管理还要遵循一些基本原则,主要有四个原则,即建构性、综合性、国际性和创新性,这是闻亭、常爱军、原绍锋等2013年出版的《国际汉语课堂管理》一书所倡导的。它们是课堂组织与管理的核心指导思想。教师可以根据这些原则对教师、学生、环境、规则等方面进行管理。在遇到困难时,这些原则也将为教师指引方向。建构性指在课堂组织与管理中,学生具有强大的潜能,他们不是被动的接受者而是主动的建构者。在课堂管理中,教师不是要将知识告诉学生,而是要为学生搭建支持性的学习环境,帮助学生在这样的环境中主动发展语言能力与综合能力。综合性原则指教师在进行课堂组织与管理时,要综合考虑教师、学生、环境、规则等各方面的因素,使其相互协调,共同促进课堂管理的效力。国际性原则指教师在对汉语国际教育课堂进行管理时,要站在"国际"的角度,在设计教学内容,运用教学方法,管理学生,制订和实施规则时要考虑不同国家和地区的国情与文化。创新性原则指教师在课堂管理时要具有创新思维,用丰富的教学内容、灵活的教学方法、生动的教学环境、使用的规则等吸引学生积极投入到学习中来。

回顾以往汉语作为第二语言教学的研究,教学方法、教材、汉语语言体系等内容是学者们的研究重心,虽然这些研究方向或多或少都与课堂组织与管理有关,但都不是站在课堂组织与管理的角度对教学进行的研究。所以,无论是考虑教师们的需求,还是弥补研究的缺憾,我们都有义务对课堂组织与管理进行更深入的思考,尤其借鉴教育学领域对国内外课堂管理的研究成果,提高汉语国际教育老师的教育教学能力。

二、原典选读

闻亭、常爱军、原绍锋：课堂管理概说

本节内容选自闻亭、常爱军、原绍锋等的《国际汉语课堂管理》一书。选文来自该书的第一章"课堂管理概说"。课堂管理包含两个方面内容：第一，课堂管理的目标与范围。第二，课堂管理应该遵循的四大原则，即建构性、综合性、国际型和创新性，为国际汉语课堂提供管理的思路。本节正是从这两方面展开，对课堂管理进行简要的介绍。

三、课堂管理的范围

课堂管理的范围指课堂管理究竟要管什么。应该说，只要与课堂有关的内容都是课堂管理的范围，但其中最重要的是教师、学生、环境、规则四个因素，这四个因素之间又彼此相关。

1. 教师管理

教师是学生的指导者、课堂环境的创设者、规则的制定者。虽然课堂教学提倡"以学生为中心"，但无论是对课堂的综合性管理，还是具体教学内容的传授，教师都是课堂中的主导者。所以，在课堂管理的四个因素中，教师需要对自己进行管理。教师管理包括情绪、内容、方法三个方面。

（1）情绪管理

您准备好做教师了吗？恭喜您，因为这是天下最神圣的职业之一；担心您，因为不论您如何疲惫，面对学生时都要露出灿烂的笑容。对于学生来说，教师的话常常如圣旨一般，学生学习汉语的激情会因为教师的热情而被点燃。然而，教师不是圣人，每位教师都有初上讲坛时的惴惴不安，都有下课时的疲惫不堪，都曾被学生气得说不出话，都曾批作业批得头晕眼花。所以，教师管理的第一条就是"情绪管理"。

R. C. Gardner（1985）曾经设计过一份测量学生对教师态度的量表，量表的具体内容见第三章"学生与管理"的表3.9。在这份量表中出现了很多描写教师的形容词，请学生在七度量表里进行评测，量表中的形容词体现了学生对教师的期望，其中只有几项涉及教师的教学能力，更多的是对教师个人魅力的描述，教师可以将其作为情绪管理的目标（详见下表）

快乐	友善	真诚	迷人	勤奋	聪明	有趣	多彩	可靠	文雅	敏感
有耐心	令人兴奋	易于接近	让人愉快	富于想象力	为学生着想					

（2）内容管理

语言要素和语言技能是国际汉语课堂的主要教学内容,除此之外,学习的策略、文化的知识和体验、对社会的认知也都是国际汉语课堂的教学内容。在教学内容的管理上,教师既要做到全面,又要突出重点,重点又因教学阶段的不同而有所差异。在海外的汉语教学中,语言与其他内容的教学比例没有明确规定,有的课程以语言为主,有的课程以文化体验等为主;中国国内的汉语教学主要以语言为主,其他为辅,教学内容比较系统。以下主要介绍以语言为主的课堂中的教学内容管理。

第一,语言要素的教学。按照学生的水平,语言要素教学可分为初级阶段、中级阶段和高级阶段,在初级阶段中,又可按照教学重点分为语音阶段、语法阶段和短文阶段。各教学阶段的重点和主要教学内容见表1.3(张辉、杨楠,2006)

第二,语言技能的教学。……

第三,其他内容的教学。……

（3）方法管理

教师的职责是教书育人,所以方法管理中的"方法"也有两层含义,一是指教学的方法,二是指育人的方法。育人是所有教师的职责,在方法上教授各门课程的教师可以互相交流、彼此借鉴,这里主要介绍教学方法的管理。

谈到教学方法,首先明确四个概念:教学法流派、教学技巧、教学手段、教学方法。

教学法流派:在一定的理论指导下,在教学实践中逐渐形成的,包括其理论基础、教学目标、教学原则、教学内容、教学过程、教学形式、教学方法、教学技巧、教学手段、教师与学生的作用和评估方法等方面的教学体系。（刘珣,2000）

教学技巧:教师在课堂上进行教学时所体现的教师个人智慧和风格。（姜丽萍,2011）

教学手段:师生为实现预期的教学目标,开展教学活动所借助的工具、媒体或设备。（姜丽萍,2011）

教学方法:教师为完成教学任务而采用的方法,是在一定的教学理论指导下实施的具体操作步骤。（姜丽萍,2011）

在这四个概念中,教学法流派是对教学的顶层设计,既有理论也有理论指导下的教学实践;教学技巧是教师个人风格的体现,比如指导学生每天唱四声以掌握汉语的声调,再比如让学生先听课文录音再读课文等,教学技巧是具体的操作,每个教师都有不同的特点;教学手段是指实物、图片、多媒体等教学辅助工具;教学方法则是一个综合性的概念,教师可以吸纳不同流派的理论与实践精华,尝试自己独特的教学技巧,采用多样化的教学手段,以完成教学任务。所以,各种教学法流派、教师们总结的教学技巧、传统的现代的教学手段都可以为教师所用。教师不仅在教学内容上是杂家,在教学方法上也应该是杂家。

外语教学中的教学技巧、教学手段和教学方法不胜枚举,教学法流派则为数不多。

认知派与经验派教学法

语法翻译法、直接法、情景法、阅读法、自觉对比法、听说法、视听法、自觉实践法、认知法。

人本派与功能派教学法

团体语言学习法、默教法、全身反应法、暗示法、自然法、交际法。

以上的教学法流派都有各自的理论导向,新流派的出现或是继承发扬原有流派的思想,或是否定原有流派的思想,但这并不影响教师博采众家之长,兼收并蓄,不断探索适合自己的教学方法。比如,教师可以在讲练生词时使用直接法,在引入语法时使用情景法,在联系语法和课文时使用交际法,在总结课本内容时使用认知法等,让不同的教学法流派融于同一堂课中。

当然,借鉴不同的教学法流派、教学技巧、教学手段都是为了让学生学会汉语,所用教学方法必须要适合学生的特点。根据儿童和青少年习得语言的方式,教师应该更多地采用情景法、视听法、交际法、任务型教学法;儿童和青少年活泼好动,使用全身反应法可以调动他们的积极性;合作学习是学生应该具备的能力,教师可以有意识地使用社团语言学习法;儿童和青少年在学习语言时习惯整体记忆,而且记忆力很好,教师可以借鉴直接法采用沉浸式教学;儿童和青少年爱玩,教师应该多组织一些游戏和活动,让他们边学边玩;儿童和青少年都喜欢体验,教师可以多试验角色扮演的教学方法。

每种教学方法都有自己的优势和不足,在方法的管理上,教师应该不断丰富自己的思路,在教学实践中可运用"黑猫白猫"理论,即不管是什么样的教学方法,只要能保证教学有序、顺利、高效地进行,能促进学生语言能力及其综合能力的发展,就是适用的方法。

以上从情绪管理、内容管理、方法管理三个方面分析了教师管理的具体内容,第二章"教师与管理"将进一步探讨教师与课堂管理的关系,帮助您成为成功的课堂管理者。

2.学生管理

教师是主导,学生是中心,教师对于自身、环境、规则的管理从根本上来说都是为学生服务,学生语言能力及其综合能力的发展是课堂管理的目标。

在对学生的管理中,教师需要做的包括两个方面:积极行为的引导、问题行为的处理。

(1)积极行为的引导

一提到对学生的管理,人们首先想到的通常是学生的各种问题,以及各种惩罚措施。其实,管理的中心不在于对问题行为的惩治,而在于对积极行为的引导与激发,帮助学生形成语言学习能力,并培养学生自我管理等方面的综合能力。

第一,语言学习能力。在学习上,每个学生既有相同之处,又有各自的特点,这些特点有的有助于他们更好地学习汉语,有的可能会对语言学习有或多或少的影响。儿童和青少年的思维还没有定型,教师可以了解成功语言学习者的一些特征,帮助学生知道如何做才能学得更快、更好。

在影响语言学习的因素方面,以往的学者曾经做过很多研究,发现影响语言学习的因素主要包括年龄、性格、语言学能、认知、焦虑、动机、态度、文化适应、学习策略等。研究成果显示,成功学习者的表现是:年龄较小、语言学能强、焦虑程度适中、学习汉语的动机强、喜欢学习汉语、文化适应性强、拥有一定的学习策略等因素。性格与认知有不同的类别,不能用一句话来概括。总之,在对学生语言学习的管理中,教师不仅担负着教授语言知识的责任,而且要培养学生"成功学习者"应该具备的特质,让他们的汉语之路走得更好、更远。

第二,综合能力。积极行为包括学习行为,也包括个人综合能力,之前介绍多元智能理论时本书已经有所说明,这里着重强调的是学生的自我管理能力。

中小学生的自我管理主要包括认知、情感、意志品质、行为习惯四个方面。杜萍(2008)指出,在认知方面,教师要引导学生自我观察、自我分析和自我评价,让学生认识自己;在情感方面,引导学生自我激励、自我肯定、自我否定;在意志品质方面,引导学生自我监督、自我控制;在行为习惯方面,引导学生自我计划、自我训练、自我检查、自我总结和自我调节,最终达到有效课堂管理的目的。可以说,学生的自我管理是课堂管理的终极目标。

(2)问题行为的处理

积极行为的引导是学生管理的第一任务,但无论教师如何积极引导,学生的问题总是层出不穷,尤其是对于中小学生,处理问题行为几乎是教师每天都要做的事情,也是教师课堂管理能力的重要表现。

由于课堂上问题行为很多,所以不少研究对问题行为进行了分类,有的按照出现问题的人数分为个别学生问题、群体学生问题和全班学生问题,有的按照问题的严重程度分为严重破坏性、中等程度和轻微问题,有的按照问题的属性分为学习问题行为、交往问题行为、性格问题行为、情绪问题行为、品德问题行为。总的来说,学生绝大多数的问题都是爱说话、不听讲这样的小问题。(杜萍,2008;冯维、张美峰,2006)

学者们也分析了问题产生的原因。原因之一是学生因素,比如希望引起关注、自控力差;原因之二是教师因素,比如教学方式枯燥、管理不善;原因之三是环境因素,比如人数多、空间小、座位安排不妥等。在这些因素中,问题行为产生的主要原因还是学生因素。

对于如何解决学生的问题行为,教师可以从以下四个方面来思考:

第一,密切的师生关系。学生与教师的关系常常是影响学生行为的重要因素,面对自己喜欢的教师,学生想捣乱都会不忍心。

第二,建立课堂规则。没有规矩不成方圆,教师可以设想学生可能出现的问题,并和学生一起思考可行的预防以及处理的方法,将其作为课堂规则的一部分。

第三,班级的力量。及时发现并消除问题行为,在班级中形成良好的学习风气,让问题行为没有发展的空间。

第四,自我分析与批判。出现问题行为以后,让学生自己思考问题产生的原因,对自己的问题行为进行反思与处理。

此外,Slavin曾提出"四步反应计划"。该计划以最小干预原理为理论基础,认为当课堂中出现违反规定的行为时,教师应该采取最简单的、干扰性最小的方法帮助学生意识到自己的问题,保证课堂教学有序、顺利、高效地运行。如表1.4"四步反应计划表"(Burden、Byrd,1999;杜萍,2008)所示,当学生出现小问题时,教师首先可以通过拿走分心事物等方法改变学习环境,帮助学生专心学习;如果环境帮助无效,教师可以采取温和的反应,再次无效则采取中等的反应;如果这些处理方法都不能奏效,教师可以采取强烈的反应,当然这种情况是学生以及教师都不希望出现的。

表1.4　四步反应计划表

教师的反应	第一步 环境帮助	第二步 温和的反应	第三步 中等的反应	第四步 强烈的反应
目的	通过对教学环境的控制,帮助学生专心学习	采取非惩罚性的行为,将学生唤回到学习活动中去	剥夺奖励或稍加惩罚,以减少违规行为	采取严厉的反应,减少违规行为
可以采取的干预行为	拿走分心的事物 提高学生兴趣 调整教学内容	暗示 走到学生身边 用身体接触来提醒 给学生留言	剥夺奖励 改变座位	弥补过失 一定的惩罚
教师控制程度	低←			→高

以上从积极行为的引导和问题行为的处理两方面分析了教师对学生的管理,第三章"学生与管理"和第六章"课堂规则与管理"将作更为详细的介绍。

3.环境管理

环境有两方面的含义:一是指教学的物理环境,二是指抽象的语言环境,环境管理即从这两个方面入手。

(1)物理环境管理

在一间明亮的教室里,墙上贴着学生的书法作品,挂着中国地图,门上贴着对联和福字,图书角里摆放着汉语图书。学生一般都喜欢在这样的教室里上课,尤其是容易受到周围环境影响的中小学生,一张来自中国的照片就会让他们讨论很长时间。所以,布置一个能引发学生兴趣,让他们不由自主开始说汉语的物理环境是环境管理的任务之一。

如果没有固定的汉语教室怎么办,别担心,物理环境不但包括教室设施,还包括教师在教学过程中使用的各种道具,比如手偶、实物等教具同样能激发学生的好奇心。此外,随着多媒体技术的进步,越来越多的视听设备为教师提供了便利,教师可以让学生随着幻灯片、视频一同游览中国,可以通过电影、电视剧等进入中国人的生活,可以通过各种语音文件听到中国人的声音。

（2）语言环境管理

语言环境管理的目标是根据学生的需要，创设能促进他们语言学习的环境。

儿童和青少年在语言获得方式上以习得为主，他们通过自然的、有意义的交际在不知不觉中习得语言，因此教师要为学生创造一个有利于交际、有利于合作交流的语言环境，而不是不断地发一个音、读一个词、重复一个含有语法的句子。在具体的形式上，很多活动都能起到创设习得环境的作用，比如角色扮演、采访、调查、看图说话、猜词比赛等都能为学生提供交际的情景。

此外，因为大部分教学内容都以教材为主要依据，所见角色在思考语言环境时总习惯于围绕课文、课本进行。其实，语言环境的范围很大，不应只局限于课本，也不应该只局限于教室，而应包括整个社会文化环境。教师可以让学生走出教室去进行调查，再回到教室汇报调查结果，也可以请来中国朋友一起谈爱好，谈生活，还可以在中国各地展开文化考察。将语言环境扩充至社会文化环境更能促进学生语言综合运用能力的进步。

除了习得的特征以外，与成人相比，儿童和青少年爱说、爱笑、爱玩、爱闹，所以对他们进行语言要素以及语言技能的教学时，创设的语言环境必须能激发他们的兴趣，吸引他们的注意力，让他们乐于学习、主动学习。

本书的第四章"语言教学与管理"和第五章"活动与管理"将提供更多管理语言环境的策略以及各种活动案例，供教师们借鉴。

4.规则管理

规则是一种行为准则，是师生共同制订的能够规范学生行为的具体行为要求。对规则的管理包括制订规则与实施规则。需要注意的是，规则存在的目的不在于约束学生的行为，而是要建立一种师生都认可的良好习惯，从课前、课中到课后，从校内到校外，从如何对待自己到如何对待他人，从人为的规则变成学生有意识的自我管理。

（1）规则的制订

在国际汉语教学的课堂中，没有一种确定的规则，因为规则是教师根据本班的特点与学生们一同制订的。在制订规则的过程中需要考虑三点：第一，与所在国、所在学校的规定相符；第二，符合本班学生的特征；第三，规则是教师的一种管理策略，也就是说，规则是教师用来指导学生行为的工具，制订这些规则的最终目的是让学生在这些方面形成自我管理的意识。所以，规则的内容其实就是学生需要具备的良好习惯。

（2）规则的实施

如果说制订规则的过程体现了教师与学生对良好习惯的向往，那么从规则的实施过程中则会看到学生目前的行为与理想行为之间的差距，实施规则的过程常常需要教师付出更多的耐心与爱心。教师的魅力、学生的配合、外部的支持都是影响规则实施效果的重要因素，其中学生的配合，即学生对自己行为的认识与改正是最关键的。

三、建议阅读书目

闻亭,常爱军,原绍锋.国际汉语课堂管理[M].北京:高等教育出版社,2013.

王巍,孙淇. 国际汉语教师课堂技巧教学手册[M].北京:高等教育出版社,2011.

袁振国,杜萍. 有效课堂管理:方法与策略[M].北京:教育科学出版社,2008.

E T. Emmer. *Classroom Management. The International Encyclopedia of Teaching and Teacher Education*. Oxford:Pegramon Press,1985.

四、思考题

1. 什么是课堂组织与管理?

2. 在汉语国际教育中,如何进行课堂组织与管理?

3. 试设计一个课堂管理的案例。

第五节　中国文化基础

一、概　述

对一般的中国人来说,中国文化基础只是一个多少和深浅的问题,但对于汉语国际教育的教师来说,情况就不是这样了。如何教授汉语,并正确有效地讲清楚中国文化,严格地说,这不仅是一个知识积累和技艺增长的问题,而首先是一个如何理解、如何表述的问题。

目前对中国文化的表述主要是以现代话语在进行。按一种比较流行的观点,所谓"现代化"也就是一种不专属于西方社会的"西方化"。在近现代以来逐渐形成的现代话语当中,夹杂了不少源自西方的观念、意识和文化结构。这些隐藏在现代话语中的西方文化因子很大程度上改变了我们运用语言进行理解和表述的方式、内容和结果。受这种改变的影响,现代人对中国文化某些核心内容的基本理解和表达在不知不觉中发生着偏移。例如,中国文明的悠久历史本是人类文明史上的奇迹,也是中国人的骄傲,但在现代话语表述中,这样的历史被看作一部"人治"的历史,充满了东方专制的种种弊端,与现代社会的"法治"取向完全背离,因而被当成反历史而动的、"不敢见人的东西"。在这里,"人治(Rule of Man)"和"法治(Rule of Law)"就是一组源自西方的看法。西方文化中的"人"与"神"(上帝)相对应,人性与上帝的神性相对应。在西方人看来,人的本性就是自私的、有缺陷的,因而是恶的。如果权力由"人"来掌握,社会由"人"来治理,不管这个人是君王、僭主还是平民,人性恶的本质都必然导致私欲的膨胀、权力的滥用和恶社会的出现。

而另一方面,西方人的"法"具有深厚的宗教背景,甚至直接来源于上帝,被上帝所创造。它被当作上帝的爱,是信仰和神恩的一个方面。在很多西方人看来,遵循法律就是尊奉上帝,否则就是对上帝的怀疑和挑战,因而法律是神圣不可侵犯的,"法治"才是人类社会唯一正确的选择。这样的看法在当代社会的强势延伸,形成现代话语中不容质疑的神圣信仰和普世价值。但在中国历史上,从来就没有什么上帝,也没有"人"与"神"的这种对应关系,因而中国社会的"万世太平"一方面依靠"修身、养性、齐家、治国、平天下"的个人修养和自我约束,一方面"选贤与能",依靠有德行的君子实施"仁治"与"德治",法律并不具有西方意义上的神圣定义和权威功能。然而,这样一个成功延续数千年的中国社会,一经现代话语的描述,不知不觉就变成了"专制""独裁""腐朽"的典型。

以上的现象并非孤例。大量类似的现象、类似的话语一直在我们身边不断地形成,迅速地传播,并且被我们心悦诚服地接受,自信满满地使用。文化作为"软实力"的隐蔽性、作用力和影响力可见一斑。

在这样的话语体系当中,汉语国际教育老师怎么可能真正理解自己的历史与社会,又怎么可能对世界讲清楚汉语和中国文化呢?因此,作为汉语国际教育的老师不仅需要历数中国文化的光辉历史,揭示其结构规则,梳理其逻辑关系,或者分门别类地描述其各种形式表征,而且应对理解和表述这种文化的观照立场、话语系统和把握方式进行拨乱反正。这是重新审视和真正理解中国文化的起点和开端,也是一个合格的汉语国际教育老师的基本素养。

国内外对中国文化的研究成绩斐然,本节主要介绍国外汉学家卜德(Derk Bodde)(1909—2003)对中国文化核心观念的认识。他是 20 世纪美国著名汉学家及中国历史学家,1930 年获得哈佛大学本科学位,1938 年获得莱顿大学汉学博士学位,在 1966 年到1969 年间担任美国东方学会主席。

二、原典选读

Derk Bodde:中国文化建构的主导观念

《中国文化建构的主导观念》(Dominant Ideas in the Formation of Chinese Culture)发表于 1942 年的《美国东方学会杂志》第 4 期。文章从中国文化与世界其他文化的比较中,通过超自然概念、自然的概念和人的概念探讨了中国文化建构的主导观念,认为伦理在中国文化中起着核心的作用,经常拒绝永恒存在的东西,人与自然构成了水乳交融的关系,中国人也注重实际的、现实的、实用的生存方式。因而伦理政治学很丰富,而自然理论科学相对淡化。

DOMINANT IDEAS IN THE FORMATION OF CHINESE CULTURE *
DERK BODDB

Innumerable difficulties beset the man daring enough to attempt a subject such as this, quite aside from the obvious ones of facile generalization and limitations of space. Should we, for example, consider as "dominant ideas" those that have been expressed by the relatively small group of articulate Chinese known to us through literature, or should the heterogeneous and often contradictory beliefs held by the anonymous masses also be included? And if the latter, how are we to evaluate their importance as compared with those of the minority? In reply, I can merely say that I shall attempt to present as "dominant" only those concepts that I feel have had genuine importance for a very large number of Chinese, both literate and illiterate; that go far back into the roots of Chinese civilization and are presumably truly Chinese in origin; and that at the same time have continued over long epochs to exert a powerful influence in Chinese thought, in many cases unto the present day. This last criterion means that we shall be forced to disregard certain very early and in themselves interesting concepts (such as some of the magical beliefs current during the Shang dynasty, 1766? —1123? B. C.), simply because, important as they were in their own age, they either disappeared or became greatly changed by the time Chinese civilization assumed a well defined pattern or norm.

As a convenient method of procedure I propose to treat our subject under three heads: (1) the basic concepts of the Chinese as regards the world of the supernatural; (2) as regards the world of nature; and (3) as regards the world of man. In other words, what has been the prevailing Chinese attitude toward religion, toward the physical universe, and toward themselves? Adoption of such a division will give us a convenient framework within which to move, even though we must recognize that some ideas cannot be readily confined to any one of these three categories, while others may conceivably escape the bounds of all of them together.

1. THE WORLD OF THE SUPERNATURAL

The first observation to be made here is a negative one. It is that the Chinese, generally speaking have been less concerned with this world than with the other worlds of nature and of man. They are not a people for whom religious ideas and activities constitute an all important and absorbing part of life; and this despite the fact that there are, nominally, more Buddhists in China today than in any other country of the world. The significant point, in this connection, is that Buddhism came to China from the outside, and that before its impact in the first century A. D., China itself produced no thinker, with the doubtful exception of the philosopher, Mo Tzŭ (ca. 479-ca. 381 B. C.), who could be classed as a religious leader. It is ethics (especially Confucian ethics), and not religion (at least, not religion of a formal organized type), that has provided the spiritual basis of Chinese civilization. [1]

The prevailing attitude of sophisticated Chinese toward the supernatural is perhaps best summed up by Confucius himself (551-479 B. C.), who once when asked by a disciple about the meaning of death, replied: "Not yet understanding life, how can you understand death?"[2] Later thinkers have generally tended to adopt a skeptical attitude toward the unknown, and most of them, when they have ventured to express themselves on the subject, have even gone to pains to deny that there can be such a thing as a personal immortality. [3] All of which, of course, marks a difference of fundamental importance between China and most other major civilizations, in which a church and a priesthood have played a dominant role.

The preceding remarks do not mean, of course, that before the coming of Buddhism there were no religious manifestations in ancient China. What is important, however, is the fact that, from the very beginnings of Chinese history, the most vital and sincere form of religious feeling has been expressed in the worship of departed ancestors. [4] And this has been of decisive importance, for ancestor worship, through its very nature, was a form of religion that could appeal to and be performed by only the immediate individual family groups concerned. Therefore it could not develop into a national or international organized faith similar to Christianity or other world religions.

Side by side with this ancestral cult, to be sure, various objects and forces of nature were also worshipped, such as sacred mountains, rivers, and the life-giving soil. These, however, were generally conceived of in abstract rather than personified terms, and even the supreme Chinese divinity, *T'ien* 天 or Heaven, very rapidly lost its anthropomorphic qualities and became for most people a purely abstract ethical power. There was, therefore, no elaborate pantheon or mythology in ancient China.[5] Likewise, there was no priesthood, because the worship of these divine forces was performed, not by the common people or by a priestly class, but almost entirely by the ruler himself, who, as the "Son of Heaven," acted as a sort of intermediary between the world of the supernatural and the world of man. Thus a pantheon, a mythology, or a priesthood are all comparatively late phenomena in China, connected either with Buddhism, or with the religious and popularized form of Taoism which developed, in part, as a Chinese imitation of the formal aspects of Buddhism.

It is true that the innumerable divinities of Buddhism and Taoism have in later times found a ready welcome among the Chinese masses, but this testifies more to the highly eclectic nature of the Chinese mind than to any strongly religious feeling. Because of this eclecticism the Chinese have, like the Hindus, for the most part been remarkably free from religious bigotry. The few persecutions that have occurred have usually been directed, not against religious ideas, but against religion as a social and political institution that might threaten the security of the secular state.

Finally, another fundamental difference between China and the civilizations of the Near East and of India, is the fact that in early China there was no idea of any kind of divine retribution after death. The whole concept of a system of rewards and punishments, meted out in a heaven or hell during a life hereafter, is utterly alien to Chinese thought and appears in China only with Buddhism.[6]

2. THE WORLD OF NATURE

If the supernatural world has held a lesser place in China than in most other civilizations, quite the reverse is true of the second of our three categories, the world of nature. For the Chinese, this world of nature, with its mountains, its forests, its storms, its mists, has been no mere picturesque backdrop against which to stage human events. On the contrary, the world of man and the world of nature constitute one great indivisible unity. Man is not the supremely important creature he seems to us in the western world; he is but a part, though a vital part, of the universe as a whole. This feeling conceivably may have originally sprung out of the overwhelmingly agrarian nature of Chinese civilization, and its consequent utter dependence, for survival itself, upon the continued regular succession of the forces of nature. Be that as it may, it is a feeling which has come to permeate a very large part of Chinese philosophy, art and literature.

In Taoism, the philosophy which has best expressed this mystic awareness of the oneness of the universe, we find many striking anticipations of the ideas that were propounded in the West by Rousseau some two thousand years later. Like Rousseau, the Chinese Taoists said that human moral standards are artificial and hence invalid; that the appurtenances of civilization are corrupting; and that therefore we must cast off these manmade trammels and return to the state of nature. Yet Taoist naturalism fundamentally differs from occidental romanticism, despite certain remarkable superficial resemblances. In the first place, it avoided the latter's sentimentality, emotional excess, and emphasis upon love between man and woman. In the second place, romanticism has countenanced the breaking of moral restraints in the name of spontaneity and originality. Taoism also did away with human moral standards, but replaced them by a higher standard, that of the *Tao* 道 or Way, the first cosmic principle of the universe which gives the Taoist school its name Man, said the Taoists, must subordinate himself to the *Tao*, that is, to nature. This is not to be done by a facile giving in to one's emotions, but by a process of self discipline(through meditation and other means) that will result in a lessening of the desires and a consequent feeling of calm content amidst the simplicities of the natural life. In the final stage the Taoist devotee aims at entering a state of union with the surrounding universe, in which he is so completely freed from the bonds of human emotions that neither joy nor sorrow, life nor death, longer affect him. In this respect, Taoism remains in accord with the general stream of oriental mysticism.

This Taoist subordination of the self to the universe also differs importantly from another current of modern occidental thought. In the West happiness is to be found by harnessing the forces of nature to the will of man and thus increasing the means for man's material enjoyment. In China, on the contrary, the sage traditionally has been one who accords himself to the universe as he finds it, and thus gains what he considers to be the true happiness of contentment in simplicity. This concept, widely accepted in China, goes far to explain why Chinese, both educated and illiterate, can remain cheerful and even happy under poverty and primitive conditions that to a westerner would be intolerable. It has also been an important reason why the Chinese, though they developed remarkably scientific techniques in the compilation of their dicdictionaries, histories, encyclopaedias, and other scholarly works, failed to apply these techniques to the world of nature, and so failed to create a physical science.[7]

Yet this prevailing attitude toward the physical universe—an attitude perhaps best summed up in Wordsworth's phrase as a "wise passiveness"—has not prevented the Chinese from attempting to classify and systematize the natural phenomena which they observed. In simplest terms, the Chinese theory of cosmogony (expressed, of course, with infinite variations by different writers) may be summarized as follows:

Lying behind the physical universe as we see it there exists an impersonal first cause or prime mover, known as the *Tao* or Way, from which all being has been evolved. This *Tao* manifests itself in the form of two all-inclusive principles: the *yang* 陽, which is the principle of activity, heat, light, dryness, hardness, masculinity; and the *yin* 陰, which is the principle of quiescence, cold, darkness, humidity, softness, femininity. Through the eternal interplay and interaction of these two principles, the five primary elements come into existence, these being fire(which is the essence of *yang*), water(which is the essence of *yin*), and earth, wood, and metal(which are combinations in varying degrees of the *yang* and the *yin*). These elements in their turn combine and recombine to produce all things in the universe, including Heaven (the sky, atmosphere, stars, etc.), which is preponderantly *yang*, and the Earth(the soil, plants animals, etc.), which is preponderantly *yin*. Everything in the universe thus pertains to one or another of the five elements, and the Chinese have compiled long lists of categories in fives, such as the five colors, five smells, five tastes, five tones, five internal organs, etc., with which to correlate the five elements.[8]

This splitting up of the world into sets of fives is a typical manifestation of the rationalistic Chinese mind, which tries to find order and plan in all things, and which has therefore taken a particular delight in inventing numerical categories of all kinds, not only in fives, but in many other numbers.[9] The theory of the *yin* and *yang*, the five elements, and their correlates, has for more than two thousand years been the basis for Chinese medicine, alchemy, astronomy, and naturalistic speculation generally. While it represents a very real attempt at the use of a scientific method, it unfortunately has not led to a true physical science, because, being based upon arbitrary, man-made analogies, it disregarded the all important necessity of using an empirical method of direct observation of nature.

In connection with this theory of cosmogony, it is important that we should distinguish clearly between the Chinese dualistic system based upon the interplay of the *yin* and *yang* principles, and the superficially similar dualisms of light and darkness, good and evil, etc., with which we are familiar in the Near East and in the occidental world. The latter dualisms are all based upon the concept of mutual antagonism between their two conflicting members; of the goodness of the one and the evilness of the other; and of the consequent necessity to conquer the evil so that the good may eventually triumph. They are often closely connected with religion.

The *yin-yang* dualism, on the contrary, is based, not upon mutual opposition, but upon mutual harmony. The feminine *yin* and the masculine *yang* are equally essential if there is to exist a universe. Each is complementary to the other, and neither is necessarily superior or inferior from a moral point of view. In this concept we see a striking manifestation of the Chinese tendency, already alluded to, to find in all things an underlying harmony and unity, rather than struggle and chaos. In it, the Chinese would seem to have come closer to the ideas lying behind much of modern science, than have we in the West with our traditional good-versus evil type of dualism.

3. THE WORLD OF MAN

When we turn to the third of our three cate-gories, that of the world of man, we find ourselves at the heart of the greater part of Chinese philosophical speculation. How to get along equably with one's fellow men: this is the problem that Confucianism set itself to answer, just as Taoism posed for itself the problem of how man can adjust himself to the outer universe. The Chinese, with sound common sense, have from very early times realized that unless there can be a solution to this central problem of human relationship, material power and progress will but serve to increase the afflictions of mankind. Being a practical, realistic, and pragmatic people, they launched their frontal attack upon this vital question, and in so doing have produced a great mass of ethical and political philosophy. [10] For the same reason they rejected both the abstruse metaphysical speculations of the Hindu, and the explorations into logic that have been one of the major contributions of occidental philosophy. This practical concern with the immediate exigencies of human life helps once more to explain, perhaps, why the Chinese, although they have contributed to the world many inventions of the highest practical value, such as paper, printing, porcelain, and the mariner's compass, have not developed a theoretical natural science.

Coupled with this intense preoccupation with human affairs is the Chinese feeling for *time*; the feeling that human affairs should be fitted somehow into a temporal framework. The result has been the accumulation of a tremendous and unbroken body of historical literature, extending over more than three thousand years, such as is unequalled by any other people. This history has served in China a distinctly moral purpose, for by studying the past one might learn how to conduct oneself in the present and future. Hence the writing of history was commonly not left merely to the whim of a few historically minded individuals. Ever since the founding of the first long lived empire in the second century B. C., one of the first duties of a conquering dynasty has been to compile the history of the dynasty it supplanted, often appointing for that purpose a large board of government-supported scholars, who were set to work upon the historical archives of the preceding dynasty. The resulting dynastic histories were not limited to a bald narration of political events. They included also valuable essays on such subjects as economics, law, water-control works, astronomy, bibliography, geography, and many other topics, as well as the biographies of hundreds of illustrious individuals. This temporal mindedness of the Chinese once more marks them sharply apart from the Hindus. [11]

What was the nature of the society that the Chinese thus took such pains to record? It was not one that believed in what we would call rugged individualism. Rather, Confucianism aimed at teaching each individual how to take his place with the least possible friction in his own social group, and how to perform his allotted duties within that group in such a way as would bring the greatest benefit to the group as a whole. The basic and most important unit of Chinese society was the family or clan, to which the individual owed his first allegiance, and which he served, first by sacrificing to the ancestors who were dead; secondly, by caring for the elder generation who were still living; and thirdly, by rearing descendants of his own who would carry on the family line. In return, the family acted as a protective group of mutual aid, shielding the individual from an often hostile outer world. Through its cohesiveness, it succeeded in maintaining the fabric of Chinese life and culture even in times of almost complete social and political collapse. Because of this stress upon family in China, there has been a correspondingly limited development of nationalistic feeling(save in a vague cultural sense), and little of that fiery patriotism so exalted in the West.

Beyond the family, nevertheless, lay the state, which was regarded simply as an enlargement of the family unit. Thus even today the term for "nation" in Chinese, literally translated, means "national family,"[12] while it was common in the past for the emperor to refer to himself as "the parent of the people."[13] In this society each individual occupied a definite position and was held accordingly responsible for the performance of stated duties. Yet paternalistic though it was, the system certainly did not (in theory, at least) operate solely for the benefit of a ruling class. If inferiors were expected to serve their superiors with loyalty, superiors were equally bound by certain definite obligations toward their inferiors. Confucianism stressed the reciprocal nature of these duties and obligations. It also emphasized that the primary duty of the ruler is to give good government to his people, and that to do this he must himself set a high moral standard and select with care the officials who serve under him. It thus attached great importance to the power of personal example of men in public life, and the need for their moral self cultivation.

Owing to the development of a very intensive agricultural economy, stimulated in part, at least, by a widespread government-fostered system of irrigation works, it was possible in China for a large population to subsist upon a comparatively small amount of land. Having this large population, the Chinese empire spread to huge proportions and developed into an exceedingly complex bureaucracy, employing a vast army of officials. Yet despite its size and all inclusive character, the Chinese state remained sufficiently fluid and flexible to leave a place for considerable social change and individual initiative. It aimed at moral suasion rather than legalistic compulsion, and definitely rejected the somewhat cold and mechanical approach to government, based on law, which has been such a cornerstone of occidental civilization. Law codes, of course, existed, but they were subject to a considerable degree of individual judgment and interpretation, which was based upon the handeddown body of traditional experience and morality known as *li* 礼.

It was quite possible, therefore, in Chinese society, especially in times of political change, for determined individuals to work their way up to high positions, a feat accomplished several times in history by founders of dynasties who rose from quite humble origins. Women, similarly, though before the law they held an inferior position, yet in point of fact quite frequently exercised very considerable power within their family group. Thus China has produced a goodly number, not only of famous beauties, but also of female painters, poets, historians, and empresses. There was, in fact, little in Chinese society suggestive of any hard and fixed stratification into unchanging social groups.

The moral basis for this society was the belief, shared by the majority of Chinese thinkers, that man is by nature fundamentally good; that there is no such thing as original sin; and that therefore any person, even the lowliest, is potentially capable of becoming a sage.[14] Evil, according to the Chinese view, does not exist as a positive force in itself; it is simply the result of a temporary deflection from the essential harmony of the universe. With these concepts go the optimism, the good humor, and the will to live, that are marked characteristics of so many Chinese. The Indian dictum that life is suffering was inconceivable to the Chinese mind, and even with the coming of Buddhism never succeeded in gaining general acceptance.

Because they believed that all men can be taught morality, the Chinese attached an importance hardly paralleled elsewhere upon the value of learning. "Wisdom" was included by them among the five cardinal virtues, meaning by this an understanding of right and wrong and of moral principles generally. Hence the Chinese stress upon their classics, which they regarded as containing deep moral truths; upon history as an instrument whereby man may be taught to avoid the mistakes of his forefathers; and eventually upon all humanistic scholarship.

All this led to the creation of what has been the most distinctive feature of Chinese government, the famed examination system. Other countries have until recent times with few exceptions been ruled by a hereditary aristocracy, a priesthood, a military hierarchy, or a rich merchant class. But in China, ever since the creation of the first long lived empire in the second century B. C., entry into the bureaucracy that governed the country was limited to those who succeeded in passing a series of very strict governmental examinations, based upon a thorough knowledge of the Chinese classics. Service in this official bureaucracy was the highest goal which one could attain, and therefore success in the examinations was the highest aim.

Such, at least, was the theory. In practice, the system naturally operated best in periods of strong political unity, while in times of strife or dynastic change it tended to break down. Likewise, it contained certain manifest defects, such as its undue stress upon memory, and the fact that the wealthy naturally enjoyed superior opportunities to acquire the education that would make success possible. [15]

Nevertheless, when all is said and done, the fact remains that the examinations provided an impartial and purely intellectual test that had to be surmounted by each and every individual through his own efforts alone if he were to enter the coveted ranks of the scholar-officials. Likewise, the examinations were open to all members of society alike, with but trifling exceptions. It is little wonder, therefore, that Voltaire, comparing this system with the political conditions of Europe of his time, acclaimed the organization of the Chinese state as the best the world had ever seen. [16]

As a corollary to the Chinese respect for learning has been a corresponding dislike of violence and strife. Reason, arbitration and compromise are (in theory, if sometimes not in practise) the instruments for settling disputes in China, and the man who resorts to force shows by that very fact that he is in the wrong. China has had her share of strife, yet a large anthology could be compiled of the essays and poems that have been written lamenting the suffering and horrors of war. The poor but worthy scholar has been the typical hero of much Chinese literature, while there has been very little of that glorification of the military genius so characteristic of the West. Perhaps the prevailing attitude toward the soldier is best summed up in the popular proverb which says: "Good iron is not beaten into nails; a good man does not become a soldier." [17]

Finally, a few words remain to be said about one of the most fundamental concepts underlying the Chinese theory of government, that of the so-called Right of Revolution. According to this theory, the ruler, being the "Son of Heaven," enjoys a divine sanction for his rule in the shape of a celestial Mandate or Decree which has been conferred on him by Heaven. As long as he rules in the interests of the people he may not be legally overthrown. Bad government, however, is displeasing to Heaven, which then indicates its dissatisfaction through the appearance of inauspicious natural phenomena, such as droughts, floods, or earthquakes. If these warnings go unheeded, heavenly disapproval is further manifested in the form of popular revolts, which may even culminate in the ruler's dethronement and the founding of a new dynasty. Success in such a revolt becomes the criterion of whether or not Heaven has withdrawn its Mandate from the evil ruler and passed it on to the new line.

This theory, which originated in China before the first millenium B. C., was much elaborated by later writers, and is perpetuated at the present time in the term for revolution, *ko ming* 革命, which literally means "changing the Decree." Together with the influence of the non-hereditary scholar class, it has acted as a strong check upon the abuse of power by the sovereign, and thus has given to China a sort of ideological preparation for democratic institutions, which, there is good reason to hope, will enable her in the future to assume her rightful place among the world's great democracies.

CONCLUSION

We have now reached the end of our lightning journey through the three worlds of the supernatural, of nature and of man, and have gained a fleeting glimpse of their main contours, as they appear to occidental eyes. Before closing, however, I should like to reaffirm the importance of one concept to which I have already more than once alluded, namely, the fundamental oneness and harmony of the Chinese *Weltanschauung*. In the Chinese mind, there is no real distinction between the world of the supernatural, the world of nature, and the world of man. They are all bound up in one all-embracing unity. "All things are complete within me," proclaims the Confucian, Mencius(371? —279? B. C.),[18] thus echoing the sentiment of the Taoist, Chuang Tzǔ(ca. 369-ca. 286 B. C.), who says: "Heaven and Earth came into being with me together, and with me, all things are one."[19]

As applied to social relationships, these concepts manifest themselves in the emphasis of Chinese writers upon restraint, tolerance, equanimity, and pursuit of the golden mean. "Let the states of equilibrium and harmony exist in perfection, and a happy order will prevail throughout Heaven and Earth, while all things will be nourished and prosper." So says the *Doctrine of the Mean*, one of the works that was formerly learned by heart in the traditional system of education.[20] To-day the world is convulsed by a terrifying struggle. But when that struggle is over, may we of the West find it in our heart to exercise these principles in the new world that emerges. It will be a world in which we and the peoples of the East will be working and cooperating together as never before in history. Assuredly it must be one in which all creeds and races of East and West alike live on a basis of justice, equality and brotherhood.

三、建议阅读书目

钱穆.中国文化史导论[M].北京:商务印书馆,2003.

梁漱溟.中国文化要义[M].上海:上海人民出版社,1987.

许倬云.中国文化与世界文化[M].贵阳:贵州人民出版社,1992.

四、思考题

1.中国文化的主要元素是什么?

2.汉语教学与中国文化有什么关系?

3.如何消除外国人对中国文化的误解?

第三章　汉语国际教育课堂教学

　　课堂教学是汉语国际教育的中心环节,是汉语国际教学的基本方式,是传播汉语知识和文化,培养学生汉语交际能力的主要实践途径。汉语国际教育的质量,从根本上说,就是教师课堂教学的质量。

　　课堂教学涉及理论导向、教育理念、教材教法、教学技术、教学对象、教学内容和目的,以及教师素质和风格等诸多方面。通常,研究者较倾向于从教学内容和目标角度探讨课堂教学的原则方法以及实践规律,从学生交际技能培养目标入手,课堂教学主要分为听、说、读、写四个方面。听力教学着重培养学生对言语信息的接收、解码能力。听是说的基础,接收言语信息是自然语言学习的第一步,人们往往需要在多次听辨之后才能理解、掌握和表达。说,是以听为基础,意在培养学生的汉语口头表达能力。在书面读写和语法教学为中心的历史背景下,听说技能的课堂教学一度成为汉语国际教育强调的重点。当然,读写技能也是汉语交际能力发展当中必不可少的环节。读写教学,能够培养学生书面交流的能力,也会在一定程度上促进词汇、语法等语言要素的掌握和汉语语感的形成。

　　从学生必须掌握的语言要素入手,课堂教学可以分为语音、词汇、语法、汉字四个主要方面。此外,基于文化与语言的伴生关系,也有不少学者把文化教学作为语言教学的重要构成部分。语音是语言的物质外壳,语音正确与否直接关系着交流是否顺利进行。汉语语音教学的任务是让学生掌握汉语语音的基本知识系统,从而能够正确、流利地发出汉语的音。词汇是语言的建筑材料,离开了词汇无所谓语言,也无法进行正常交流。汉语词汇教学的任务是让学生根据学习的目的,掌握相当数量的汉语词汇的形音义及其基本用法,培养其利用已有词汇进行交际的能力。语法是语言的基本组织规律,是人类语言创造性的根本所在。利用语法规律,组织词汇,结合语用要求,就可以创造无限的句子,表达无限的意义。汉语语法教学的任务,就是教给学生基本的汉语语法规则,培养其利用语法规则进行创造性表达的能力。汉字是汉语的书写符号系统,也是具有汉语特色的教学重点和难点。汉字是世界仅存的尚在使用中的表意文字系统,其与各种表音文字的本质差异,是造成学习困难的根源。汉字教学的任务,是帮助学生理解汉字形体结构规律,从而掌握汉字的正确认读和书写。汉语四要素的教学不是彼此分离的。语音教学需要结合词汇、语流教学等进行,语法也只能在词汇、形音义的基础上进行。汉字教学也需要结合词汇、语音、语法等教学,以便学生将汉字的形音义与相应的词汇、语音、语法现象结合起来学习。从语言学习的角度看,文化教学存在于语言要素学习的方方面面。语言就是一个民族的文化表现之一,因此,在语言教学中渗透文化教学,是学者们比较赞同的文化教学方法。另外,汉民族文化的特色部分和精华部分,能够吸引学习者,促进学习兴趣,也是文化教学值得开发的方面。所以说,语言要素的教学相互渗透,相互支持。同样,语言技能和语言要素的教学,也是相辅相成、互为促进的。

随着现代科技的发展,技术手段在汉语国际教育中逐步推广开来。计算机技术和网络技术是汉语国际教育普遍采用的手段。利用计算机技术,教师可以设计生动活泼、寓教于乐、互动性强的课件,有效地组织教学,有针对地培养学生的汉语能力。网络技术与计算机技术的结合,更能够改变传统课堂教学的面貌,突破时空的限制,建构类真实的交际语境,使汉语作为第二语言的学习具备某些第一语言学习的有利条件。总之,汉语国际教育课堂教学的核心领域,包括听说读写技能和语音、词汇、语法等语言要素的课堂教学,以及新兴的计算机辅助教学技术等,是汉语国际教育的重中之重,是汉语国际教师必须熟练操作的范围。

第一节　汉字与词汇教学

一、概　述

法国汉学家白乐桑(1996)指出,汉语的基本教学单位(即所谓的"本位")有两种:作为书面语基本教学单位的汉字,作为口语基本教学单位的词。可见,让学习者学好汉字和汉语词汇对于掌握汉语起着基础性作用。正因为如此,有大量的汉语教学者和研究者都致力于探讨汉字和汉语的词汇教学问题。

(一)汉字教学研究

当今世界,有文字的语言绝大多数都使用的是表音文字,而汉语的记录符号汉字,其构成字符并不主要与汉语的语音相联系,所以在汉语国际教育的实践中,学生普遍反映汉字有三难:难读、难写、难记。因此,在汉语教学路子的选择探讨方面,就涉及如何处理汉字和汉语的关系问题。1950年和1951年,北京语言大学曾经实践过一学年的"先语后文"教学路子,即在初学汉语的前五六个月里,只通过拼音学习汉语,在学习者掌握了几百个生词以后,才开始同时学习汉字。该做法实践的结果是弊多利少,因而被否定。后来,"语文并进""语文分开"等教学路子被先后实践和探讨过。这些教学路径,对于不同的教学对象、不同的教学环境、不同的教学目标、不同的学时学制,乃至于在不同的教师那里,在具体的教学实践中,都各有用武之地,因此难以定于一尊。

汉语国际教育界的汉字教学研究,主要讨论的是"教什么"和"怎么教",以培养学习者的汉字认读和书写能力。

教什么?首先是教常用字。瑞典汉学家高本汉在其为欧洲大学生所写的汉语入门读物《汉语的本质和历史》一书中指出,掌握两三千个通用的汉字就可以阅读中国现代的书报杂志。如果说高本汉所说的是应当教学的常用汉字的数量,那么,赵金铭《〈外国人基础汉语用字表〉草创》(1989)、国家汉语水平考试委员会办公室考试中心制订的《汉语水平词汇与汉字等级大纲》(修订本)(经济科学出版社,2001)、国家对外汉语教学领导小组办公室编的《高等学校外国留学生汉语言专业教学大纲》和《高等学校外国留学生汉语言专业教学大纲》(长期进修)(北京语言文化大学出版社,2002)等,则不仅说明了应当教学的汉字量,而且还具体地把应当教学的汉字分等级地罗列了出来,这就使得教学者的教学目标更加明确。其次,汉字的读音、意义和写法要同时教。再次,要适当地教一些汉字知识。不管是汉字偏误研究,还是汉字教学调查和教学实验研究都表明,介绍必要的汉字知识,加强汉字基本结构规则的教学,可以帮助学生理解和记忆汉字。

怎么教?首先,区分不同母语及其文字体系背景的汉字学习者是有必要的。因为汉字教学调查研究结果显示,汉字圈以外国家的学生普遍认为"汉字很难"或"相当难",他们和汉字圈国家的学生所采取的汉字学习策略有很大的不同,虽然汉字圈学生在识字量方面有明显的优势,但像来自日本这样的汉字圈国家的学习者,在学习汉字的"优势"背后同样存在着不少问题。大量的汉字偏误分析研究也指出,文字体系不同是学生书写汉字出现偏误的一个重要原因。所以,冯丽萍建议,应该区分教学对象是汉字文化背景还是拼音文字背景。其次,汉字教学要遵循一定的原则。在汉字的认读和书写方面,多主张先认读,后书写的原则。不过,石定果、万业馨在教学调查研究中却发现,学生大都要求听说读写的内容尽可能一致。在汉字书写教学原则方面,多主张按照笔画→部件(独体字)→合体字的顺序进行教学。但是,石定果、万业馨的教学调查研究结果却显示了相反的汉字接受现状:学生更倾向于从整字到偏旁的教学步骤。这与惯常主张由独体到合体、由部件到整字的程序相悖。因此,第三,还应该在了解学生习惯的汉字接受方式的基础上进行汉字教学。第四,采用一定的教学方法。刘社会归纳出了"部件归纳法""看图拼音识字法""注音识字听说法"等十八种行之有效的对外汉字教学法,此外,还有率先在海外兴起的"计算机汉字教学法"。

(二)汉语词汇教学

汉语词汇教学的研究成果也可纳入到"教什么"和"怎么教"的框架之下。

教什么?首先,一些"词表""大纲"明确说明了在基础汉语教学阶段应该教哪些词。

比如北京语言大学先后完成的《外国人实用汉语常用词表》(1964)和《对外汉语教学常用词表》(1984),国家汉语水平考试委员会办公室考试中心制订的《汉语水平词汇与汉字等级大纲》(1992)等。其次,既要教词义,更要教词语的组合。因为词语组合是成句交际的基础,教词语的组合是培养学生形成语段语篇能力的基础。

怎么教?首先,汉语教材应该根据词的使用频率和汉语的句法结构安排词的出现顺序,常用词先教,而后确定教学重点。比如李如龙、杨吉春把虚词当作词汇教学的重点,而刘颂浩把阅读课词汇训练的重点放在实词上。其次,在教学中要经常进行相关词语的对比分析。一是作"汉外"相关词语的对比分析,这样可以在一定程度上做到预言、解释、改正并消除学生因母语的干扰而出现的词语偏误,把母语的负迁移减少到最小。二是进行汉语内部词语的对比,这样可以让学习者更清楚地认识到意义、用法相近的词语之间的差异,以便更准确地运用词语。再次,要采用合适的方法进行教学。语素法、情景法、演示描述法、联系扩展法、集中强化教学法等都被一些教学者使用过。杨惠元(2000)提出按照汉语词汇的网络系统进行教学,可利用同(近)义词类聚网络、反义词类聚网络、类属词类聚网络、关系词类聚网络等。

(三)沟通汉语词汇与汉字的教学

李培元、刘珣都主张把字和词的教学结合起来。汉语"以单字为基础,可以层层构词"的特点,使得汉字教学与汉语词汇教学有了沟通的可能,而不必各自为政。并且,沟通汉语词汇和汉字的教学,还可以改善汉字教学相对落后的状况,前贤的不少研究成果都展示了怎样沟通字词教学。

1989年法国出版的白乐桑、张朋朋主编的《汉语言文字启蒙》虽然蕴含着"字本位教学法"理念,但是,从该书的编写体例可以看到沟通字词教学的做法:依据字所组成的词的使用频率,罗列了400个汉字,介绍了这些字的笔画分解、字源分析和结构分析等内容。李芳杰在"字词直通,字词同步"观念下的具体做法是:基础汉语教学阶段讲"字"不讲"语素",让汉字与词直接挂钩(字词直通),教学规定的字词量比例合理、字词等级相应、处理好字词的难易、字词句教学全面同时进行(字词同步)。而施正宇(2008)则主张:以词的使用频率和字的构形规律为基本线索构建教学词库,梳理与之相关的教学字库,并在语素的基础上拓展学生的汉语能力和汉字能力。

二、原典选读

高本汉:《汉语的本质和历史》(选读)

《汉语的本质和历史》是瑞典汉学家高本汉(Bernhard Karlgren)为欧洲大学生写的一本汉语入门读物,最初于1946年用瑞典文发表,1949年有了英译

本 *The Chinese Language：An Essay on Its Nature and History*，2011 年商务印书馆出版了聂鸿音翻译的中译本。

　　该书涉及汉语的文字、音韵、语法和训诂四个方面的内容。本节"原典选读"节选自该书的"文字"部分，主要说明了三个问题：①汉字的产生和长存是与汉语的单音节"孤立语"的特点相适应的；②古代汉字的结构类型主要有象形、会意、假借和形声；③学习汉字的方法。

文　字

　　对于我们这些习惯于字母拼写的人来说，写字就是分析发音并把一串音记录下来，每个音都有它自己的符号，如 s-c-r-i-p-t，用六个符号，这显得非常自然，简直是一看就懂。这条原则以及作为其基础的全部深奥的分析确实是许多聪明人研究的结果，是人类头脑最伟大的发明之一。这条原则特别适用于我们的西方语言。由于单词根据其在句中的作用而发生屈折变化，那么从实践的立场出发，就有必要把这些变化记录在文字里，如 man：men［人，单数：复数］、mouse：mice［鼠，单数：复数］。可是汉语都是很短的不变的单音节，这种方法就不是非用不可了。一个 *ŋ̍ĭěn*（*ren*，人）字的意思可以是 man［人］、the man［这人］、men［人们］、the men［这些人们］、man's［人的］、the men's［这些人们的］，等等。因为它总是不变的短音节 *ŋ̍ĭěn*，所以最简单、最吸引人的方法就是为整个字造一个单一不变的符号：用两条腿前进的"ᴧ"，现代字形写法稍有变化："人"。情况就是这样。因此，最初阶段的汉字就不是表音的，不分析词中不同成素的发音，而是表意的象形文字，即一个符号标示整个词的意义而不标示读音。汉语的字形导致了这条原则。上章给出的句子里还有另外几个例字也是用这种简单的象形符号标示的。有个 *ʔĭět*（*yi*），简洁地写作"一"，与它形成对照的有 *ŋ̍ĭər*（*er*，写作"二"）和 *səm*（*san*，用"三"来标示）。另外还有 *k'u*（*kou*）字，古代写作"ᆸ"，现代形式是"口"；*mĭər*（*mi*），"米"，现在作"米"，标明了穗上的稻粒。"門"（现在作"門"）*mwən*（现在读 *men*），画得极像。我们发现，基督诞生前一千多年所创造的古汉字与现代汉字之间存在着某种区别，可是我们还看到，这种区别仅仅是字体书法上的修改，而大体上说，象形造字的方法则是完全一致的，多少年来一直未变。

　　这种纯粹的图画文字并不是汉语独有的，在一些别的古代语言中也有相似的创造，它显然不可能满足长期的需要。它只适用于像"人""口""米"这样的具体词，以及像"一"这样个别的抽象词，可是对于语言中的多数词来说，这种方法就不适用了。因此，人们就朝着各个方向进行了新的尝试，这里我们就涉及了汉字的特殊性质。下一步——仍然是为整个词造一个字，只考虑字义而不管字音——是把两个或更多现有的简单书写单位合成一个新的单位。有一个象形字"介"，即现代的"宀"，代表 *mĭan*（*mian*）这个词，还有个象形字"豸"，现在作"豕"，代表 *çĭər*（*shi*）这个词，把它们合在一起就构成了代表*kɔ(jia)这个词的字:"家",屋顶下有猪——一幅画似的小场景。汉语文字系统中包含几百个这种会意的合体字。不过用长远的眼光看,这个方案也不适用,这时造字的人们就开始走上了一条危险的道路。

他们开始采用一种非常原始的表音字。由于汉语有许多短的单音节字,它也就包含了一大批同音异义词,就像英语的 sun[太阳]和 son[儿子]、two[二]和 too[也]、born[生]和 borne[负担]那样。于是有一个词,今天读 lai,古代读*ləg,它的意思是"来",同时还有另一个*ləg(lai),意思是"麦",写作象形字"来"(现在作"来")。因为不容易画出抽象的*ləg(来),所以*ləg(麦)这个书写单位就被借用来表示"来",为了表示*gʽɪwaŋ ləg(王来)这个句子,人们写"王麦"。聪明的读者很容易懂得这里的*ləg(麦)是表示*ləg(来)的书写单位。但是,由于像*ləg(麦)和*ləg(来)这样成对的绝对同音词其实际数量并不很多,所以造字的人们进而采取了一种鲁莽的办法。有大量这样的情况:两个词的发音虽然不完全相同,但却非常相似,比如有*kʽɪəg(簸箕)和*gʽɪəg(他的),于是,运用刚才描述的假借法,*kʽɪəg(簸箕)的书写单位就被借以表示相近的读音*gʽɪəg(他的),因为前者很容易画出来:"其"(现代作"其"),而后者是抽象的,不容易表示。所以,如果要写*ʂat gʽɪəg gʽɪwaŋ(杀其王=杀他的王),他们就写*ʂat kʽɪəg gʽɪwaŋ(杀簸箕王=杀簸箕王),他们相信读者会从上下文中懂得,这里的象形字"其"的意思不是*kʽɪəg(簸箕),而是假借作音近的*gʽɪəg(他的)。

在这类情况下,上下文的联系直截了当地提示出了假借的汉字,这个方法既聪明又实用,但却是一条行之危险的道路。这种假借情况如果为数不多,当然不会造成什么大乱子;可是假写有几百个假借字,那么在实践中就会导致极端的混乱,使人难以确定句中的书写符号究竟是什么意思:它们是用的本义、实义呢,还是作为语音假借来代替别的什么字? 结果是,人们在相当早的阶段就不得不对这种假借方法加以改进和进一步地阐明。我们借以了解汉字体系的一个最古的时期是在公元前13世纪至公元前10世纪之间,关于这个阶段我们得到了刻在兽骨和龟甲上的简短的卜辞,并发现其中用了一种改良的方法。这是一种巧妙的方法。我们刚才阐明了一种将两个现有的独体字合成一个新字的造字法,比如"家"*kɔ(屋顶下有猪),其中的两个成分都有助于表示意义,这是个合体的会意字。但是现在,写字人却用另一种方式来结合两个简单的书写符号。例如有一个简单的书写符号"手",读作*çɪʊg,意思是"手"(画的是一只手,五个手指);我们还讨论过一个古读为*kʽu的"口"字;现在又有另一个字:*kʽu(扣击),这后一个字怎么写呢? 正如*ləg(麦)假借作*ləg(来)一样,*kʽu(口)也假借作*kʽu(扣击),但为了防止混淆和误解,就又加上了一个"手"(五个手指),以便清楚地指出所要说的词是用来做的*kʽu(扣击):"扣"(现在作"扣"),而不是*kʽu(口)。通过这种方式得到了一种新的字,一种由表音的声旁*kʽu(口)和表意的形旁(手)组成的合体字。换句话说,"扣"字表示一个声音像*kʽu(口)而意义与手有关的词,显然是*kʽu(扣击)。

于是,一种高明的方法被设计出来了,它对于具有大量音同或音近的短小单音节词的汉语来说是极为适宜的。把现有的书写符号成对地结合起来,其中一个表音,另一个表意,用这种方法实际上可以设计出无限多的新字。根据这项原则,把简单的书写符号作为材料成对地结合起来,这种结构方式可以容易而迅速地表示任何一个本身难以画出的词。很快,成百上千个这种形声合体字就被相继造了出来,事实上,百分之九十的汉字都是根据这项原则构成的。

的确,事实证明这种方法太容易了。它导致人们任意地造出了许多不必要的字,即已有合适的形体来表示的异体字。最大的汉语字典包括了四万多个不同的字,这看来有些吓人,但实际上事情却不至于这么糟糕。

计算表明:首先,在延续了三千多年的中国文学作品中经常通用的汉字只有六七千个;其次,学会大约四千个汉字就足够用了;再次,要阅读现代的书报杂志,人们只需致力于掌握两三千字就行了。西方人也许要问:"那么,这不就够糟糕了吗?"欧洲孩子学字母表,只要学二十来个符号,而中国孩子却不得不学会辨认、分析和书写至少两千个不同的字词符号,倒霉的孩子! 然而经验表明,困难并没有严重到那个程度。正由于在迷茫中有某种理据,所以学起来相当容易。一旦你学会了几百个简单的书写符号,即基本材料,那就只是个拼字的问题了。"手"和"口"两个成素结合起来就造成了"扣"字,等等,孩子很容易记住,即使是西方的成年人,根据这种简单合理的方法也能在一年之内学会两千个左右的汉字。

许多欧洲人想象,使得学习中国的语言和文学变得极端困难的乃是汉字的字形,但事实绝非如此。认字不易,的确要花时间去学,但这还不算困难,困难将出现在另一方面,我们马上就来讨论。

上古时代形成的字形有四个演化阶段,首先是简单的象形字,然后是会意的合体字,然后是语音假借字,最后是改良的语音假借,即形声合体字。这个系统对于那时的语言是实用和有效的,但它的特性随着时间的流逝而导致了极为稀奇的后果。语言绝不是一成不变的,语音经历了不断的变化,几个世纪过后,字音往往变得不可辨认了。在拼音文字中,字形当然能够与语音演化的步调一致,再现语言的音变。当盎格鲁撒克逊词 weg [路]后来失落了尾音-g 的时候,这一音变就反映在拼写的变化里了,即英语的 way。这样修改字的拼写法以对应音变,在汉语中是不可能的,因为汉语字符的写法早已彻底固定,不能改变了。在公元前一千多年时,表示"人"的符号写作"人",读作 *ŋʰĭĕn——怎样知道的这个读法,我们以后再解释——在大约公元 500 年时这个词读作 *ŋ̣ʑĭĕn,但字还是那样写——两条前进的腿。现在北京话读作 ren(r 读如法语 jeu 中的 j,e 读如德语 Knabe 中的 e),但仍然写作同样的两条腿。换句话说,读音的变化在字形上根本反映不出来,字形基本上是不变的。这当然也适用于会意合体字"家",在公元前的一段时期里它读 *kɔ,带一个像英语 call 中那样的开 o 音,在公元 500 年它读 ka,在 17 世纪它读 kia,在现在的北京话里它又念 jia——但写法仍然没动,多少年来还是"屋顶下有猪"。汉字并没有告诉把它读作 jia 的现代北京人,它的读音在古代最初是 *kɔ,后来是 ka,再后来是 kia。

那么,在大量的形声合体字那里又发生了什么呢?恰好也是同样的现象。当古代造出"扣"字的时候,它读作*k'u,这个字用"口"*k'u来作声符相当合适。因为两个同音字必然要一道经历语言的发展,它们必须依照固定的法则发生完全相同的变化,所以*k'u"扣"和*k'u"口"这两个词也就经历了同样的音变。现在这两个字在北京话里都读kou,在广州话里都读k'au。

因而即使不知道它在造字时代是否读*k'u,"扣"字仍然有效而易学。北京的小学生很容易看出,"扣"kou从"口"kou得声,虽然他对这两个字的古代读音*k'u一无所知,但这并不会给他造成麻烦,在此范围里一切顺利。但正如我们所看到的那样,麻烦的是古汉语使用假借法时,也就是造形声字时,并不需要绝对同音,而是往往仅满足于音近,如*k'ɤəg"簸箕"借以表示*g'əg"他的"。这被证明是不幸的,因为在古汉语中这两个字的读音并不绝对一样,而仅仅是相近,所以它们就不一定在古今一系列的音变中保持一致。的确,有时它们还会多少有些相似,在这种情况下合体字仍然相当有效。比如"问"*mɤwən的声旁是"门"*mwən,形旁是"口",在现代官话中"门"读men,"问"读wen,而用现代的眼光来看,并不难体会并记住"门"men是"问"wen的声旁。可是在其他情况下,发音的渐变使它们呈现了不同的样子,于是这就糟糕了。让我们略举几个例子。有个*tɑ字(ɑ是个又深又开的a,如法语pâte中的â),现在念duo(像door中的o音),意思是"大量",写作"多",最初画的是两块肉,所以是"食物的供应很丰富"。另外还有个*tj'ĭa(奢华),因为*tɑ和*tj'ĭa在读音上有些相似,于是就造出了一个"侈"字来表示*tj'ĭa(奢华),"侈"字的左边由形旁"人"构成,右边由声旁*tɑ(多)构成。用上古汉语的眼光看,这是个很好的合体字;可是上古的*tɑ发展成了现代的duo,而*tj'ĭa先是变为*tj'ĭe(公元600年),后来在现代又变为chi。现代的北京孩子要懂得"侈"字由形旁"人"和声旁"多"组成,这似乎就不可思议了。再举一个例子。表示上古汉语*dj'ĭok(勺子)的书写符号"勺"(现在的写法)最初画的是勺子里有一滴水;另外,符号"白"的意思是"白色",这个字如何解说我们不准备讨论了。同时还有另一个字,*tiok,意思是"光亮",人们相当聪明地为它造了个合体字"的",字的左半部"白"表意,而*dj'ĭok(勺)概略地表音(声旁)。这在古代是相当好的,可是当音变开始时,情况就大大走入歧途了。*tiok(的)在大约公元600年的时候碰巧变成了tiek,几个世纪后又变成了tik,在现代官话里是de。可是*dj'ĭok(勺)却先变成*zĭak(公元600年),后来是çak,在现代北京话里是shao。那么,当今的学生怎么可能懂得"的"de(光亮)的读音是由声旁"勺"shao来表示的呢?这简直荒唐。

这样我们就能体会到,带有音近声旁的古汉语表音合体字在造字时代无疑是相当巧妙而实用的,但是由于语音在几千年的进程中产生了变化,所以它们现在已经是难以理解了,因为最初相近而不完全相同的字音已经变得差距很大了。结果是在学习字形的时候,现代中国人往往从字音上找不到任何有益的、能帮助记忆的办法。他必须相当机械地记住甲字所表示的词它读作什么、当什么讲、这个字由乙和丙两个成分组成,即使这看上去似乎是毫无意义而不可理喻的。

有人也许要问:当学生们学认字的时候,让他们知道词的古音不是很有帮助吗?这样他们就会懂得,虽然在现代口语中 *tɑ 读 duo 而 *tj'ǐɑ 读 chi, *dj'ǐok 读 shao 而 *tiok 读 de,但是 *tɑ 却有理由用作 *tj'ǐɑ 的声旁,而 *dj'ǐok 也有理由用作 *tiok 的声旁。的确是这样,这准会有帮助的,将来也许会这样组织学校教学,但是现在还不可能,因为中国人直到最近才知道词在古代的读法。非拼音的文字当然不能表现读音,我们现在能得知汉字在几千年前的古读,是由于现代学者们通过广泛而成系统的语言学考证,已经弄清楚了古汉语的实际音读问题。他们是怎样着手这一工作的,这我们以后再谈。然而事实是,大多数中国的学者甚至在现代还对上古字音一无所知,因而也没有能够掌握确切理解上百个合体字结构的诀窍。

三、建议阅读书目

白乐桑.汉语教材中的文、语之争:是合并,还是自主,抑或分离?[J].世界汉语教学,1996(4).

胡明扬.对外汉语教学中语汇教学的若干问题[J].语言文字应用,1997(1).

李培元,任远.汉字教学简述[C]//第一届国际汉语教学讨论会论文选.北京:北京语言学苑出版社,1986.

刘社会.对外汉字教学十八法[M].北京:北京大学出版社,2004.

赵金铭.汉语口语与书面语教学[M].北京:北京大学出版社,2004.

吕必松.汉语教学路子研究刍议[J].暨南大学华文学院学报,2003(1).

任瑚琏.字、词与对外汉语教学的基本单位及教学策略[J].世界汉语教学,2002(4).

四、思考题

1. 如何评价汉语教学中的字本位观?
2. 如何进行汉字教学?
3. 词汇教学有哪些主要方法?

第二节 听力教学

一、概　述

在听、说、读、写四大语言技能中,听居首位。据统计,在成人日常交际活动中,听所占的比例达到40%以上,因此,没有一定的听力水平,交际就无法或者很难有效地进行下去。听除了在交际活动中具有重要的作用之外,作为一种输入型技能,在学生的汉语学习过程中也起着十分重要的作用:它不仅是获取信息的重要手段,也是吸取语言养分不可缺少的渠道;听还有助于促进说、写、读等能力的提高和巩固。因此,听力技能成为了衡量一个人综合语言能力的重要指标。那么,听力能力都包括哪些内容呢?

J. C. Richards(1983)通过分析和研究列出几十项微技能,但汇总起来可概况为以下几项:

①掌握所写材料的中心思想和重要细节。

②理解所听材料隐含的意思。

③判断话语的交际功能。

④判断说话人的观点、态度等。

⑤理解句子之间的关系,如比较、原因、结果、程度、目的等。

⑥从连续的话语中辨别语音。

⑦理解重音和语音语调。

对于以上所列的这些技能,并非任何一节听力课都要涉及,而是应根据学习者汉语水平的高低,因材施教。对于初学者而言,重点训练的是后面几项;而对于高级学习者而言,训练重点应放在前面几项的技能。

人们认为听力理解是一种被动地、消极地接受语言刺激的过程,因此把听力理解看作是接受性技能。然而,心理语言学家的实验研究证明,听力理解是一个非常积极的、主动加工的过程。在这个过程中,听者往往要充分利用所有掌握的语言和非语言知识,包括各种背景知识,对外界输入的语音材料进行加工、处理、达到理解说话者的意图。

一般来讲,人们把听力理解的过程按照从低到高分成三个不同的层次或阶段。第一个阶段是语音识别,即以听觉形式呈现的语言刺激进行初步的编码加工。第二个阶段为句子理解,句子理解以语音识别为基础,通过对字词的语音进行编码,以达到对字义的确切把握。需要注意的是,在此阶段,要完全理解句子的含义,不仅要理解词的意义,还要进行句法分析和语义分析。第三阶段为语篇理解,一般情况下,人们听到的不是孤立的句子,而是由一系列的句子组成的语段。语段的理解比较复杂,前提是必须理解单句,然后在单句理解的基础上"揣摩""猜测"说话者的意图。当然,对语篇的把握反过来又加深了学习者对句子的理解。例如,一个很有名的作家坐火车去外地,当火车上的工作人员检查车票时,他翻了每个口袋,也没有找到自己的车票,正好这个工作人员认识他,于是就安慰他说:"没关系,如果您实在找不到车票,那也没事。""怎么能没事呢? 我必须找到那张车票,不然的话,我怎么知道自己要去哪儿呢?"问:作家找不到车票,工作人员是怎么做的? A 让他补票,B 帮他找车票,C 表示没关系,D 让他一定找到。

除了把握听力理解的三个阶段之外,我们还要正确认识听力理解的实质。听力理解不是指把听的材料记录下来并能复述出来,如同一个小孩可以把成年人的话完整地复述下来,但是并不理解所讲为何物。因此,听力理解的实质是一种用所听信息与非语言环境相结合达到完成一件事情的能力,所以,一个正常的聆听者绝非是一台复读机或录音机,他在听的过程中具有主观能动性,即聆听的过程 = 选择+理解+总结,换句话说,也就是聆听者将所听到的信息与所处的语境和熟悉的知识(如背景知识)联系起来,进行不断的解释,从而达到理解的目的。

任教于美国的叶萌在听力教学方面做出一些较为成功的教学实践与研究,其论文 "Enhance the Listening Comprehension in Mandarin: Designing Active Listening Activities"具有一定代表性。此文在第一部分重点探讨了理论和实证研究,揭示了听力过程的复杂性和听力在语言学习中的重要性,讨论了提高听力水平的总体原则和指导方针。在第二部分,她展示了她所设计的不同类型的听力活动,以创新的方式来提高学习者听力理解的能力。她认为,倾听是一个动态的、创造性的、通过多种背景知识构造意义的过程;听力的理解,不是简单的"重复"与"记忆",应该设计更多的活动,来打通学生理解的通道,听力课的目标不是把学生培养成为一台录音机;要充分利用上下文的线索,为学生提供丰富的上下文线索来促进学生对语言材料的理解,如视觉辅助、熟悉的话题、可预测的内容或是文化背景线索,帮助学生把听力材料变为可理解的语言。她认为,在听力教学中,预听活动是一个重要的手段,它可以让学生变得自信,能够建立起有效的倾听。预听活动的方式可以是多种多样的,如学生首先介绍照片的情景,然后他们被引导讨论并预测将要发生的情况是什么,最后告知听力任务。总之,她认为,倾听是成功交流的基本技能。在这篇文章中,她展示了各种各样的活动来提高学生的听力理解能力。这些活动旨在引导学生理解课文,而不是简单地背诵或重复。作者希望这一努力将能够引起中文教育工作者关注并认识到听力的重要性,从而更好地帮助学生发展他们的听力能力。

二、原典选读

Meng Yeh: Enhance the Listening Comprehension in Mandarin: Designing Active Listening Activities

选文发表于 1997 年美国的《中文教师协会学刊》第 3 期,是叶萌在汉语教学领域多年从事第一线教学的基础上,潜心钻研汉语听力课的特点和教学规律而形成的研究成果。文章不仅从理论上揭示了听力的重要性、听力理解的过程,提出了听者对听力材料的处理模式,同时还提出了对听力材料的设计原则。在这篇文章中,她展示了各种各样的活动来提高学生的听力理解能力。这既是对听力教学在深度和广度上的进一步拓展,也是对广大对外汉语教学从教人员有启发意义的文章。

Introduction

Foreign language education has placed increasing importance on listening comprehension during the past decade. Innovative practices have been developed to enhance listening skills and strategies. This progress is largely due to the theories of the listening comprehension process and language acquisition, as well as proficiency-oriented instructions. However, Chinese language teachers have given limited attention to the teaching of listening comprehension. This paper presents a series of activities which aim at building students' listening proficiency, as examples of what Chinese language teachers may use to improve students' listening skills.

The first part of the paper discusses the theories and empirical studies which reveal the complex nature of the listening process and the importance of listening comprehension in language learning. The discussion concludes with principles and guidelines to develop listening exercises. In the second part, I review four listening materials for teaching Mandarin and discuss their strengths and weaknesses. In the last part, I demonstrate different types of proficiency-oriented listening activities which are designed especially with this understanding of the listening process and language acquisition.

PART I

1.1 The Importance of Teaching Listening

A study by Nichols and Stevens (1957) on communication reveals the importance of listening. They estimated that 45% of our communication time is spent in listening, compared to 30% for speaking, 9% for reading and 6% for writing. Listening is also the foundation of language acquisition. As Brown (1987) suggested, the acquisition of our first language within the first five years depends exclusively on listening. The sane importance of listening in second language learning is pointed out by Rivers (1981): speaking does not achieve communication unless what is said is comprehended by another person. Therefore, teaching the comprehension of spoken speech, as she suggested, should be of primary importance in a second-language classroom.

These factors lead Krashen(1982) to suggest that acquisition of a second language depends primarily on students' receiving plenty of comprehensible input. The input must be interesting and must include language slightly beyond the current language level of the students. The other current theories, such as the information processing model (McLaughlin, Rossman, & McLeod, 1983), the intake model (Chaudron, 1985) and the interaction model (Hatch, 1983), all emphasize the crucial role that listening plays in the development of a learner's second language.

The importance of listening comprehension is also well supported by empirical studies. The study of Boyle (1987) shows that listening comprehension is a separable skill in language ability and can be improved through training. Feyten's (1991) study reveals that better listening ability does not only contribute to the speaking capability, but also to the overall language proficiency. Dunkel (1986:100) stresses thar "the key to achieving proficiency in speaking is developing proficiency in listening comprehension." The comprehension approaches and the empirical studies during the past decade have resulted in increased attention to listening practice in the second language curriculum.

1.2 The Process of Listening Comprehension

The process of listening comprehension involves at least two types of knowledge: linguistic information and knowledge of the world. Linguistic information is one's knowledge of the target language code. The knowledge of the world consists of the previously acquired knowledge structures which are refereed as schema (Rumelhart, 1980) or scripts (Schank and Abelson, 1977). A schemata, as Rumelhart defines, "is a data structure for representing generic concepts stored in memory (p. 34)." For instance, the schema of a typhoon in Taiwan activates the sequence of scenes, such as vehement wind and pouring rain, flooding, shortage of tap water and power failure, and a couple of days off from school and work.

To explain the comprehension of spoken language, Carrel and Eisterhold (1983) suggest two separate, yet, interrelated modes of processing information: bottom-up processing and top-down processing. Bottom-up processing is considered data-driven, starting from the decoding of linguistic cues into a whole concept. For instance, a dictation exercise trains students' bottom-up processing. The exercise requires them to decode every individual word in a sentence, instead of grasping the general meaning of a passage. Top-down processing, on the other hand, is considered to be conceptually-driven, processing from general information into specific details. It is a type of process which relies on one's background knowledge to invoke certain expectations and predictions when interpreting the incoming message. For example, before listening to a dialogue, students are told that the dialogue occurs between a customer and a waiter in a restaurant. The information facilitates a top-down processing that evokes a restaurant schema in which a customer is ordering the food.

A number of studies show that listening comprehension relies heavily on top-down processing and the instantiation of schema. The studies of Voss (1984) and Conrad (1985) show that successful L2 learners decode incoming speech in meaningful "chunks" in the fashion of top-down processing, rather than depend solely on identifying sounds and words one by one. McLaughlin, Rossman, & Meleod (1983) also observed that the listeners who are 'dealing with related units of information rather than isolated bits show more efficient processing (p. 138). Mueller (1980) investigated the effect of visual aids on listening comprehension in German, and found that providing visual aids before hearing the passage resulted in higher comprehension scores. Mueller's study reveals the importance of activating or supplying a knowledge framework, such as a visual contextual cue, in enhancing the comprehension of a spoken message.

The subjects in a study by Anderson and Lynch (1988) were asked to tackle listening tasks in a face-to-face communication. The subjects employed various strategies simultaneously, such as making predictions based on topical/discourse-type knowledge, waiting for further information and asking questions. The study showed that listening comprehension in a natural environment is a reciprocal process in which interpretation is constructed by means of different sources of knowledge, Schmidt-Rinehart's study (1944) further supported that background knowledge is a critical component of the listening process. The subjects in her study were required to recall the situations after listening to two passages, one containing familiar information and the other unfamiliar. All subjects, regardless of their proficiency levels, scored higher on the familiar passage.

In short, the studies mentioned above show the importance of encouraging a top-down processing by which one's background knowledge facilitates listening comprehension. In listening tasks, background knowledge can be evoked by familiar topics, contextual information, or visual aids.

1.3 Principles of Developing Active Listening Tasks

The foregoing discussion reveals that listening comprehension is an active process where students interact with text, using background knowledge as well as the linguistic and rhetorical features of the text itself. This understanding supports the philosophy maintained by a proficiency-oriented approach: language learning occurs in a meaningful context and that language processing goes beyond the level of isolated sentences. The following are some principles in order to design listening materials.

a. Listening: a dynamic process

In an audio-lingual approach, listening is considered passive and receptive. Language teachers simply assume that students know how to listen and this essential skill will develop on its own (Long, 1989). However, the research presented above has led us to recognize that listening is a dynamic and creative process which constructs meaning through multiple background knowledge. As Dunkel (1986) suggested, instead of being confined in a laboratory environment, listening activities should be a substantial segment in a L2 curriculum.

b. Listening to "understand," not simply to "repeat" and "memorize"

More activities should be designed to elicit students' comprehension of a spoken passage. Listening-repeating format is useful for learning pronunciation, but it will not help students participate in a normal conversation with a native speaker. The goal is not to train students to become a tape recorder, but teach them to construct "coherent interpretation" of any spoken language as the result of combining the new information heard with the previous knowledge and experience (Anderson and Lynch, 1988).

c. Use contextual cues

The top-down process used dominantly by listeners indicates that it is crucial to provide students with abundant contextual cues to facilitate the comprehension of spoken language. Visual aids, familiar topics, predictable content, or cultural background cues will help in contextualizing and bringing to life the listening situation as well as in aiding comprehension of the language.

d. Pre-listening activities

Pre-listening activities help students to focus on what they are about to hear. (Dunkel, 1986; Underwood, 1989). As a result, students can achieve a high level of success and thus become confident that they can listen effectively. For instance, students are first presented a picture of a situation. Then they are guided to discuss and predict what the situation is, and last are assigned the listening task.

e. Guide students' attitude

The concern with unknown sounds and words very often becomes a barrier to the comprehension of a spoken language. Thus, the activities designed should encourage students to tolerate uncertainty, to take informed guesses, to grasp the gist of a conversation or narration, and to use their real-world knowledge along with linguistic information.

f. Listening for a purpose: task-based activities

In a proficiency-oriented approach, listening activities should be designed to require students to accomplish a communicative task through the comprehension of a spoken passage. The success, or failure, of comprehension is judged in terms of whether the tasks are performed. The primary goal is to provide learners with guided listening tasks which familiarize them with real-world situations that they will encounter in a target-language community.

g. Multiple opportunities and a variety of different purposes

In real life the purposes of listening and a listener's response are multiple and various. While designing the activities, we should take into consideration the purposes and the kinds of responses so that a full range of competencies in listening is practiced (Lund, 1991).

h. Training both top-down and bottom-up skills

Students at all levels can benefit from two kinds of listening exercises: top-down and bottom-up. Bottom-up exercises include discriminating tones/phonemes, word recognition in the speech stream, and recognize specific details. Top-down exercises involves discriminating emotional reactions, obtaining the gist of a sentence, recognizing the topic and motives, and identifying the speakers and registers of speech (Peterson, 1991).

三、建议阅读书目

杨惠元. 汉语听力说话教学法[M]. 北京:北京语言文化大学出版社,1996.

崔希亮. 对外汉语听说课. 课堂教学研究[M]. 北京:北京语言文化大学出版社,2011.

四、思考题

1.汉语听力教学有哪些重要意义？

2.听力教学主要有哪些内容？

3.如何进行汉语听力教学？

第三节　语法教学

一、概　述

在汉语国际教育中,语法教学具有十分重要的地位和作用,但却是非母语者学习汉语的主要障碍。通过语法教学来学习汉语,符合人类学习规律的认知习惯,能够帮助不同母语来源的学生举一反三、提高学习效率,也能够有针对性地解决学习中遇到的问题。语法教学的目的,是培养学生实际的语言交际能力,而非传授语法知识。

在推广汉语国际教育的新形势下,语法教学仍然围绕两个方面展开,"教什么"和"怎么教"。"教什么",主要考虑汉语国际教育的语法教学内容、教学体系、重点难点等问题,属于教学语法。"怎么教",主要研究语法点教学顺序、教学法、教学模式和重点难点的课堂处理等问题,属于语法教学。教学语法更注重宏观理论,力图使教学语法不同于理论语法,并建立区别于国内汉语教学的国际汉语教学语法体系。语法教学更注重教学实践,既研究体系性的语法点分解安排、教学模式,也针对个别语法点提出具体的讲解方案。

"教什么"的问题,首先是教学语法体系的建立问题。1958 年《汉语教科书》创立了最早的对外汉语语法教学体系。该体系以句本位为中心,采用知识讲授为主的教学法。一直到20 世纪80 年代末,对外汉语语法教学体系都没有太大的变化。90 年代,《对外汉语教学语法探索》倡导"词组本位"的语法体系,提出语言教学应培养学生的语言能力和语言交际能力,"寻求功能与结构的有机结合"。此后,结构—功能的教学语法体系被大多数语法教科书采用,至今仍占主流。除了整体的教学语法体系研究外,也有部分研究者提出国别性和阶段性的教学语法体系,如针对加拿大中小学生的基础汉语语法体系、中级汉语语法体系等。其次,"教什么"的关键是确定汉语语法教学中的重点和难点。通过语际对比、偏误分析和语法研究,汉语教学界形成了对国际汉语语法教学重点难点的总体认识。通常,汉语特有的语法结构和成分,汉语和学习者母语相对接近又显著不同的语法点等是教学的重点和难点。汉语特有的语法结构和成分,如"把"字句、"被"字句、动补结构、重动结构、助词、量词等。学习者母语与汉语接近、容易造成负迁移的语法结构和成分,如语序、比较结构、定中结构、时体助词、能愿动词、程度副词等。对于语法教学的重点和难点,"教什么"既研究其习得难度排序,也考虑限制语法点的具体讲解内容,使语法教学内容做到简单实用。

"怎么教"的问题,首先需要考虑的是宏观方面的教学原则和教学模式。原则上,语法教学要求简化、浅化、实用,针对学生特点和汉语语法特点,循序渐进、精讲多练。语法教学模式,强调教学的整个操作氛围和基本取向,如任务模式、情境模式、游戏模式、随机引入模式、词汇—语法教学模式、语法对比教学模式、形义结合教学模式、"认知—强化—创新"模式等。其次,"怎么教"要解决的是课堂教学中如何具体实施语法点教学的问题。这里要考虑三个方面的针对性:针对学生特点,针对教学阶段,针对教学内容。针对学生母语等的不同,可以通过语际语法对比,确定国别语法点的难度顺序和教学方法。针对初级、中级、高级等不同学习阶段的语法教学,需要根据教学目标的不同确定不同的课堂重点和操作方法。初级阶段,侧重于最基本的语法形式,强调"会用""用对";中级阶段,则侧重于语法形式之间的比较,突出"用好""用准"。针对不同的语法点,应根据其特点确定选择对比讲解、图示教学、演绎归纳还是操练总结、认知提示、任务教学等教学法。汉语语法教学中有特色的语法点,如"把"字句、"被"字句、动补结构、存现句、差比句等,目前都有详细的课堂教学方案提出,非常实用。"教什么"与"怎么教"相互依托,相互促进,共同推动国际汉语语法教学的深入发展。

此外,当前语法教学已从"小句中心"向强调句群、篇章教学的方向发展。连词、连接性副词、篇章逻辑结构等句外结构的语法教学,在高级阶段的教学中得到了越来越多的重视。句群、篇章语法的教学,是提高学习者成段表达能力的关键。

语法教学不仅解决教学的实际问题,也对语法研究有着一定的促进作用。国际汉语语法教学,使我们以全新的眼光看待熟知的汉语语法,发现新的研究对象,找到新的解答方式。国际汉语语法教学既是开启汉语语法研究的窗口,也是检验其研究成果的试金石。同时,语法研究是语法教学的基础,无论是新的理论流派还是新的语法研究发现,都能够使汉语语法教学向前推进,取得更好的教学效果。

陆俭明教授是汉语研究和对外汉语教学界的资深专家,曾任世界汉语教学学会会长,在现代汉语语法和世界汉语教学方面论著丰富,极具建树。他既擅长从对外汉语教学中发现语法研究论题,又擅长利用其对理论成果的深刻理解指导教学实践活动。在下面一节的选文中,陆俭明教授深入浅出地解答了对外汉语语法"教什么""怎么教"的问题,其例证生动直观、论述简洁明了。

二、原典选读

陆俭明："对外汉语教学"中的语法教学

本文在美国哥伦比亚大学举行的"国际中文教学学术会议"（The International Conference on Chinese Language Teaching and Learning，Columbia University，1999.10.15-17）上宣读。本文就以下三个问题用实例作了论述与说明：①语法教学在对外汉语教学中的定位问题；②"对外汉语教学中的语法教学应着重教什么"的问题；③"对外汉语教学中的语法教学该怎么教"的问题。文章最后强调指出，从事对外汉语教学的教师应具有发现问题、分析问题、解决问题的能力。

在"对外汉语教学"中需要进行语法教学，这已经成为大家的共识。但是，在"对外汉语教学"中，语法教学应放在什么地位，具体应该教些什么，具体应该怎么教，大家的看法就不是很一致。本文试就这些问题谈一些不成熟的意见，以起抛砖引玉的作用。

一、语法教学的定位问题

所谓语法教学的定位问题，是说语法教学在对外汉语教学中应放在什么地位。这包括两个问题：一是语法教学在整个对外汉语教学中应放在什么地位，二是在对外汉语教学的不同阶段中语法教学应放在什么地位。

我们认为，语法教学，从总的方面来说是很重要的，因为通过语法教学可以使学生能准确地理解、准确地表达，尽量减少表达（包括口头表达和书面表达）中的语法毛病。不过，语法对学生来说，既可以看作一项基本要求，也可以看作一项高标准的要求。为什么呢？学生学了汉语，说出来的话，写出来的句子，要基本符合汉语语法。从这个意义上来说，语法对学生是个基本要求。要求外国学生学了汉语后，在说话、写文章方面能达到"文从字顺"，而且对所出现的语法毛病能自己发现，加以改正，并知道为什么错了。从这个意义上来说，语法对学生来说又是一个高标准的要求。毋庸置疑，在对外汉语教学中语法教学是不可缺的。问题是应该怎么给它定位。

对外汉语教学，从教学内容上说，现在一般认为要包括五个方面：语音教学、文字教学、词汇教学、语法教学和文化教学。那么在对外汉语教学中语法教学该摆在什么位置上呢？我们觉得，在学习的初级阶段，主要是要抓好语音教学、汉字教学和词汇教学，而不是语法教学。在一二年级初级阶段，语法教学不宜过分强调，更不能直接给学生大讲语法规则。要知道，在学习汉语的初级阶段，要尽量鼓励学生敢说、敢写，多说、多写。学生能把自己想说的意思说出来或写出来，我们基本能了解，就很不错了。在这个时候，如果我们在语法上过分"斤斤计较",就容易打击学生说汉语、写汉语的积极性。当然,这也不是说,我们做老师的,对学生说话、写作中出现的语法错误可以不管。而是说不要"有错必纠",管也要管得恰到好处,管了以后能引得起学生的兴趣和求知欲,管得合适将为其在三四年级阶段进行必要的语法教学作准备。在三四年级阶段,学生对汉语已经有较丰富的感性知识,可适当加大语法教学的分量,可以略为系统地给学生讲一些基本的、必要的实用汉语语法知识。需要指出的是,无论一二年级阶段还是三四年级阶段,都要注意怎么讲的问题。

二、语法教学教什么

关于教什么的问题,有待于大家深入探讨。但我们认为,在解决这个问题之前,首先需要明确这样一点"教什么"要根据三方面因素来考虑。

一是汉语本身。汉语中哪些语法点是必须而且最急需教给学生的?

二是汉语(即目的语)和母语(如英语)在语法上的异同。汉语和英语在语法上的共同点在哪里?最主要的差异在哪里?哪些差异特别会影响学生对汉语的学习?

三是学生在学习汉语过程中出现的语法毛病。学生最容易、最经常犯的语法毛病是什么?

根据上述三方面因素,在"对美汉语教学"中,对于中英文里共有的语法现象,如典型的"主动—宾"句式(即"施动—受"句式),只需略为点一点就行了,不必多讲。有些语法现象汉语和英语不完全一样,但学生并不难掌握,如定语的位置,在汉语里定语都放在中心语前面,在英语里则定语有前有后,这种差异老师只需强调一下"请记住,汉语里的定语一律放在中心语之前"就行了,也不必花很多时间去讲解。再如,数的表达法、日期和地址的表达法等,中英文并不相同,但只要老师稍加指点,学生不难掌握,不怎么会出错。

我们认为,需要着重教的汉语语法现象主要有这样两类。

1. 汉语有而英语没有、美国学生又常容易出错的语法现象。譬如说,回答是非问句时,如果要先用"是"或"不"一类字眼儿作答时,在什么情况下用"是",什么情况下用"不",英语区的学生常常很糊涂,出错频率高,而且带有普遍性。

……(此处省略相关例证及说明)

上述"对是非问句的回答",在对外汉语教学中有必要讲清楚。再如,形容词谓语句,一般像"她非常漂亮(She is very beautiful)"这样的句子不会出错,但是,由形容词单独作谓语的形容词谓语句,英语区的学生往往使用得不好。因为他们不知道汉语里形容词单独作谓语的形容词谓语句都含有比较的意味。因此,英语里的"I am well.""He is good looking.""The apple is small."翻译成汉语时都不能直译为:"我好。""他好看。""这苹果小。"因为这些句子都含有对比的意味;而应该译成:"我很好。""他很好看。""这苹果很小。"这些句子中的"很"已不表示程度高的意思,只是为了满足语法上的需要。这里的"很"可看作是"很"的弱化用法。这种语法现象需要给学生讲。此外,如数量表达中量词的使用,动补结构、重动结构(如"看书看得很认真""玩儿扑克玩儿到夜里两点"）、主谓谓语句以及动词重叠式的使用等,都是英语区学生容易出错或不会运用的语法点,需给学生讲……

2.虚词。在任何语言里,虚词比实词少得多,但它在语言中起着"经络"的作用,其重要性大大超过实词。在汉语里,则占有更重要的位置,据不完全统计,外国学生所出现的语法错误,跟虚词相关的要超过60%。这包括"不该用而用了""该用而没有用""该用,但放得不是地方""该用这个虚词而用了那个虚词""句子里共现虚词不相配""没有满足所用虚词的特殊要求",等等。虚词之所以要重点讲,还在于虚词的"个性"很强,同一类的虚词用法上可以很不一样。因此,对于虚词,老师不能只讲类的特点(如介词,只讲整个介词类的特点),常用的、重要的虚词必须一个一个讲;而学生也不能一类一类地学,而一定得一个一个地学。而且,由于虚词的使用频率一般都比较高,而使用频率高的虚词往往是用法复杂的虚词,因此虚词的学习与掌握一直是对外汉语教学中的一个难点。汉语虚词,特别是一些常用虚词,如介词"把""对于""关于""比"等,动态助词"了""着""过",结构助词"的",以及语气词等,都应成为对外汉语教学中的重点。对于汉语虚词,我国虽然有悠久的研究历史,但许多虚词的用法至今没有研究清楚,特别像"的""了""着""把"……这个问题说明,我们以往的汉语语法研究对"的"的用法没有说清楚。这个问题提出到现在也已快20年了,可至今未见有人作出回答。

此外,常用的同义句式的比较,也应成为我们语法教学的一个内容。譬如说,"(他)看京戏去了"和"(他)去看京戏了"。前者是"VP+去",后者是"去+VP",二者意思似乎差不多。那么"VP+去"和"去+VP"是不是能任意换着说,如果不能,那么什么情况下该用"VP+去"的说法,什么情况下该用"去+VP"的说法,学生很需要知道,应该跟他们讲讲。再譬如,"拿出来一本书"(A 式),有时也可以说成"拿出一本书来"(B 式),有时还可以说成"拿一本书出来"(C 式)。这 A,B,C 三式是否可以任意换着说? 如果不能,那么 A,B,C 三式在使用上有什么规则和条件? 学生很需要了解这方面的知识,老师需要跟他们讲讲。

在对外汉语教学中,语法方面到底应教哪些内容,我们在这里只是提了些原则意见。在对美汉语教学中,一年级要教哪些语法点,二年级要教哪些语法点,三年级该教哪些语法点,四年级要教哪些语法点,总共需要教多少语法点,这都需要研究。这也是对外汉语教学中的基础研究内容之一。

三、怎么教

关于怎么教,在这里我只想强调以下两点:

第一点是,在初级阶段必须坚持随机教学,同时到一定阶段适当进行带总结性的、又有一定针对性的"巩固基础语法"(consolidating basic grammar)教学。

所谓随机教学,是说在学习汉语的初级阶段,汉语语法知识最好是通过课文、通过练习、通过讲解学生在练习或作文中出现的病句,进行有针对性的讲授,给予潜移默化的影响。关于对外汉语教学中的语法教学,先前大致有两种路子。一种路子是在语音教学阶段结束后就开始系统地向学生讲解语法,如20世纪50年代北京大学外国留学生汉语教材编写组编写的《汉语教科书》就是这样做的;另一种路子是在语音教学阶段结束后以课文为纲,每篇课文后附有该课文语法点的讲解,80年代以来的教材大多是这样做的。多年的实践证明,前一种路子效果不是很好,现在都不采用了。道理很简单,这种教学路子,语法教学量过大,难点太集中;再说,对一个外国留学生来说,汉语语法知识的获取与掌握,必须以一定数量的语言材料作基础。不掌握足够的语言材料,光听或光背语法条条,不能真正学到汉语语法知识,更不用说掌握了。而外国学生在初级阶段,汉语水平还很低,说话看书都还有困难,不可能掌握足够的语言材料,更不用说对汉语有什么感性认识了。在这种情况下,给他们系统讲授汉语语法知识,效果当然不会好。后一种路子比较符合我们一开始所说的"在一二年级初级阶段,语法教学不宜过分强调,更不能直接给学生大讲语法规则"的意见,带有"随机教学"的性质,不过要有所补充。第一,课文的选用和编排不能片面地决定于课文要教的内容(现在一般都是这样),而是应该按计划中所需给学生的字、词、语法点来编写和安排课文(现在基本上都不是这样做)。换句话说,课文中语法点的安排要有讲究。第二,到一定阶段有必要进行带总结性的、并有一定针对性的"巩固基础语法"教学,以便让学生把从各课文所附的语法点中学到的语法知识连贯起来,使之系统化……

第二点是,必须采取点拨式教学法。举例来说,我曾让英语区的学生把下面的英语句子翻译成汉语:

(1) Today it's a lot cooler than yesterday.

(2) This problem is much simpler than that problem.

很多学生翻译成:

(3) *今天比昨天很冷。 | *今天比昨天非常冷。

(4) *这个问题比那个问题简单极了。 | *这个问题比那个问题简单得不得了。

这当然错了。这种错误,在英语区学生中带有普遍性,我们需要结合这种病句给学生讲讲在"比"字句中表示程度的词语的使用问题。关于"比"字句中可以用什么样的表示程度的词语,不能用什么样的表示程度的词语,北京大学马真教授(1988)已经说得比较清楚。那么我们是不是就把有关"比"字句里使用表示程度的词语的规则全部给学生讲一遍呢? 不能,也不必要。"倾盆大雨"学生受不了,弄不好反而把学生搞糊涂了。这里只需要"就事论事"进行点拨,而且尽量少用语法术语。具体可以这样说:

汉语普通话里有一种"X比Y+形容词"的句子,一般叫"比"字句。例如:

①北京比洛杉矶冷。

②我比他高。

③北京比西安繁华。

④她比她姐姐能干。

这种"比"字句都用来表示两种事物(包括人在内)之间在某种性质上的程度差别的。因此如果需要在"比"字句里的形容词前面或后面加上表示程度深的词语,那么前面只能加"更"或"还",不能加"很""挺""十分"或"非常"等;后面只能加"多",不能加

"极""很"或"不得了"等。例如：

⑤a. 我比他更高。　　　　　　　⑥a. 北京比西安更繁华。

　b. 我比他还高。　　　　　　　　b. 北京比西安还繁华。

　c. 我比他高多了。　　　　　　　c. 北京比西安繁华多了。

　d. 我比他高得多。　　　　　　　d. 北京比西安繁华得多。

　e. *我比他很高。　　　　　　　e. *北京比西安很繁华。

　f. *我比他挺高。　　　　　　　f. *北京比西安挺繁华。

　g. *我比他十分高。　　　　　　g. *北京比西安十分繁华。

　h. *我比他非常高。　　　　　　h. *北京比西安非常繁华。

　i. *我比他高极了。　　　　　　i. *北京比西安繁华极了。

　j. *我比他高得不得了。　　　　j. *北京比西安繁华得不得了。

⑦a. 约翰比玛丽更聪明。　　　　⑧a. 她比她姐姐更能干。

　b. 约翰比玛丽还聪明。　　　　　b. 她比她姐姐还能干。

　c. 约翰比玛丽聪明多了。　　　　c. 她比她姐姐能干多了。

　d. 约翰比玛丽聪明得多。　　　　d. *她比她姐姐能干得多。

　e. *约翰比玛丽很聪明。　　　　e. *她比她姐姐很能干。

　f. *约翰比玛丽挺聪明。　　　　f. *她比她姐姐挺能干。

　g. *约翰比玛丽十分聪明。　　　g. *她比她姐姐十分能干。

　h. *约翰比玛丽非常聪明。　　　h. *她比她姐姐非常能干。

　i. *约翰比玛丽聪明极了。　　　i. *她比她姐姐能干极了。

　j. *约翰比玛丽聪明得不得了。　j. *她比她姐姐能干得不得了。

为什么形容词前后只能用"更""还"和"多"，不能用"很""挺""十分""非常"和"极""不得了"呢？因为"更""还""多"能表示比较，而且也都只用来说明两项事物之间的比较；而"很""挺""十分""非常""极""不得了"都不含有比较的意味。所以只有"更""还""多"能用于"比"字句来表示程度深。

这里，大家还要注意一点，那就是形容词后面加"多"跟形容词前面加"更"或"还"，在意思表达上还有些区别：如果强调 X 和 Y 都具有形容词所表示的性质，但 Y 在程度上要超过 X，那么就在形容词前面加上"更"或"还"；如果只强调 X 具有形容词所表示的性质，并不强调 Y 也具有那种性质，那么就采用在形容词后面加上"多"的办法来表示程度深。拿例⑤来说，a 句和 b 句在形容词"高"前面加"更"或"还"，意思是说，"我"高，"他"也高，但相比之下，"我"在程度上要超过"他"；而 c 句和 d 句在形容词"高"后面加"多"，意思则是说"我"高，而且在程度上超出"他"许多，但是"他"是高是矮，没有说明，不作肯定。其他例子也是这样。现在我们再来看英语的那个句子，只是强调今天天气冷，而且在程度上要大大超过昨天，而没有肯定昨天也冷，换句话说，昨天是不是也冷，并没有肯定，所以应把同学的病句改为例⑨或⑩。

⑨今天比昨天冷得多。

今天比昨天冷多了。

⑩这个问题比那个问题简单得多。

这个问题比那个问题简单多了。

以上所说,谨供参考。

在对外汉语教学中,不要大讲语法,特别是不要一条一条地大讲语法规则,而要善于点拨,这对一个汉语老师来说,要求不是低了,而是高了。这不仅要求汉语老师要善于发现并抓住学生在学习汉语过程中出现的带普遍性的语法错误,给予改正,而且要求汉语老师要善于分析学生出现某种语法错误的原因,要善于确定解决学生某个语法错误的突破口,要善于针对学生中出现的某种语法错误运用已有的研究成果来作出明确而又通俗的说明。要做到这一点不仅要求汉语老师要有比较扎实的汉语语法基础知识,而且还要求汉语老师自己要具有研究、分析汉语语法的能力……为了解决好汉语教学中的语法问题,除了参考现有的文献资料之外,很重要的一个方面,就是我们自己要注意从学生屡屡重犯的语法错误中、从学生的提问中去思索,悟出些道道来,并把它告诉学生,这样效果会更好一些。而在思索、考虑的过程中,要常常问自己:为什么? 是什么? 怎么样? 这就要求从事对外汉语教学的老师应具有发现问题、分析问题、解决问题的能力。

三、建议阅读书目

刘月华,潘文娱,故韡.实用现代汉语语法[M].北京:商务印书馆,2001.

马真.简明实用汉语语法教程[M].北京:北京大学出版社,2002.

吕文华.对外汉语教学语法探索[M].北京:北京语言大学出版社,2008.

张宝林.汉语教学参考语法[M].北京:北京大学出版社,2006.

罗青松.对外汉语写作教学研究[M].北京:中国社会科学出版社,2002.

叶盼云,吴中伟.外国人学汉语难点释疑[M].北京:北京语言大学出版社,2008.

卢福波.对外汉语教学实用语法(修订本)[M].北京:北京语言大学出版社,2011.

吕叔湘.现代汉语八百词[M].北京:商务印书馆,1980.

赵元任.中国语的文法[M].北京:商务印书馆,2011.

四、思考题

1.什么是语法教学?

2.语法教学主要有哪些基本内容?

3.如何进行语法教学?

第四节 语音教学

一、概 述

赵元任先生在《语言问题》中说过:"学习外国语的内容分成发音、语法、词汇三个重要的部分……发音部分最难也最要紧,因为语言的本身、语言的质地就是发音……"语音是语言的物质外壳,人类感知语言是从语音开始,学习一种语言也是从语音开始。作为语言的基础,语音的正确与否不仅直接影响语言的输出,同样也影响语言信息的输入、提取。因而打好汉语语音基础是语音教学必须完成的任务。

1.明确教学目标,谙熟教学思路

语音教学的目标是使学习者形成良好的语流表达能力,配合词汇、语法教学,最终使学生获得语言交际能力。围绕这一目标的教学,需要我们谙熟两种教学思路:音素教学和语流教学。

音素教学是指语音教学由学习声、韵、调开始,从单项训练逐步过渡到词语、句子和会话训练。这一思路是20世纪中期语音教学的主导思路,1958年出版的《汉语教科书》等教材皆据此思路安排语音教学。语流教学是指从句子开始,在会话中学习音素、纠正发音,把语音教学与词汇、语法和课文教学结合起来。这一思路始自20世纪70年代,《初级汉语课本》基本采用语流教学的思路。音素教学和语流教学各有特点,前者一般在教学初期有一个相对集中的语音教学阶段,循序渐进地进行声、韵、调等单项教学与训练;后者不设集中语音教学阶段,而更注重语音教学的长期性。相对而言,音素教学更利于学习者汉语语音系统的快速建立,语流教学更利于学习者汉语语音意识的快速培养。因此,音素教学和语流教学的有机结合才是科学的教学思路。

语音教学要走出一个误区,即重视音素而忽视语流。独立的音素、音节发音准确并不代表连词成句的准确、流畅,外国学生读单字音时准确、语流中跑调的现象十分常见。真正体现交际能力的是一种语言的语调,语调是动态的,需要在语流中学习和训练。汉语是声调语言,语调特点区别于大部分外国学生的母语语调,赵元任曾用"小波加大浪"的经典比喻,生动地说明汉语字调和语调的关系,同时也说明了其复杂性。广义的语调除了句调还包括以音高、音长和音强为要素的韵律等,这些内容都需要较长的训练时间。另外一种语言音感的培养也需要一定的过程,所以语音教学应作为一项长期任务,贯穿整个汉语教学的始终。

2.突出教学特点,把握教学原则

第二语言语音的教学特点在于注重语音能力、关注中介语语音系统、优化教学情境等方面,这些都会在教学原则中得到体现。

《国际汉语教师标准》提出的语音教学的基本原则,首先是注重针对学习者汉语语音学习中的问题进行语音教学;注重针对不同母语学习者的语音学习难点进行教学。确定教学难点的前提是明确教学对象,并据此进行"汉外"对比,把握学习者母语的语音特点。从20世纪80年代起,第二语言语音研究发展很快,实证和实验研究成为主流,由此带动了语音教学从经验型向科学型的发展。对比分析理论、偏误分析理论深化了汉语本体与习得研究,为教师确定不同学习者的教学难点提供了可靠依据。汉语中介语的语音研究,使不同母语背景学习者汉语音素的发音特点和韵律、句调的表现,都得到科学证明。中介语语音系统建构和发展的研究表明:学习者母语和汉语发音一致的音教学难度不大;学习者母语无而汉语有的语音项目教学难度较大;学习者母语与汉语相近似的语音项目从发音的准确性看教学难度较大。但对于初学者来说,近似的语音项目会使学习者更容易融入到学习的感觉中去。

其次,要求注重利用汉语发音原理的演示、描写与说明进行语音教学;注重利用多种手段展开语音教学。事实证明借助演示与说明等进行语音教学十分有效,它使抽象的知识变得更形象、直观,如日本学习者汉语高后元音 u 的舌位趋前,而高前元音 ü 又过于偏后,其"错位"的幅度可从元音舌位图中直接反映出来。传统的语音教学法中不乏简单有效的方法,例如手势法、夸张法、带音法等皆易行而实用,教学中有很好的效果。

再者,还要求注重语音教学中有意义、大量、多样的实际操练;注重语音教学中的实用性、交际性与趣味性。语音单项训练阶段以机械性训练为主,容易造成学习者的疲劳,如能合理地配以简单的词汇、语法教学,既增加了实用性,也避免了语音学习的单调、枯燥。如教声调时以"买"与"卖"对比,既突出了调型,也表达了意义。此外,还可逐步涉及一些短语、句子、儿歌练习,以增加趣味性。尤其是语流训练要尽可能创设接近自然的教学情境,加强语言与生活之间的联系,这才是有意义的操练,才能使学习者真正获得语言交际能力。

石锋现任南开大学教授,北京语言大学、中央民族大学特聘教授,美国明德大学暑期中文学院研究生课程教授,南开大学语言所所长,博士生导师。其主要研究领域为实验语言学、语言演化、语言接触与语言习得。

石锋教授从事实验语言学研究近三十年,带领南开研究团队在汉语的声调格局、元音格局、辅音格局和语调格局的声学实验和量化分析中取得大量成果,目前还在尝试从呼吸、眼动和脑科学的实验方面进行语言学探索。除了汉语普通话、方言和民族语言研究成果外,仅其在汉语作为母语习得和二语习得中的语音问题研究也有丰硕成果:中美学生汉语塞音发音研究,中美、中日、中韩、中俄学生元音发音研究,德国学生汉语塞音、元音发音研究,汉法中介语元音系统研究,英汉陈述句和疑问句语调研究,韩国学生汉语陈述句语调习得研究,二语习得和语言接触的关系研究等。

基于长期的汉语一线教学和实验语音研究,《汉语语音教学笔记》一文凝结了作者对汉语语音基本问题深刻的思考,阅读此文有助于我们理解《国际汉语教师标准》对教师基本能力的要求:熟练掌握《汉语拼音方案》,并能运用汉语拼音进行汉语语音教学。

二、原典选读

石锋:汉语语音教学笔记

　　本文原载于《南开语言学刊》2007 年 1 期（总第 9 期），同年收入崔希亮主编《汉语教学:海内外的互动与互补》（商务印书馆,2007-08）,后收入作者论文集《实验音系学探索》（北京大学出版社,2009）。文章就语音的两种分类原则,第一语言和第二语言语音的学习特点,汉语拼音和汉语韵律等问题进行了深入浅出的阐释。

一、语音的两种分类原则

　　语音按照音质的区别一般有两种分类,分类的原则各有不同。一种是依据人类发音生理的跨语言的一般分类,这就是分为元音和辅音。另一种是依据语音在特定语言的音节结构中的位次所作的分类,如,在汉语中就有声母和韵母的划分。这里所讲的位次,就是指具体语言的语音在构成的音节中所处的位置和次序。如,声母就是音节开头的辅音;韵母就是音节中声母后面的部分。这里都严格规定了它们各自的位置和次序。

　　汉语中元音和辅音没有位次的制约,声母和韵母有位次的制约。因此,在声母的位置上如果没有辅音音位就可以虚设空位,称作零声母。而元音和辅音却没有也不可能有＊零辅音、＊零元音的说法。有就是有,没有就是没有,用不着为它们虚设空位,因为它们不受位次制约。

　　如果一个音节只有声母部分,没有韵母部分,我们就叫它为成音节辅音,或者就叫声化韵。如,苏州话的 ŋ(鱼)、m(无)。声化韵实际就是零韵母。有的书上讲汉语音节其他成分都可以没有,只有声调和韵腹是不能少的,这种说法是不全面的,因此是不正确的。

二、两种语音学习的特点

　　第一语言的语音习得和第二语言的语音学习具有不同的特点,在我们的教学中应加以注意。本文把第一语言称为母语,把第二语言称为非母语。一般情况下,母语和非母语分别指这两种语言中的标准语。在实际生活中,母语应该更具体为一种语言的特定方言,我们可以称为母语方言。

　　母语的语音习得是在儿童时代源自生存必需自然进行的,依靠听觉进行模仿发音,从实际生活的听和说开始的。国外研究表明,婴儿虽然不会讲话,却对母语的语音特征（如:塞音的 VOT 表现）有听觉反应。母语学习的过程是先学会听说,后学习读写,也就是先说话,后认字。从具体的应用到抽象的理解,先学会发出语音的变体后归纳为语言的音位,也就是从实践到理论。因为母语的学习是从无到有,语言的发展和大脑的发展同时进行,所以习得的母语语音系统性较强。

非母语的语音学习是在学校中出于社会要求自觉选择的,主要借助视觉符号(如:字母、文字、注音字母、汉语拼音等)进行认读,辅以模拟情景的会话练习。非母语学习的过程一般是先学习读写,再练习听说,也就是先认字,后说话。从抽象的理解到具体的运用,先了解语言的音位后练习音位变体的发音,也就是从理论到实践。由于非母语的学习有母语迁移作用的影响,个人的条件又各不相同,因此学习的非母语的语音系统性不强。

三、汉语拼音的性质

我们可以用国际音标来跟汉语拼音对照。国际音标是一套记音符号,用来记录和描述人类各种语言中的语音。它的记音原则是符号跟语音一一对应:每一个符号记录一个语音,每一个语音用一个符号来记录。汉语拼音则与此不同,它是一种注音拼写符号,而不是记录语音的符号。在一定意义上汉语拼音相当于一种汉字的罗马字母转写。它可以提示发音,而不是发音的记录和描述。另外,汉语拼音跟汉语语音之间并不是一一对应的。

国际音标主要应用于语言学和语音学的学术领域;汉语拼音则是超出学术的层面,更多地考虑社会的应用。下文中用[ ]表示的国际音标是音位变体,用//表示的国际音标是音位,二者都没有的罗马字母就是汉语拼音。

汉语拼音的制订除了基本上依据音位学原则,还考虑到文字学原则。音位学原则是主要的依据,汉语拼音不是像注音字母那样划分为声母、介音和韵,而是按照元音和辅音划分音位。如,把在不同语音条件下的音位变体[a、ɑ、A、æ]合并为一个音位/a/;对于分别出现在不同声母后面的[i、ɿ、ʅ]选择 i 为代表字母,这也是一种音位的归并。

文字学原则是为了手写的方便和辨识的简捷,如,把 iou 写为 iu,把 uei 写为 ui,把 ien、ieng 写为 in、ing,都是为了书写简单;把 au 写为 ao 是为了容易辨识。不能认为一定要按照写出来的字母去念,一点儿也不许走样。有的老师还专门训练怎样发出 in 而又不会在中间带有央元音,这就有点儿好像是胶柱鼓瑟了。

感觉到的东西不一定能正确理解,只有理解了的东西才能更深地感觉它。语音教学也是如此,会说一种语言并不一定就能很好地教这种语言。

四、声母问题

汉语普通话中的塞音和塞擦音有系统的送气—不送气的区分。很多外国语言中是有清浊的区分而没有送气与否的区分。例如,英语、日语都是如此。不论是中国人学外语还是外国人学汉语,都要注意不能把清浊区分跟送气与否混淆起来,这在语言习得中叫作母语迁移。

汉语拼音中用 b、d、g—p、t、k 来表示塞音声母。这也就是用一般在外语中表示浊音的字母来标示不送气音;用一般在外语中代表清音的字母来标示送气音。外国学生学习这些发音的时候,不仅需要在发音上摆脱母语迁移的影响,还要注意在视觉上克服对这些字母的原有发音习惯。因此,在教学中存在着两重障碍。有的老师让学生用一张薄纸放在嘴唇前练习发出送气音,这是一种简单有效的方法。(图一)

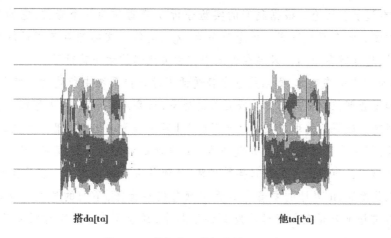

搭da[ta]　　　　　　　　　他ta[tʰa]

图一　不送气音跟送气音的语图对比

零声母从音位上说是一个空位,但是实际发音并非一无所有,它有具体的音值:[ʔ、ɦ、j、w、ɥ]。什么时候发哪个音,是跟后面韵母的结构相关联的。后面是开口呼韵母的时候,零声母的发音就是[ʔ]或者[ɦ];齐齿呼韵母前面的零声母发音是[j];合口呼韵母前面是[w];撮口呼韵母前面是[ɥ]。

普通话声母有舌尖前音和舌尖后音之分。舌尖前音 z、c、s 又叫平舌音,发音的时候成阻摩擦的部位在上齿龈前部,舌尖和舌面是平的。舌尖后音 zh、ch、sh 又叫翘舌音,发音时成阻摩擦的部位在上齿龈后部,这只有舌尖翘起来才能做到,舌尖跟舌面形成凹槽,并且舌背跟下腭之间会有一定的空隙,形成舌下腔。(廖荣蓉,1994)(图二)

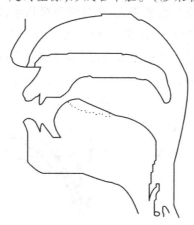

图二　翘舌音的发音状况

很多人把翘舌音说成卷舌音。其实叫翘舌音还是卷舌音对于中国学生来说可以是无所谓,对于外国学生却很有不同。卷舌音的名称容易产生误导,让人以为真的是要把舌头卷起来才能发音,也确实有相当的外国学生是如此发音的。因此有必要把卷舌音的说法改一下,一律称为翘舌音,以便跟实际的发音相符。外国学生的表现常常使我们检讨自己汉语的认识是否符合实际,教学是否正确合适。日母字的音值问题也就是 r 声母的发音,曾有过很多讨论。根据我们的实验分析,r 声母作为一个音位,它的变体较多,因发音人和发音状态而有不同。单念时多为[ʐ],类似上文的翘舌音声母的发音,只是要声带振动;连读时多为[ɻ],只要在语流中有舌尖翘起的动作就行了。

r 声母可以有较多变体,原因是它在普通话声母音位系统中所处的独特位置。它在发音方法和发音部位上都没有对立或互补的对象,只要声带振动,舌尖翘起,就能跟其他声母区分清楚。最好的处理方法是把 r 声母跟 l 声母合为一组叫通音。其实二者发音确有相近之处:都是舌尖翘起,只是程度不同。r 声母是舌尖向齿龈翘起,但不接触,气流从口腔中央出来;l 声母是舌尖翘起接触齿龈,气流从舌头两侧出来。在这里还可以把 n 声母加进来作对比,n 声母的发音也是舌尖翘起接触齿龈,不同的是气流从鼻腔出来。难怪人们常常把 r 声母跟 l 声母的发音混淆起来,还有不少把 l 声母跟 n 声母混淆的情况。

这里顺便可以举出韵母/ɣ/和/ɚ/,它们的发音跟 r 声母有相同之处,都是舌尖要翘起来,舌背离开下腭,发音就成功了。当然/ɚ/还需要一个动程,实际是带一个 r 做韵尾。儿化韵也就是用 r 做韵尾,发音跟韵母/ɣ/ 和/ɚ/ 动作一样。

五、韵母问题

单韵母就是韵母中只有一个单元音。普通话中有多少个单韵母? 一般书上都讲的是 10 个单元音:/i、u、y、ɣ、ʅ、a、ə、o、ɛ、ɚ/。这里需要对其中的 3 个元音 ê[ɛ]、o[o]和卷舌元音 er[ɚ]作一些讨论。

汉语的语音形式可以分为单字音、派生音、边际音三种。(王洪君,1999)北京话中的元音 ê[ɛ]作单韵母时只出现在象声词、语气词和叹词中,属于边际音,所以不进入语音系统。元音 o 独立成音节时也是只在象声词、语气词和叹词中出现,应为边际音。在跟非唇音声母相拼合时,带有介音 u,写成 uo,实际发音是[ɛə],不是单韵母。在跟唇音声母相拼时,只写出 o,没有写出介音,然而由于唇化作用的影响,实际发音是[ɛə],跟非唇音声母后面的 uo 发音一样,因此也不是单元音。(图三)

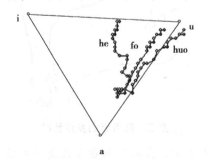

图三　韵母 o、uo 和元音/ɣ/的声位图比较(石锋,2002)

卷舌元音 er/ɚ/有两个变体,实际发音是[ər](儿)或[ɐr](二),可以认为是带有卷舌韵尾,因此不属于单元音。分析语音格局首先要以单字音为依据,对于派生音和边际音应另作分析。这样,普通话的单元音就是/ʅ,ɿ,i,u,y,a,ɤ/七个。(图四)

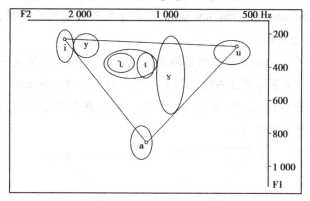

图四 普通话单元音声学位置图(石锋,2002)

这里还需要说明,/ɤ/元音的发音具有明显的动程。从图三中可以看到,/ɤ/元音的发音大体是从[ɯ]到[ʌ]的滑移,动程距离之大,超过有些复合元音,然而人们在习惯上还是把它认作单元音。我们可以称它为具有游移性的元音,在教学中要特别加以注意。

汉语拼音字母 i 可以代表三个韵母:/i,ʅ,ɿ/。普通话中它们与声母拼合关系是互补的,可是在外语中并非如此。因此在对外国学生教学时要特别强调,不要一见到 i 就都读为[i]。

复韵母可以分为韵头、韵腹和韵尾三个部分。下面我们分别进行讨论。首先来看韵头。只有/i、u、y/三个高元音能够充当韵头,韵头又叫介音。韵母按照介音的不同划分为四呼:开口(无介音)、齐齿(i-介音)、合口(u-介音)、撮口(y-介音)。汉语拼音跟四呼有不一致的地方(王力,1979),需要加以说明。ong 和 eng 的读音都是[uəŋ],二者各有用途。单独做零声母音节的时候用 ueng;跟声母拼合的时候用 ong,可以节约字母。这样一来,就使人觉得好像是两个不同的韵母,一个是开口呼,一个是合口呼。与此相联系的还有韵母 iong,本来应该念作[yəŋ],属于撮口呼,可是拼音写出来却是一个齐齿呼的形式。以上都可能给外国学生的学习带来疑惑。这两个韵母的介音在注音字母中就没有改变四呼,可以参照:

$$* 开 \quad ong — iong \quad *齐$$
$$合 \quad ㄨㄥ \quad ㄩㄥ \quad 撮$$

其次来讨论韵腹,韵腹又称为主要元音。能充作韵腹的元音音位有/i、u、y、a、ə/。韵母 ie、üe 中的 e 念为[ɛ],是/ə/的一个变体,有游移性,实际发音是[eɛ]。韵母 ou 的实际发音是[əu],其中 o 念为[o];iou 就念为[iəu]。韵母 en、eng 中的 e 念为[ə],都是/ə/的变体。

汉语拼音中有些为了节约字母而把韵腹省略掉的情况,如:ien—in,üen—ün,ieng—ing,这些韵母不论是在零声母音节中还是跟其他声母拼合时都不写出韵腹;还有 uen—un,iou—iu,uei—ui,这些韵母只在零声母音节中保留韵腹,在跟其他声母拼合时不写出韵腹。有的学者把 in、ün、un、ing、iu、ui、ong 中前面的元音当作韵腹,这是误解汉语拼音的用意。其实,汉语拼音是为了书写方便明了而作了简略和改动。这些韵母的实际发音应该分别是[ən、yən、uən、iəŋ、iəu、uəi、uəŋ]。在分析音节结构的时候,应该把韵腹的元音字母补写出来才是正确的。

有的学者认为韵母 üan、ian 中的韵腹元音发音是[ɛ],这其实是一种主观推测。实际发音应该是[æ]。(王福堂,1995)在图五中可以看到韵母 üan、ian 中的 a 跟 uan 中的 a 元音发音位置极为相近,是在[æ]、[ɑ]之间。因此,在音位分析中,这里并不存在/a/跟/ə/之间的音位交叉或重叠。

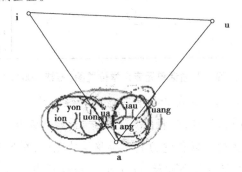

图五 ian、üan 中的元音位置图(石锋,2002)

最后讨论韵尾的问题。普通话中能充作韵尾的音位有/i、u、n、ŋ/四个。其中[au]韵母写为 ao,上文已经讲到,不再赘述。鼻韵尾-n 和-ng 在教学中是个难点。特别是对于日本学生来说,由于受到母语的影响,不能正确地区分这两个韵尾的发音。因此要强调它们之间的不同点:在发-n 的时候,舌尖抵下齿背;在发-ng 的时候,舌尖抵住舌蒂。因为是韵尾,在音节结束的位置,所以连读中常常发音不到位。元音韵尾-i、-u 可以只是趋近于 i、u;鼻韵尾-n、-ng 可以口腔闭塞鼻腔打开发成鼻音,也可以口腔不闭塞鼻腔也打开发成鼻化音。

六、声调和变调

汉语是声调语言,正确掌握声调的发音至为重要。洋腔洋调的表现主要就是声调的发音问题没有解决好。普通话有四个单字调:阴平、阳平、上声、去声。轻声只在连读中出现,不能算为独立的单字调。根据我们最近的大样本实验统计(石锋,王萍,2005),这四个声调单念的时候,调值分别是 55、35、213、51。上声读为 214 的很少。

上声在教学中比较费力。在连读中,处于不同的语音环境下它的调值稍有不同。在前字时多是 211,在后字时多是 212。很多人为上声教学献计献策。我们曾经建议教学时是否可以只教 212 的念法。这样费力少,效果好。如果按照声调特征的"高、升、低、降"来教留学生学习阴平、阳平、上声、去声的发音,效果会更好。

普通话的连读变调主要是上声相连时前字变成阳平的变调。有的学者认为不是变为阳平,而是变为一种"直上"调,不同于阳平。王士元(1967)曾经用听辨方法证实,北京话的"有井—油井""起码—骑马"等"上—上"跟"阳—上"组合的发音不存在音位的区别。因此没有必要再提出"直上"的调值,徒增学习的负担。

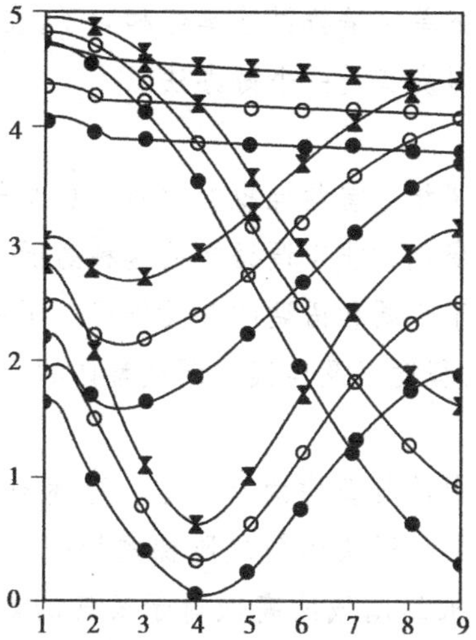

图六　北京话单字调的统计分布(石锋,王萍,2005)

多个上声连读的时候,在边界前的上声可以不变调,如:好/厂长,"好"字不变调。同是边界前的两个字形成连读组,前字多要变调,如:买/好/雨伞,"买"字变调。(吴宗济,1985)需要强调重读的字音一般不变调。

去声相连的时候,前字变为半去,就是只下降一半。赵元任曾经提出,前字是读成小51,后字读为大51。这样解释"去去相连"的变调很适合,但是如果推广开去就会带来一些不好解决的问题。如:其他声调的组合也有前字调域小于后字调域的情况,也还有相反的情况,该如何分析为好?缩小的调域是在大调域的上部还是在下部?其他方言中各种变调如何描写?因此,我们的想法是假设连读组内部调域相同,这样分析说明起来比较简便。

七、轻重音

一个字的声母、韵母、声调都学会了,这只是汉语语音学习的第一步。可以说单字音的学习是静态的发音,只是汉语语音学习的初步基础。单字音进入话语之后发音是要有变化的,正如我们念英语单词的发音跟听它在说出的句子中的发音有变化一样。重要的是连读话语中的发音,掌握动态的汉语发音,这才是学习的目标。连读当中要注意的几种语音现象,除了前面讲到的儿化和连读变调之外,还有轻重音和语调的问题。

汉语普通话两字组的重音模式可以有三种:中重、重中、重轻。语音轻重的区分主要是在音长、音强、音高方面的差别。轻声的发音常常会伴随有音色的差异。汉语的轻重音与非声调语言的外语中的重音表现不同,重音的声调调型要较为饱满。音长、音强、音高三者或互补,或相伴,起到区分轻重的作用。(吴宗济,2004)

重中和重轻之间并没有一个截然的界限,大体可以依据调型的保留程度来划分。轻音就是完全失去了原来声调的特征,成为一个轻而短的调子。真正以轻声字来区分意义的例子并不多。哪些词是读为中重,哪些词读为重中,一般是根据说话人的语感习惯。

有的词单念是中重,在句子里就成为重中。因此不同的人研究的结果各不相同。

在教学中我们提倡尽量把单字编排进连读组和句子,在连读组中来教发音。通过连读组和句子的模仿训练来学习发音是一个好办法。

八、语调问题

汉语的语调跟外语的语调相比有共性也有个性。(林茂灿,2002)人们在讲话时,句子的音高总是有升降起伏的变化。非声调语言的这种高低起伏就是语调的直接表现;汉语句子音高的起伏变化包含了声调和语调的共同作用。研究表明,汉语语调的本质是调域的变化,也就是音高起伏的程度以及连读组调域整体的上移抬高或下移降低。(沈炯,1985;石锋,1999)

陈述句和疑问句是语调中最典型的两个类型。陈述句的调域是从开头到句尾阶梯式下降。一般疑问句的调域是从开头到句尾阶梯式抬高。带有疑问词的特指疑问句的语调则是跟陈述句相似。句末的调域的高低对于语气的表达具有重要的作用。(胡明扬,1987)

在话语连读中,单字调的调型只是在语句重音位置上才保持得比较完整,其他位置上的字调多是只留下高低升降的特征,有些非重音的调型会成为"过渡调"按照"跳板规则"发生变读。(吴宗济,1985)这就是一个音节的声调在前字调尾和后字调头的影响下,发生的同化现象。"跳板规则"是一种形象的比喻,好像搭在船舷和岸边的一条跳板,两头分别根据船和岸的高低不同而改变跳板的角度。"这一规则适用于所有两音节间语音学变调的过渡分析。"(吴宗济,2004)我们在汉语口语教学中,要指导学生对于过渡调的现象充分给予注意。

语调的因素还有说话的快慢和节奏、句中的停顿和抑扬。语调的作用除了表现语气还要传达感情。因此,这些韵律特征的运用具有很大的相对性和灵活性。一定要留学生多多进行模仿训练,多听多练才能习惯成自然,改变洋腔洋调的夹生汉语。

九、结语

在对外汉语语音教学中,我们深深体会到,外国学生的第一位汉语教师对他们的正确发音有重要影响。有时学生的发音偏误可以从教师的语音教学中找到原因。因此我们教师一定要从教学的实践中学习和思考,不断提高语音学素养。

语音教学应该贯穿对外汉语的语言学习全过程。(林焘,1996)不能只是在开始时教会二十几个声母,三十几个韵母,四个声调,然后就束之高阁。在教学中纠正学生的语音错误应该比纠正他们的语法错误更为及时。对于声调教学应该比声母和韵母的教学更为重视。

训练学生在连读话语中的发音对于改变洋腔洋调非常重要。鼓励学生多听多说,模仿训练,是好办法。适当选些优秀的范文和诗歌,让学生朗读、朗诵,可以使他们增加对于汉语韵律特征的运用能力。

向外国学生教汉语拼音时,一定要对于其中的非语音学部分认真加以说明,并切实给予解决。这一点已经为越来越多的对外汉语教师所认识。对外汉语的语音教学应该有不同于对内汉语语音教学的体系和要点。赵金铭(1985)曾提出一套很有创意的对外汉语教学用的简化音系。我在这里稍加修改,作为本文的结束,向各位师友推荐。

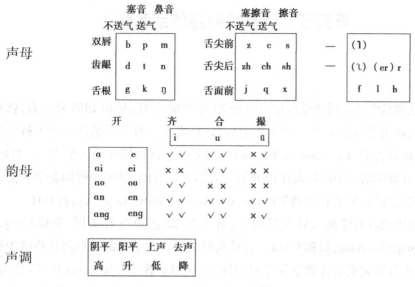

对外汉语简化音系

三、建议阅读书目

石锋.实验音系学探索[M].北京:北京大学出版社,2009.

石锋.语音平面实验录[M].北京:北京语言大学出版社,2012.

石锋.语音格局[M].北京:商务印书馆,2008.

孙德金.对外汉语语音及语音教学研究[M].北京:商务印书馆,2006.

毛世桢.对外汉语语音教学[M].上海:华东师范大学出版社,2008.

李晓琪.对外汉语口语教学研究[M].北京:商务印书馆,2006.

柯传仁,黄懿慈,朱嘉.汉语口语教学[M].北京:北京大学出版社,2012.

四、思考题

1.语音教学有哪些主要内容?

2.如何进行语音教学?

3.如何评价现有的汉语国际语音教学?

第五节　计算机网络辅助教学

一、概　述

计算机辅助教学的发展历史可以追溯到 20 世纪 60 年代,早在 1955 年左右,就有人开始将计算机应用于教学上了。1958 年前后,计算机辅助教学开始进入理工科大学课堂,美国伊利诺斯大学(University of Illinois)是最先从事这种研究的大学之一。1965 年之后,计算机在教学活动中的巨大作用开始被人们承认,计算机用于辅助教学的活动也被更广泛的定义为"计算机辅助教学(Computer-Assisted Instruction)",简称 CAI。

计算机辅助语言教学同 CAI 发展同步,始于 20 世纪 60 年代美国,全称 Computer-Assisted Language Learning,简称 CALL。计算机辅助语言教学指的是利用计算机为媒介及辅助工具,更好地完成语言教学和学习的任务。CALL 教学专家 Levy(1997)认为,凡是在语言教学与学习过程中使用了计算机进行研究或学习的行为都可以称为 CALL。虽然中国在这一领域起步较晚,但是改革开放 30 年来也取得了不少成就。

CALL 的发展主要分为三个阶段,第一阶段从 1979 年到 1993 年,以行为主义理论为基础,被称为试听电教阶段。这一阶段可以称为 CALL 的萌芽期。这一阶段以传统教学媒体为主(纸质教材、黑板和粉笔),辅以视听媒体,包括幻灯机、投影机、录音机和磁带。可利用的资源也不多,多局限于广播和电视外语节目和学校的传统语音实验室。第二阶段从 1994 年到 1999 年,这一阶段以认知心理学为主流,信息加工理论和联结主义为辅助的理论基础,被人们称为计算机工具辅助阶段。这一阶段也是 CALL 的探索阶段。计算机技术和多媒体技术的进步使得外语教学中的媒体和资源逐渐丰富。除传统的教学媒体外,计算机作为最重要的教学媒体走上了外语教学的舞台。在语言教学过程中,计算机可以用来传授知识、组织操练、解答问题、考核成绩、提供交际情景,甚至可为学生提供多样化的语言活动,以确保学生不同的学习方式和学习需要。可利用的教学资源除上述第一阶段的录音及音像磁带资料、广播和电视节目外,光盘作为另一个承载影像资源大大提高了声音和图像的质量。并在此基础上开发形成了各类外语教学软件,传统的语音教室也随着技术的成熟和资源的丰富,装备成计算机的多媒体语音室,功能大大增强,教学效果日益显著。第三个阶段是从 2000 年到 2008 年,这一阶段是多媒体网络整合阶段,也是 CALL 趋于成熟的阶段。这一阶段主要以人本主义理论、建构主义理论为基础。教学设计中充分利用计算机技术,为外语学习营造良好的学习环境。在数字化、网络化、多媒体化、智能化、信息化教育技术支持下,教学媒体向纵深发展。在多媒体的基础上出现了超媒体(hypermedia),它把各种媒体有机地结合起来,使学习者轻轻点一下鼠标就可以链接到要学习的内容。互联网为语言教学提供了丰富的资源,丰富了教学的内容。

同时,伴随网上即时通信技术的进步,在线实时异地的交互得以实现。网络和交互性成为这一阶段教学媒体最大的特点和优势。学生不仅能与教师进行互动,还能与其他学习者进行互动,互动的过程就是学习的过程。

另外,网络为外语学习提供了最新的与实际、与社会相接轨的学习资源。专题学习网站和多媒体网络课程等提供了系统化设计的集成学习资源。纵观计算机辅助语言教学历史,在中国国内还属于新兴的发展阶段,有许多领域并不成熟,还需要广大学者、研究者进一步努力才能使这个学科更加繁荣。

二、原典选读

Zheng-sheng Zhang:
CALL For Chinese-Issues And Practice

此篇经典文献选自美国中文教师协会期刊 *Joural of the Chinese Language Teachers Association* 1988 年第 1 期,是加州大学圣地亚哥分校美国著名华人学者张正生关于 CALL 针对汉语的一些实践问题的一些探讨。文章分为七个部分,第一部分是介绍文章大概内容。第二部分讲的是语言教学,从教学的方法,交互作用,实践的重要性和以学生为中心的教学及其积极作用这几个方面展开论述。第三部分讲的是计算机技术在教学中的优势和劣势。第四部分讲的是计算机技术是如何辅助教学的,分析了计算机技术在辅助教学过程中的不平衡现象、计算机技术、教学和语言三者之间的关系。第五部分讲的是计算机辅助语言教学的进一步的应用,从因特殊目的学习汉语的学习者和不同背景的学习者运用计算机技术学汉语,营造方便的学习环境和作为研究探索工具的角度来说明计算机辅助语言教学的重要性。第六部分讲的是计算机辅助语言课堂教学的一些特殊的问题。从学生选择、排序和控制学习进程、对计算机技术应用和理解的描述、在实践方面接收技能和创造技能的优势以及 CALL 的缺点等几个方面进行了阐述。第七部分讲的是从技术工程角度来描述 CALL 的优点,其中分别讲述菜单、工具栏、导航的用处以及在线求助、对于术语的认识,综合性软件以及更加个性化的平台等方面。总的来说,张正生教授是早期研究计算机辅助语言教学的留美学者之一,这篇文章并不是讲述 CALL 的历史而是对于当时 CALL 所面临的问题进行了阐释,回答了诸如 CALL 的优势和局限,计算机技术如何辅助教学,哪个领域最适合计算机辅助教学,现有的计算机辅助汉语教学软件的优点和缺点、接下来我们需要做哪些研究等问题。此文章从多角度多方面介绍了计算机辅助语言教学,为读者拓宽了视野,加深了读者对 CALL 的理解。

1. Introduction

The purpose of this article is not to provide a comprehensive survey of the history of CALL(Computer-Assisted Language Learning) for Chinese. A survey of that nature, for work up to 1993, was undertaken by Yao (1996, written in 1993) and Mowry (1997). Nor is the main purpose of the article to critique individual CALL programs. Yao (1996) and Chu (1996, unpublished, parts available on-line at http://philo. ucdavis. edu/CHINESE/online. html) provide detailed reviews of many such programs. Apart from avoiding duplication, there are two more reasons for not attempting a comprehensive survey and review here. The recent proliferation of CALL programs for Chinese, developed both in and outside of China, has made such a task a very difficult, if not impossible, undertaking. But the more important reason is the noticeable lacuna in the literature, i. e. , a general discussion of the issues and practice in the use of computers for teaching Chinese. The present paper aims to fill this gap.

In recent years, with the escalating development in computer technology, great many CALL programs have been produced. Facing this sudden deluge of CALL titles students and teachers are likely to wonder: How effective are these programs? How worthwhile is it to spend time and money on them? How do we choose among so many offerings? Having invested much time and effort and come to the sobering realization that their labor of love may not have always worked miracles, CALL developers (including the present author) may also ask themselves: Have the initial promises of CALL been realized? How do we improve? Is there any untapped potential left in CALL?

The time has come for a critical appraisal of the state of CALL for Chinese. In this paper, we would like to address the following general questions:

What are the strengths and limitations of CALL?

To what extent has computer technology served language pedagogy?

What areas have been best served and which areas can be better served?

What are the strengths and weaknesses with current CALL programs for Chinese?

Where do we go next?

Although the present article is organized by themes rather than by chronology or product, the general discussion will be accompanied with examples from a number of CALL programs available to the present reviewer at the present time:

1. *ABC Interactive Chinese*

2. *Chinese Character Tutor*

3. *Chinese Express*

4. *Hyper China*

5. *Hyper Chinese (the pronunciation modules)*

6. *PinyinMaster*

7. *Professional Interactive Chinese*

8. *Step into China*

9. *The Rosetta Stone*

10. *Wenlin*

Although it may not be possible to form a coherent picture of a particular product from the scattered pieces of commentary on its strengths and weaknesses, the particular format adopted here does allow us to gain a broader perspective, as well as maintaining out thematic focus. At the risk of incompleteness, the ten programs will be briefly described and evaluated in the appendix to the paper.

The organization of the paper is as follows: In section 2, some of the basic pedagogical assumptions will be given. In section 3, strengths and limitations of the current technology, as it applies to language learning, will be identified. Section 4 discusses the relationship between technology and pedagogy by pointing out some observed asymmetries and problems in current CALL applications. Section 5 suggests some uncommon but potentially useful CALL applications. Section 6 delves deeper into some specific issues relevant to the major aspects of language instruction, i. e. , material selection and sequencing, presentation, practice and feedback. Section 7 addresses the various aspects of ergonomics, including navigation, help, terminology, integration and personality.

The three features of the computer technology that are relevant to the presentation phase of the instructional cycle are multimedia, easy access and timing control. We will now examine the application of these three features in turn.

Multimedia presentation, which render CALL programs far superior to conventional textbooks, have been used to various extent in all CALL programs. All programs mentioned in this paper feature digital audio. Half of the programs (*ABC*, *HC*, *PIC*, *SC*, *WL*) feature animated demonstration of character writing. *ABC*, *PIC* use animation and *PM* uses movie clips to demonstrate the production of speech sounds. *WL* uses still graphics to show character shapes at various historical time periods. *TRS* depends solely on graphics to convey meanings. But despite the potential presentational advantages of CALL programs, the basic format of presentation remains similar to conventional textbooks. In most of the programs referred to in this paper, the initial presentation is still done mostly with the written form, either in romanization or in Chinese script. Meanings are also mostly conveyed with English glosses.

Why is it a problem to present with the written form? Most importantly, speech is primary while writing is secondary. The question is not whether written representation should be used but when to introduce the written form relative to the spoken form. With a human teacher, the spoken form can be introduced before the written form; in a conventional textbook, the spoken form cannot be presented without the written form. But there is no need for CALL programs to put up with the limitations of the print medium. As programs already provide audio along with the written form, it is then just as easy to present the spoken form without the written form. One program that does allow audio-first presentation is *TRS*, which clearly separates text and voice and offers all the possible combinations, such as text with voice, text without voice and voice without text. The second problem with pure written presentation is the assumption of literacy, which cannot always be made. So if someone does not know romanization or characters, it does not mean that s/he does not know how to speak, and vice versa. This realization can be especially important in a testing situation, where the validity of the test can be compromised by a mixing of skills.

The problem with the exclusive use of English glosses to convey meaning is that it is indirect as well as possibly misleading. Admittedly, CALL programs are not particularly worse than conventional textbooks, which do the same thing. But CALL programs can have many more resources than a conventional textbook. A more direct mode of presentation, especially for concrete vocabulary, is eminently possible. An early program developed by Yao and Mowry, modestly named *Miss Li* and *Mr. Wang*, uses simple animation to teach the action verbs for dressing and undressing. Of the programs mentioned in this paper, *TRS*'s conveying of meanings is exclusively with pictures. *PIC* uses pictures to convey meanings in both the flashcard stack and the interactive vocabulary builder.

The easy access allowed by the computer has a number of desirable consequences for presentation. It allows instant retrieval of help for pronunciation and comprehension, with the simple "when in doubt, click" format. We can thus avoid the preteaching of vocabulary, which is out of context and can miss the targat altogether due to individual differences in learner backgrounds. The easy availability of help also enables, paradoxically, the option of hiding the help initially, hence making it possible for the learner to challenge themselves. Furthermore, since every grammatical and vocabulary item in a lesson can be linked to a shared pool of glosses and explanations, an extreme form of redundancy and recycling is possible. This redundancy and recycling further encourages learner-choice in lesson selection and sequencing.

The programs reviewed here make use of the easy access feature to various extents. For example, while *ABC*, *HC*, *PIC* and *SC* opt to present part or whole of a dialog on the screen, *CX* presents it one sentence at a time, in a sequential fashion. Obviously, it is harder for a *CX* user to locate a particular word or sentence. While most programs do not pre-teach vocabulary, *HC* presents the vocabulary separately, before the dialogs, thus taking the vocabulary out of context and making it hard to provide help for every linguistic item in the dialogs. While *SC*, *ABC* and *PIC* provide on-line vocabulary and grammar explanation only when requested, *HC* uses such optional on-line help for grammar only and opts to provide glosses to words and sentences obligatorily, thus missing an opportunity to challenge the learner. Programs also differ in exploiting the maximum redundancy the easy access feature makes possible. With no graded lessons of its own, *WL* has to provide instant lookup to every word and character. Though their vocabulary help is a bit hard to use, *ABC* and *PIC* also provide glosses for every character and word in the text. *SC*, however, provides vocabulary help for only pre-determined new words and expressions. By having pre-determined vocabulary for every lesson, *HC* also does not provide maximum redundancy.

Timing, impossible to do in a printed textbook, has been used in some CALL programs. Users of *CCT* can opt to incorporate delay of different amount in the presentation of audio, text or characters. It too uses user-selectable time limit in its tests. In its vocabulary drills, *HC* uses delay in presenting the audio or the written form. The use of delay introduces the element of challenge without actually turning it into a test.

Comprehensibility should be the most important consideration in presentation. Help in this regard can also be inadequate. In its presentation of dialogues, *CX* gives glosses only to the whole sentence, having no explanation for the meanings of words and phrases. While this may be justifiable for *ABC*, whose audience is Chinese speaking children with no problem in comprehension, it would not be for *CX*, As Chu (1996) noticed, *HC* provides English translation of only whole passages in the extra readings. In their presentation of dialogs, *HC* and *SC* provide glosses for only the vocabulary items that the programs consider new for the current lesson. No redundancy is provided. This will be justified only in the unlikely scenario that the course is followed sequentially, the student backgrounds are uniform and students can learn new material with just one exposure.

However, it should be pointed out in this connection that although most CALL programs assume, as most textbooks do, the explicit presentation of grammar and vocabulary, it is by no means the only option. A program that teaches grammar and vocabulary implicitly by induction is *TRS*. In the whole course, no grammar and vocabulary is identified and explained. To enable induction, *TRS* relies heavily on minimally contrasting sentence groups and still pictures, which are designed to show the patterns of grammar, as well as the meanings of vocabulary items. Certainly viable as an option, the implicit and inductive approach to presentation requires careful planning of the text, which otherwise can become unnatural as well as incomprehensible.

Another problem leading to incomprehensibility is to take zi, unit of the written script, rather than ci, unit of the spoken language, as the basic unit to construe the sentence meaning from. As Chu (1996) observed repeatedly in a number of programs she reviewed, characters, rather than words, are often assumed to be lexical units in that only characters are given meaning glosses. Computerized flashcards, which are quite popular, are often character-based as well. Of course, conventional textbooks are often no better. The problem with this practice is that the meanings of characters, if existent at all, are often not related to the meanings of larger combinations in a compositional manner. A more linguistically informed practice would be to take ci as the units of vocabulary and character meanings would be mentioned, if at all, only for the purpose of etymology and relating groups of words for better retention. The programs mentioned in this paper vary greatly in this regard. Even though word meanings can be obtained *ABC* and *PIC* seem to accord more importance to the character. While *CCT* does not teach all aspects of characters (leaving out such a crucial feature as the animated demonstration of character writing), it gives as much weight to words as to characters. While correct in practice, *SC* is often mistaken in its terminology. *WL* should be commended for its two tiered solution. Its database includes information on both zi and ci. But for its default instant lookup mode, the meanings of compounds are given first and the user can further click on individual characters to find out their meanings.

The most important pedagogical activity is undoubtedly the exercises, including drills, games and quizzes. While many conventional textbooks are rather weak in this area, leaving it largely to the device of the teachers, most CALL programs have rightly taken advantage of the interactive capability of the computer and have provided various exercises. In this section, we survey the main types of exercises, both for receptive and productive skills, critically appraising their strengths as well as limitations and suggesting ways to overcome the limitations.

The current state of technology asymmetrically favors the teaching of the receptive skills of listening and reading. There are many more exercises for receptive skills than productive skills. Although various names are given to them, they are basically all objective tests that simply match learner responses with pre-determined answers stored in the computer. There are two most common subtypes:

a. Find/identify: In such exercises, the computer presents a linguistic token aurally and then a number of choices visually, one of which is the correct answer. The user finds/identifies and clicks on it. The choices can be non-linguistic, such as pictures, or linguistic, such as sounds, syllables, words or sentences. Hence the exercises practice either listening alone or a combination of listening and reading. Some examples are:

- find the character/pinyin you just heard
- find the picture corresponding to the word you just heard
- find the translation that correspond to what you just heard

b. Matching: In such exercises, the computer presents multiple tokens visually, two of which match in one of the following ways:

- Total identity　　　　　　　　(ex. matching identical characters/pinyin etc.)
- Identical language　　　　(ex. match Pinyin with character)
- Identical meaning/reference (ex. match pictures & words, English & Chinese)

Matching practices recognition and/or comprehension.

While all the receptive exercises invariably are interactive by providing immediate feedback, the quality of feedback is often quite problematic, as we will discuss in more detail in section 6.4.

Due to technical reasons, the exercises for practicing productive skills are more limited in format and effectiveness. The most common format is imitation without feedback. A model of a sound, syllable, word, phrase, sentence or a character is given and then learners are expected to imitate the model. Neither interactive nor creative, this kind of exercises smacks of behaviorism and audiolingualism. The lack of creativity renders the format suitable only for the initial stage of learning; the lack of feedback makes the learner unable even to ensure the quality of imitation. Is there any way to incorporate feedback and creativity in productive exercises?

To be sure, there has been attempt to remedy the lack of feedback. One common practice, found in all progams except *CCT* and *WL*, is to compare the model pronunciation with that of the learner. While such comparison may serve some pedagogical purposes, for judging the quality of learner's speech, it is neither as direct nor valid as speech recognition. Such comparison assumes that the learner can detect the difference between their own production and the model's in the first place.

The problem of feedback stems from two sources, one being the difficulty with speech and hand writing recognition, the other the involvedness of processing openended language. One strategy adopted in some CALL programs is to dodge these two difficulties. Text in machine-understandable codes is used instead of speech and free-hand writing. Matching with pre-stored answers, instead of parsing, is used to judge the learner's response. A good example, found in *ABC* and *PIC*, is dictation requiring the use of typing. There is no parsing of open-ended language, since the learner is only expected to produce what the computer dictates; there is no recognition, since only the keyboard is used. Another kind of exercise, found in *ABC*, *HC*, *PIC* and *SC*, is rearranging scrambled sentences. A similar kind of exercise, which deals with only one part of a sentence, is fill-in-the-blank or substitution drills. The learner either chooses from a list of given words or types in any word from the keyboard. The descrambling and fill-in-the-blanks exercises can easily provide feedback, when pre-determined answers are stored in the computer and only the keyboard and/or the mouse is used to respond.

The next, more difficult, step with respect to feedback is to address the problem of speech and handwriting recognition. Although speech recognition is commercially available, but due to the consistent speech characteristics required by speech recognition, the technology may not be ready yet for language pedagogy, where interspeaker variation is to be expected. It is unfortunate that *PIC* claims to feature speech recognition, when in reality it does not work well at all. Handwriting recognition fares better. A number of commercial products are currently available. A CALL program that goes beyond the copy-the-model mode of practicing character-writing is *WL*. The program not only checks the visual configuration of the written character, it also is sensitive to stroke order, thereby giving feedback not only to the final product, but also to the process of character-writing. In the teacher's edition of *ABC* and *PIC*, handwriting recognition is available as one input method. This advanced feature can well be extended, *a la WL*, to these programs' character-writing component to provide feedback to student's handwriting.

The problem with the lack of student creativity is more difficult to overcome. Of course, in a trivial sense, we can require the learner to do as many creative productive exercises in a computer program as we can in a conventional textbook and the result would not be any less effective. In *HC*, for example, there is a "how to say" section, which attempts to coax the learner to produce creative speech. But without feedback from the computer, these exercises are about as helpful as a conventional textbook without the feedback from the human teacher.

In the following, I suggest, by way of a sentence making exercise, that creativity, albeit of a very limited kind, can be achieved without going beyond pattern matching.

The sentence making exercise can be used for teaching vocabulary as well as teaching grammar. The exercise requires the user to make sentences patterning on an existing model. All the sentence slots willl be given. The words used will also be provided, for example, in a word list. All the user has to do is to put in the right word, one by one, in the right slot. Since students have a range of choices in what words they use instead of using the exact words given beforehand, they do enjoy some degree of creativity and may come up with unexpected combinations of words. Feedback is still possible by using pattern matching. Instead of matching individual words and sentences, as required respectively in fill-in-the-blank and descrambling, the feedback can be based on a more abstract matching algorithm such as the matching of parts-of-speech or sentence slots. Unlike descrambling, this exercise focuses not on individual sentences but on sentence patterns; unlike fill-in-the-blanks, which focuses on one sentence slot, this exercise requires the global ability of sentence construction; unlike both de-scrambling and fill-in-the-blanks, this format is more like the real-world use of language in producing the whole sentence in the natural word order.

A major reason for the usefulness of CALL programs as tutors lies in their ability to provide feedback. Just as different human tutors can choose to give feedback differently, there are also a number of options for providing feedback in CALL programs. Feedback can merely inform the learner of error. It can also provide hints for the benefit of further trials. It can also go further and provide the correct answer. Feedback can also be explicit or implicit. It can directly tell the learner the error or the correct response or it can rephrase the learner's response or asking a clarification question containing the correct response. Feedback can also be immediate or delayed.

Despite all the possible feedback options, possibly due to the ease in implementation, immediate and explicit feedback seems to be the mostly commonly used. While any feedback is an improvement over a printed textbook, it should be pointed out that doubts have been expressed, for example, by Dunkel (1991) and Robinson (1991), concerning the desirability of immediate and explicit feedback. Robinson (1991) suggests that it may be better to for learners to arrive at the correct answer by discovery strategies rather than by direct program disclosure.

Although most CALL programs employ feedback, there remains much room for improvement in the quality of the feedback. The common problems with feedback are:

- categorical judgment
- lack of explanation
- negativity

They all contribute to reduce the usefulness of feedback. They also run counter to the spirit of modern language teaching philosophy. Categorical judgment emphasizes absolute accuracy rather than the more realistic goal of fluency; lack of explanation reduces language learning to simple trial and error, rather than a cognitive process; the negativity of feedback is detrimental to student affect. But feedback does not have to be this way. We will now suggest some ways to make feedback more helpful and less negative.

The categorical judgment typical of feedback is due to the mere matching of the student's response with the key. This can still be helpful if the range of possible responses is limited, such as in yes/no, same/different or multiple-choice type questions. But such feedback would not be very helpful when the range of possible answers is large. Take the examples of the dictation of a longer string or a sentence descrambling exercise. Simple matching will consider correct only the response that matches the key in every way and regards all other responses as wrong. This is very unlike the typical feedback from a human teacher. If a student has most of the sentence right but one word or letter wrong, a human teacher would count it as mostly correct. But the simplistic feedback scheme will treat it as wrong as if nothing in the sentence is correct. This would be very unfortunate. The student would not know how far the response is from the truth and how to improve. One way out would be to avoid questions that can have a wide range of possible responses. Instead of rearranging whole sentences, the drill can be limited to phrasal level units, which have fewer chances of errors. But the more interesting strategy is to confront the problem head-on. Instead of using simple categorical feedback, we can try to indicate degrees of correctness. One simple way is to use percentage based on simple error counting.

The second problem with feedback is the lack of explanation. Again, the lack of explanation is very unlike a good human teacher, who most likely would be helpful enough to impart to the student not just that a response is wrong, how much of it is wrong but also what is wrong with it. How can we make feedback more explanatory? Two strategies, still based on simple matching, can be used. One way is to identify not just the number of errors but also the location of errors. Such information should be easy to obtain from simple matching. Such feedback indeed is given in *ABC* and *PIC* in their sentence descrambling game. The second strategy is to identify the type of errors by matching a structural template with elements of the learners' response. In a dictation of syllables, for example, learner errors can be analyzed according to type, i. e., whether the error(s) are with tones, initials or finals. The feedback messages can then incorporate the results of these analyses.

The last problem is the negativity of feedback, which tends to be more seriously registered (Robinson, 1991) than positive feedback. One way to temper negativity is of course simply to reduce the amount of negative feedback. In doing this, one does not have to compromise the distinction between right and wrong either. For its flashcards, *WL* has adopted an interesting practice: when an answer is correct, a reward will be given; but when an answer is wrong, no penalty will be dealt out. The second way to reduce negativity is to improve the quality of negative feedback. Negativity is not just an inherent feature of negative feedback itself; it can also arise from the way negative feedback is given. To be repeatedly told that an answer is wrong is surely discouraging; but when no explanation is given as to how wrong the answer is and how to correct it, it becomes frustrating. Less categorical and more explanatory feedback will therefore lessen the impact of negativity. Instead of focusing on what is wrong, we can focus on what is right; instead of simply negating a response, we can build on and improve on it.

三、建议阅读书目

Dunkel, Patricial ed. *Computer-Assisted Language Learning and Testing—Research Issues and Practice*. Newbury House, 1991.

McGinnis, Scott ed, *Chinese Pedagogy: an Emerging Field*. Ohio: Foreign Language Publications, 1997.

郑艳群. 计算机技术与世界汉语教学[M]. 北京:外语教学与研究出版社,2008.

北京语言文化大学研制. 多媒体汉字字典[M]. 北京:北京语言文化大学,1999.

四、思考题

1. 什么是计算机辅助教学?

2. 汉语国际教学如何能够有效地使用计算机辅助软件?

3. 设计一个汉语国际教育中,使用计算机辅助教学的方案。

第六节　文化教学

一、概　述

我们在世界范围内推广汉语,目的在于教外国人说好汉语,同时也希望外国人在说好汉语的基础上学习和理解中国文化。毋庸置疑,文化教学在汉语国际教育中占有重要地位,但是给外国人介绍哪些中国文化? 在课堂中该如何进行文化教学? 这些问题困扰着对外汉语教学的师生,国内外学者给出的回答也莫衷一是。目前,在实际教学中,文化教学一般分成了两种课型:一是在语言课之外另设专门的文化课,以讲解文化知识为主要目的,内容包括汉语词汇文化,中国文学、历史、哲学、文化技艺等;二是语言课中融入文化教学,以交际文化为教学核心,目的在于帮助外国人成功地与中国人的交往,涉及问候、寒暄、请客、做客、寻求帮助、咨询意见、商贸洽谈等日常生活和工作的方方面面。两种不同的课型设置,基于对文化的不同分类和定义。第一种课型中,文化被看作文明的象征,由一系列文化产品构成;而第二种课型,则关注作为"交际"的文化,文化长久地存在于人们的日常生活之中。1984 年张占一先生首次提出将对外汉语教学中的文化划分为"知识文化"和"交际文化"两个部分。为方便论述,本文也采用这一观点。至于哪些文化知识可以代表华夏文明并介绍给外国学生,本章节不再赘述,感兴趣的读者请参考本书的第二章第五节"中国文化基础"。本章重点讨论语言课中的文化教学,即交际文化的教学问题。

交际文化教学是否与文化知识教学同等重要,有关交际文化教学的必要性,这里举一个较为极端的例子。一家经营长江游轮业务的美国公司的总经理讲述了他们一次令人沮丧的招聘经历。一名在北京和美国学习了四年汉语的美国人凭借流利的汉语和出色的幽默感,成功通过了纽约公司总部的面试,成为了这家游轮公司的驻船代表。但结果是,这位美国驻船代表讲的笑话不仅没能打动中国同事和游客,而且还常常被误解为侮辱。更可悲的是,他近乎完美的汉语发音和语法将这些无意的侮辱传达得准确无误。外国学生可以流利而正确地说出中文,却在和中国人的实际交往中遭受极大的挫折,这是我们作为对外汉语教师所不愿意看到的。正因如此,以社交礼仪和规则为核心的交际文化教学才显得不可或缺。从外国人学习汉语的第一节语言课开始,教师就可以有意识地进行交际文化的导入。

那么如何进行交际文化教学? 在《体演文化教学法》这本中英文论文集中,吴伟克(Galal Walker)教授等学者给我们提供的解决办法和教学方法是"体演文化教学法(The Pedagogy of Performing Another Culture)"。吴伟克教授现任教于美国俄亥俄州立大学东亚语言文学系,担任美国教育部直属的全美东亚语文资源中心主任,并于 2003 年荣获中国教育部颁发的"中国语言文化友谊奖"。他是目前美国为数不多可以授予中文语言教学法博士学位的导师之一,也是"体演文化教学法"的创始人。那么,什么是"体演文化教学法"?这里"体演"一词包含了体会、体验、表演和演出多重含义。在《体演文化教学法》序言中吴伟克教授解释了"体演文化(Performed Culture)"这个术语。在他看来,我们在说一门外语时,类似于在表演一种外国文化。通过理解和再现某种外国文化中的行为方式,可以有效帮助我们学习这门外语和这种外国文化。

二、原典选读

吴伟克:The Pedagogy of Performing Another Culture

本章节的原典选取了《体演文化教学法》一书中由吴伟克教授撰写的第一节,"体演文化:学习参与另一种文化(Performed Culture: Learning to Participate in Another Culture)"。本节的第一部分,文化与外语学习(Culture and Foreign Language Study),作者提醒我们传统的教学法,往往对待文化如同"死尸"。文化不仅是安静地躺在博物馆的文物或者图书馆的书籍,在人们日常生活中,文化也鲜活地存在着。所以,他建议我们采用体演文化教学法重新审视文化。同时,他也告诫我们在体演外国文化时,如同身处别人的文化游戏里,极有可能引起精神上的不安感。即便如此,在外语课堂教学中,我们也应该尽可能放弃本土文化或者母语文化中固有的思维和行为方式,以免目标文化被迫休眠。本节的第二部分,文化、语言和体演(Culture, Language and Performance),有关文化和语言的联系,杰罗姆·布鲁纳(Jerome Bruner)认为儿童使用文化先于使用语言。赫克托·哈默利(Hector Hammerly)指出第二语言能力是交际能力的一部分,而交际能力属于文化能力。基于以上观点,作者认为外语学习的目标就是要反复灌输和训练异国语言和社会中那些约定俗成的行为方式,以便学生形成符合目标文化期待的行为模式。因此,设计一门语言课程,其主要任务就是选择、分析和展现那些可以由学生体演,由教师评判的文化事件。本节的第三部分,外语学习中的体演文化(Performed Culture in Foreign Language Study),有关如何运用体演文化教学法设计课程,作者提出了四点基本设想。第一点,学习用某种外语交流的目的是为了获得在外国文化中相互了解彼此意图的能力。第二点与第一点紧密相关:文化是意义的来源,因此,使用某种特定语言进行交际受制于这种文化框架。作为个体,如果想要在外国文化中理解外国人的意图,并且也使自己的意愿为外国人所接受,那么必须意识到个人在一种文化中的行为受到这种文化约束,甚至有时他只能成为那种文化所允许的人。第三点,学习体演一种文化,必须构建对那种文化的记忆。如何构建文化记忆,作者提出了第四点设想:创造教学情景和教学方法。值得注意的是,异国文化中既有显性的部分,也有隐性的部分,显性的部分往往只是异国文化的冰山一角。作者建议将目标文化中的行为文化作为课堂教学的重点,并且以显性文化为主要教学内容,合理回避隐性文化。至于具体如何设计课程,有兴趣的读者还可以参考《体演文化教学法》一书中的第三节——"中文强化课程的设计"。

I've long ago thought that teaching and learning anthropology should be more fun than they often are. Perhaps we should nor merely read and comment on ethnographies, but actually perform them. Alienated students spend many tedious hours in library carrels struggling with accounts of alien lives and even more alien anthropological theories about the ordering of those lives. Whereas anthropology should be about, in D. H. Lawrence's phrases, "Man alive" and "woman alive," this living quality frequently fails to emerge from our pedagogies, perhaps, to cite D. H. Lawrence again, because our "analysis presupposes a corpse."

Victor Turner: Dramatic Ritual/Ritual

Drama: Performative and Reflexive

Anthropology

CULTURE AND FOREIGN LANGUAGE STUDY

How would learners and teachers of a foreign language and culture go about taking seriously Turner's suggestion? Should we offer performance as a pedagogical alternative to the more common approach of seeking expert accounts in the humanities and social sciences? The answer may lie in finding the pedagogical analogy to treating culture as a corpse.

Encountering a foreign culture with the intention to participate in the lives of people born and raised in it is a daunting challenge. In Shakespeare's *The Winter's Tale*, Paulina, who is about to bring a statue to life, warns:"Those that think it unlawful business I am about, let them depart." In citing Paulina's speech, Frederick Turner concurs that "it ought to be dangerous to bring the dead back to life." (F. Turner 1985:47)

When evoking student performances of a foreign culture, this is an entirely appropriate caution: Playing in someone else's culture can be extremely disconcerting, if not actually physically dangerous. By not keeping the target cultures in our language classrooms safely inert, we abandon the singularity of the base culture and with it the security that what we intend is what our behavior actually means.

......

CULTURE, LANGUAGE, AND PERFORMANCE

The concept of a culture and behavior presented in this discussion is analogous to a grammar that subtends a language, the major difference being that a culture is many times greater and more complex than a grammar. My knowledge of English grammar can be identified with my ability to create utterances of more or less the right content and form at the right time without premeditation. When I want to speak, I begin an utterance with the confidence that I will be able to sequence sounds, words, and phrases without thinking about the process. In a similar way, my knowledge of American culture allows me to engage in social activities and interactions without a great deal of prior planning. Just as my knowledge of English grammar does not insure that what I say is always correct in fact or beneficial to me personally, my knowledge of American culture will not guarantee success in all my social endeavors. After all, we each too often experience faihure in our own cultures. Knowledge of a culture provides the basis for participation in the social interactions and transactions that lead to success or failure. In short, it gets us into the game. In foreign language study the goal is to inculcate the default behaviors in language and society that sustain culturally appropriate behavior.

......

Contemplating performable culture leads us to relate words and concepts that are as often as not confused and interchanged. Cultures are complex knowledge structures that exist in societies that, in turn, are identified with particular civilizations. Cultural performances then are isolated events of civilized behavior, that can be models of actual or ideal behavior in the target society. Such events can be as simple as a greeting or as complex as negotiating a disagreement while maintaining a relationship. To achieve the presence of a foreign culture in foreign language study requires the conscious repetition of events that conform to the expectations of the target culture. Thus, the main function of the design of a language curriculum is the selection, analysis and presentation of cultural events to be performed by learners and critiqued by teachers.

Performances, in foreign language pedagogy as well as in other venues, are conscious repetitions of "situated events" that are defined by five specified elements inferred from Carlson (1996): 1) place of occurrence, 2) time of occurrence, 3) appropriate script/program/rules, 4) roles of participants, and 5) accepting and/or accepted audience. (Carlson)

......

PERFORMED CULTURE IN FOREIGN LANGUAGE STUDY

A program of foreign language study based on performed culture should be clear in its basic assumptions of goals and procedures. Those presented here focus on intention, situated meaning, memory, and pedagogical design.

One: The purpose of learning to converse in a foreign language is to gain the ability to establish *intentions* in the foreign culture.

Whatever you set out to accomplish in a social environment, whethcr by conducting business, research, or personal relations, your intentions must be recognized and accepted by the people with whom you are interacting. And you must be able to perceive their intentions as well. In the absence of mutual understanding of intentions, whatever you create with your use of language will rarely be what you intend. Most of the observed failure of cross-cultural transactions can be attributed to not knowing how to have intentions recognized or how to recognize the intentions of others. The act of being someone in a culture is framed by that culture. American students engaged in learning "truly foreign languages," to use a phrase from Jorden and Walton(1987), often have great difficulty with the realization that as individuals in the culture they are studying they are only who they are allowed be by that culture. Recall Dewey's observation: "The hearer is the indispensable partner."

Given this understanding, the individual is presented with a "chain of being" in a culture:

1. Culture creates contexts
2. Contexts provide meanings
3. Meanings produce intentions
4. Intentions define individuals

The connection between language and intentionality was noted by Searle(1985:5):

Language is derived from intentionality and not conversely. The direction of pedagogy is to

114

explain Intentionality in terms of language, the direction of logical analysis is to explain language in terms of Intentionality. (p. 5)

To follow Searle's definition of pedagogy, it must be assumed that the language serving as the medium of the explanation of intentionality is already understood. For the purposes of teaching, learning and performing an unknown language and a culture, it is necessary to approach the language through intentionality—the direction of logical analysis.

Two: Culture is the source of meaning and conversations in a particular language require communication in the frame of a particular culture.

This implies that conversations between persons from different cultures extract interpretations from either the target or base culture of the foreigner, who may be expected to have access to both the culture of the hanguage he is speaking and to his own native culture. If two people from different cultures are conversing, the strategy most likely to obtain a desired understanding is to take the purpose of the exchange from the culture of the language being spoken. If both the native and foreigner have access to the foreigner's base culture, the next best strategy might be to speak in one language and interpret from the other culture. Confusion miscommunication is most likely to occur when both parties interpret a conversation in their respective cultures.

Creating the roles of non-intimate host and guest in Chinese and American cultures provides an easy illustration. Two persons behaving in the most socially appropriate manner, say, an American inviting a Chinese guest to a join him in a bit of refreshment, nicely illustrates roles that exist in one culture and not in another.

An American host offers a choice of beverage or something to eat, but tends to not insist that the guest accept it. Many American hosts avoid any appearance of insistence, thinking it more "polite" to permit the guest to be in charge of making choices, even recognizing that guests might make choices other than those offered by the host. This is reflected in the phrase that American hosts often use: "Make yourself at home."

Chinese guests, on the other hand, are likely to avoid readily accepting proffered refreshments and avoid answering a question about what they would like, feeling it "polite" not to take the initiative by expressing a choice other than those that might be offered by the host. When offered a choice by the host, a Chinese guest will often repeat a formulaic phrase:

"Ke sui zbu bian" (a guest conforms to the host's wishes).

For a simple invitation to resolve itself to the satisfaction of both concerned—that is, for a host to feel he has been a proper host and for a guest to feel he has been a proper guest—our interlocutors have three basic options for conducting this interaction:

1. Use the Chinese contexts: The guest declines the offered refreshment an appropriate number of times and the host insists until the guest partakes or sets it aside.

2. Use the American contexts: The host mentions the refreshment options and awaits the guest's choice.

3. Adapt a meta-culture strategy: Host and guest recognize the conflicting behaviors required by the American and Chinese contexts and overtly negotiate how each are to behave for the nonce.

In performing even such simple social behaviors, the culture provides the contexts. If a particular culture does not provide the context for a proper guest who imposes his choices on his host, then one cannot be that kind proper guest in that culture. Anyone unknowingly performing such a role will be judged to be an improper guest, or, if the host is aware of what is being attempted, a foreigner who must be either accommodated or avoided. If both the host and the guest are aware of differing expectations while being unable to perform to each other's expectations, they can create a temporary state of expectations by remarking on that difficulty and agreeing for the time being that they will recognize each other's behavior as acceptable.

Although this nonce adaptation of a meta-culture strategy serves to validate unexpected behaviors sufficiently to resolve a particular situation, it has limited efficacy. It cannot be sustained for an extended period of time or through a complex transaction without transforming into still more complicated cultural quandaries or having the participants exhaust their motivations for engaging in such a relationship. The meta-culture strategy also has the stringent requirement that all parties be equally aware and willing to play the game. Such circumstances do not usually occur when one is operating in a foreign culture.

Three: Learning to perform a foreign culture entails constructing a memory of that culture

If the core experience of a successful foreign language study career consists of a spiral of increasingly complex interactions within a foreign culture, gaining the ability to successfully complete these interactions is a process of constructing an extensive memory. While the complexity of such a memory is a constantly expanding story that cannot be explicated here, the pedagogical designs of our instructional devices and environments suggest operational assumptions about the nature of the memories we are building:

1. To function in a foreign culture an individual must draw on inculcated default memories of that culture rather than relying on a dialectic between base and target cultures. The flow of activity in a social interaction and the speed of human language production does not permit one to constantly refer to the differing requirements of a base and target culture.

2. Memory subtending prolonged successful behavior in a target culture is not a translation or mapping from the base-culture memory to the target culture.

3. Memory is a complex of sub-systems that do not always interact. Thus, there are many processes of compiling memory and varied ways to evaluate it.

An important function of a memory is to provide contexts for communicating in a culture. Sustained by memory, our senses function in these contexts. Sensory systems do not simply let sensations in; they abstract multi-level features of the sensory data. Moreover, our sensory systems are constructed and modified as we develop our capacities; our surroundings determine what our eyes can see and our ears can hear and how to assign meaning, as we develop the abilities of these senses by exposing them to different contexts. If we are to think of our capacities for language and culture as sense systems that process incoming information and extract meaning and that constitute the most self-referential of all imaginable information systems, we need to consider how to create and construct contexts for developing such systems.

Four: We can create pedagogical situations and devices that facilitate the construction of a memory of a foreign culture.

Learning to establish intentions in a foreign culture involves learning the culture. Hector Hammerly (1982:512-514) divides the instructional discourses on the target culture into three parts:

1. Achievement culture: the hallmarks of a civilization.

2. Informational culture: the kinds of information a society values.

3. Behavioral culture: the knowledge that enables a person to navigate daily life.

As learners of a foreign language progress in their ability to function in the target culture, achievement culture and informational culture become increasingly useful knowledge. But from the early stages of a foreign language learning career, the focus is on behavioral culture, which is the knowledge that enables the learner to create sufficient comfort to encourage natives to maintain the long-term relations necessary for accumulating experience in the culture.

Presentation of behavioral culture in the instructional setting can be further categorized by the ability of an instructor of a target culture to present the knowledge to a base culture learner：

1. Revealed culture ：cultural knowledge that a native is generally eager to communicate to a non-native.

2. Ignored culture：cultural knowledge a native is generally unaware of until the behavior of a non-native brings it to light. This is what Edward T. Hall has called "hidden or covert culture."

3. Suppressed culture：knowledge about a culture that a native is generally unwilling to communicate to a non-native.

While revealed culture is the main cultural content of textbooks and classroom lectures，it is the ignored，or hidden，culture that tends to occupy the attention of effective foreign language teachers. As we experience generations of novice learners generalizing behavior in the target language and culture，we are continually made aware of behaviors that reflect previously unsuspected cultural constraints. Although certain aspects of suppressed culture seem to fascinate novice learners，avoiding them can be justified on functional grounds except when they have direct bearing on the learners' reception in the target culture.

……

三、建议阅读书目

李晓琪. 对外汉语文化教学研究［M］. 北京：商务印书馆，2012.

Joan Kelly Hall. 语言文化教学与研究［M］. 北京：外语教学与研究出版社，2005.

Patrick R. Moran. 文化教学：实践的观念［M］. 北京：外语教学与研究出版社，2009.

吴伟克. 体演文化教学法［M］. 武汉：湖北教育出版社，2010.

周思源. 对外汉语教学与文化［M］. 北京：北京语言大学出版社，1997.

四、思考题

1. 什么是文化？

2. 文化教学主要有哪些方法？

3. 如何评价体演文化教学法？

第四章　汉语国际教育教材

在汉语国际教育中,不仅需要优秀的汉语教师和有效的课堂教学方法,还需要好的教材。很多国外汉语教师为汉语教材而苦恼,18世纪欧洲传教士对汉语充满好奇但是又出现诸多误解,其中很重要原因之一就是汉语教材的缺失。随着世界汉语教育的蓬勃发展,系统的汉语教材建设已经展开。不仅有世界上普遍通行的国内汉语教材,也出现了针对不同国家和学习特点、文化背景的国别化教材,促进了汉语教材的多元化、丰富性、多层次发展的特点。

目前针对第二语言教材的分类方法很多,有代表性的观点主要有以下三家:一是基于教学理论的教材分类,以吕必松(1993)为代表的学者们认为,必须针对一定的教学类型、课程类型和教学对象,分别采用不同的教学原则和教学方法来编写教材。二是基于教学需要的教材分类,赵金铭(1997)等学者强调应当重视对外汉语教材的宏观结构设计,使其成为一个科学的体系,覆盖对外汉语教学的方方面面。三是基于教材编写方式的教材分类,刘珣(2000)指出,对外汉语教材的类型可以从教学类型、课程类型、水平等级、学习者特点、母语特点等不同角度来区分。实际上,怎样分类更为科学,分为多少类合适,目前并没有一个绝对的标准,因为切入的角度和依据的标准不同,就会有不同的分类结果。在以上三种观点的基础上,李泉(2012)提出从课程类型的角度对教材进行基本分类尝试,将对外汉语教材分为语言技能教材、语言知识教材、文化知识教材、专门用途语言教材四类。

中国大陆汉语国际教育教材编写最为丰富。20世纪50年代,东欧来华留学生的学习需求催生了汉语国际教育教材的诞生,第一部正式出版的教材是商务印书馆出版,由邓懿编写的《汉语教科书》。据统计,到80年代各类对外汉语教材有16大类210种。20世纪90年代以来,汉语国际教育教材的数量急剧增长。有学者指出,2007年春季目录上的汉语教材数量,仅北京大学出版社、北京语言大学出版社和华语教学出版社三家就已达到722种。新世纪以来国别化教材也开始出现。美国汉语教材异常繁盛,除了中国台湾教材、大陆教材之外出版了本土化的汉语教材,美国大学除开设了初级汉语、中级汉语、高级汉语等,还开设了一些专门汉语、专业汉语课程供学生选择,因而相应教材就出现了。这些教材强调交际法、任务法,繁简体并用,拼音与注音符号共存,教材内容、难度、背景、趣味性等更适合美国的教学和课时安排,教材的配套材料很齐全,充分利用了网络技术。在欧洲汉语教材也较为复杂,但是本土化教材仍然是最为重要的。法国自行编写汉语教材具有悠久的历史,教材数量繁多,各有特点,也不同程度地发挥过各自的作用。布尔热瓦 1965 年出版的《基础汉语课本》,是法国第一部专以中学生为对象的汉语教材,白乐桑和张朋朋 1989 年出版的《汉语语言文字启蒙》将重点放在汉字上,该书一年多就售出 5 000 多册,创下了法国汉语教材有史以来的年销售量纪录。在亚洲汉语教材更为复杂,不仅出现了一些华文教材,还有汉语作为第二语言的汉语教材。如日本汉语教材与参考书在最近几十年颇被看重,2001 年有关汉语教科书与参考书就有 110 种左右,2002 年增加到 140 种左右,这些教材有翻印中国大陆汉语教材的,有在日本的中国人编写的,有中日合编的,也有日本汉语教师单独编写的,体现出多元化特点。日本本土教师编写的汉语教材首先很重视语音,大多由语音讲授进入课文学习,如上野惠司 1989 年编写的教材《新版例解中国语入门——你问我答》。

今后汉语教材将更具有国际化特点、本土化趋势,充分整合汉语国际教育界的优势力量和现代学习特点以及技术发展的成果。汉语国际教育教材的建设将成为汉语国际教育一项重要的工程。

第一节　中国大陆汉语国际教育教材

一、概　述

对于语言教学来说,教材是必要而重要的一个方面,它既是教师教学的主要蓝本,又是学生学习的主要依靠。因此,教材的编写出版、教材体系的建设、对教材的研究,一直伴随着汉语国际教育的发展。

20 世纪 50 年代,东欧来华留学生的学习需求催生了汉语国际教育教材的诞生,第一部正式出版的教材是商务印书馆出版、由邓懿编写的《汉语教科书》,到了 20 世纪 70 年代,正式出版的教材代表是商务印书馆的《基础汉语》(1971) 和《汉语课本》(1977)。总的来说,受到世界政治经济大势的影响,汉语国际教育的规模相当有限,直到 20 世纪 80 年代,来华学习汉语的留学生从数量和来源上都有了很大的突破,迎来了我国汉语国际教育发展的第一个高潮。据赵贤州在《建国以来对外汉语教材研究报告》中的统计,各类对外汉语教材有 16 大类 210 种。比较有代表性的教材有:李培元等《基础汉语课本》(外文出版社,1980)、樊平等《现代汉语进修教程》(北京语言学院出版社,1980)、刘珣等《实用汉语课本》(商务印书馆,1981)、胡裕树等《今日汉语》(复旦大学出版社,

1986）、鲁健骥等《初级汉语课本》（北京语言学院出版社、华语教学出版社，1986）、华语教学出版社《中国语文》（华语教学出版社，1988）等。[1]

20世纪90年代以来，汉语国际教育教材的数量急剧增长。"以对外汉语教材的出版速度为例，新中国成立后至1994年，国内正式出版的汉语教材有274种，1995年至1999年仅134种，而2007年春季目录上的汉语教材数量，仅北京大学出版社、北京语言大学出版社和华语教学出版社三家就达到722种，几乎是1995年至1999年出版数量的五六倍"。[2] 其中比较有代表性的教材有：王福祥等《外国人学中国语》（华语教学出版社，1995）、陈灼等《桥梁——实用汉语中级教程》（北京语言文化大学出版社，1996）、黄政澄《新编汉语教程》（商务印书馆，1996）、何慕《速成汉语》（北京大学出版社，1997）、杨寄洲等《汉语教程》（北京语言文化大学出版社，1999）、胡波等《汉语听力教程》（北京语言文化大学出版社，1999）、白崇乾等《报刊语言教程》（北京语言文化大学出版社，1999）、周思源等《中国社会概览》（北京语言文化大学出版社，1999）等。

新世纪以来，随着"汉语热"在全球范围的升温，汉语国际教材的编写和出版也迎来了新的高潮。比较有代表性的有：刘珣主编《新实用汉语课本（1—5）》（北京语言大学出版社，2002）、鲁健骥《初级汉语课本》（北京语言大学出版社，2003）、李晓琪主编《博雅汉语（初级起步篇、准中级加速篇、中级冲刺篇、高级飞翔篇）》（北京大学出版社，2004）、康玉华等《汉语会话301句》（北京语言大学出版社，2005）、李禄兴主编《发展汉语（初级、中级、高级）》（北京语言大学，2005）、马箭飞等《汉语口语速成（入门篇、基础篇、中级篇、高级篇）》（北京语言大学出版社，2006）、周小兵主编《阶梯汉语（初级、中级）》（华语教学出版社，2007）、杨寄洲主编《汉语口语教程（初级、中级、高级）》（北京大学出版社，2007）。为了更好地满足各国汉语学习者的需求，国家"汉办"一方面着力推进本土教材的开发，另一方面也进一步加大了主干教材的开发，在2012年陆续推出了《新概念汉语》《中国好人》《孔子卡通读物》等新教材产品，成为新的亮点，除了传统书面教材，新技术条件下的新型教材也更多了。

教材的编写和出版，与我国汉语国际教育事业的发展紧密结合，更受到汉语国际教育学科建设成就的影响。有学习需求，自然是诞生汉语国际教材的源动力，而发展到今日，以学习者为中心的新的教育理念和各种第二语言教学法的更新，为汉语国际教材的编写和出版提供了新的思路，因此，以学习者需求为出发点的教材建设思路已日益成为今天新的汉语教材的核心思想。作为汉语的故乡，对于自己母语的国际传播，我们更应注重系统性、整体性、科学性和针对性，因此，在教材建设的总体思路上，应该有来自高层的合理规划，当然，这来自于学界扎实研究提供的有效参考。这一切行动都依赖于真实的汉语课堂教学，依赖于真实的学生反馈，依赖于不同汉语教学环境下的不同特点，这些依据将是当下和未来的汉语教材建设中必须注意的问题。

---

[1]　李泉.对外汉语教材研究[M].北京:商务印书馆,2006.

[2]　胡晓慧.在汉语热中走出去——近年来国内对外汉语教材出版评述[J].中国出版,2007(12):31-33.

二、原典选读

李培元：基础汉语课本（选读）

　　我们选择外文出版社于 1980 年出版的汉语教材《基础汉语课本》（北京语言学院李培元等编写）作为我们学习和研究的参考，选取"第十五课：我们的学校很大。这个汉字难不难？这个汉字不难。"这篇课文分为替换练习、课文、生词、语法、练习、汉字表六个部分，充分展现了传统课本的严谨体系。替换练习和课文部分全部使用了声调符号作为朗读提示，特别适合初级阶段的汉语学习者使用；生词部分的解释包括词性、注音和英语解释；语法部分介绍了形容词谓语句、形容词谓语句的否定和疑问句三个语法点，其中，解释说明部分有全文的英语翻译，举例则使用汉语；练习部分包括模仿造句、写出反义词、复述短文等多种形式，体现了训练的全面性；最后一部分的汉字表则用表格形式将新学汉字进行了部件的分拆和笔顺的演示，有利于学生掌握正确的汉字书写方式。

第十五课　我们的学校很大

> 我们的学校很大。
> 这个汉字难不难？
> 这个汉字不难。

一、替换练习 Substitution Drills

1. 我们的学校很大。

学院	教室
宿舍	屋子

2. 这个教室大不大？
   这个教室不大。

学校	屋子	书架
电视	本子	

3. 你的词典新不新？
   我的词典很新。

宿舍，干净
钢笔，好
朋友，多

4. 这个汉字难不难?

这个汉字很难。

这个汉字不太难。

生词, 容易
学校, 大
屋子, 干净
大夫, 忙
电视, 好

5. 这个屋子大,那个屋子小。

汉字, 难, 容易
宿舍, 干净, 脏
本子, 新, 旧
大夫, 忙, 不忙
学生, 努力, 不努力

6. 你的爸爸是不是大夫?

我的爸爸不是大夫。

妈妈, 工人
朋友, 学生
老师, 中国人

7. 你有没有新杂志?

我没有新杂志。

小, 本子
旧, 画报
大, 书架

二、课文 Text

(一)

A:你学习什么?

B:我学习汉语。

A:你忙不忙?

B:很忙。你忙吗?

A:我不太忙。汉语难不难?

B:不太难。汉字不容易。

A:你有没有汉语词典?

B:有一本。

A:你的词典新不新?

B:不新,是一本旧词典。

(二)

这是我们的教室。这个教室很大,很干净。

那是他们的教室。他们的教室不大。

这是我们班①的学生,我们班的男学生多,女学生少。

我们学习汉语,我们很努力。

三、生词　New Words

1. 新	(形)	xīn	new
2. 干净	(形)	gānjing	neat, clean
3. 多	(形)	duō	many, much, a lot of
4. 难	(形)	nán	difficult
5. 太	(副)	tài	too
6. 容易	(形)	róngyi	easy
7. 脏	(形)	zāng	dirty
8. 旧	(形)	jiù	old
9. 努力	(形)	nǔlì	hard-working
10. 班	(名)	bān	class, squad
11. 男	(名)	nán	male, man
12. 女	(名)	nǔ	female, woman
13. 少	(形)	shǎo	few, little

补充生词　Supplementary Words

1. 系	(名)	xì	department, faculty
2. 年级	(名)	niánjí	grade, year
3. 文科	(名)	wénkē	liberal arts
4. 理科	(名)	lǐkē	science (as a school subject), science department

in a college

5. 工科　　　　（名）gōngkē　　　engineering course

6. 医科　　　　（名）yīkē　　　　medicine, medical courses in general

四、语法　Grammar

1. 形容词谓语句　The sentence with an adjective as its predicate

谓语主要成分是形容词的句子就是形容词谓语句。汉语的形容词谓语句,谓语里不用动词"是"。例如:

The sentence in which the main element of the predicate is an adjective is called the sentence with an adjective as its predicate. In Chinese, the verb "是" is not used in the predicate of such a sentence, e. g.

(1) 他们的教室很大。

(2) 我们很努力。

在肯定的陈述句里,简单的谓语形容词前常用副词"很"。这里"很"表示程度的意义已不明显。如果单独用形容词作谓语,就带有比较的意思,一般用在对比的句子里。例如:

In the affirmative form of a declarative sentence, the predicative adjective often takes before it the adverb "很" which here has almost lost its function as an adverb of degree. When an adjective alone is used as the predicate, it implies comparison and is usually used in the sentence showing comparison, e. g.

(3) 男学生多,女学生少。

2. 形容词谓语句的否定　The negative form of the sentence with an adjective as its predicate

形容词谓语句的否定形式是在形容词前加上副词"不"。例如:

The negative form of such a sentence is made by putting the adverb "不" in front of the predicative adjective, e. g.

(1) 这个屋子不干净。

(2) 我的中文书不多。

(3) 王大夫不太忙。

3. 疑问句(三)　Questions of type(3)

把谓语中主要成分的肯定形式和否定形式并列起来就可以构成疑问句(三)。这种疑问句也叫正反疑问句。例如:

Questions of type (3), which are also called the affirmative+negative questions, can be made by juxtaposing the affirmative form and negative form of the main element of the predicate, e. g.

(1) 他们的教室大不大?

(2) 他是不是大夫?

（3）丁力有没有法文词典？

"是"字句和"有"字句用正反疑问句提问，还可以有以下的形式：

A "是" sentence or a "有" sentence can be turned into an affirmative+negative question in the following ways：

（4）他是大夫不是？

（5）丁力有法文词典没有？

4. 指示代词作定语　The demonstrative pronoun as the attributive

指示代词"这""那"等作定语，名词前一般也要用量词。例如：

When the demonstrative pronoun "这" or "那" functions as an attributive, the noun as a rule takes a measure word before it, e. g.

（1）那本词典很新。

（2）这张画儿很好。

（3）这个学生是外国留学生。

（4）哪个老师是你们的老师？

语法术语　yǔfǎ shùyǔ　Grammar Terms

1. 代词　　dàicí　　　　　　pronoun

2. 形容词　xíngróngcí　　　　adjective

注　Notes

①人称代词作定语时，如果中心语是表示集体、单位或亲属等的名词，定语后可以不用"的"。

When a personal pronoun is used as an attributive, it may not take the structural particle "的" after it if the qualified word is a noun that presents a collective or unit of which the attributive is a member or kinsfolk etc. of the attributive.

五、练习　Exercises

1. 模仿下列例子造句：　Make sentences after the following example：

例　Example

　　学校　　　　　大

　　我们的学校很大。

　　他们的学校不大。

（1）教室　　干净

（2）屋子　　脏

（3）桌子　　新

（4）椅子　　旧

（5）汉字　　难

（6）生词　　容易

（7）中文书　多

（8）大夫　　忙

（9）电视　　好

（10）宿舍　　小

2. 把下列陈述句改成疑问句（三）：　Change the following declarative sentences into questions of type（3）：

例　Example

　　这个教室很大。

　　这个教室大不大？

（1）这个汉字很容易。

（2）张文的家很干净。

（3）张大夫很忙。

（4）那张地图很新。

（5）他的电视不大。

（6）丁力的英文书不多。

（7）他是外国留学生。

（8）这是我的词典。

（9）他们班没有女学生。

（10）丁力去宿舍。

3. 用下面的词加上指示代词作定语造句：

Make sentences using each of the following words and a demonstrative pronoun as the attributive：

例　Example

　　学生

　　这个学生很努力。

（1）钢笔

（2）画儿

（3）词典

（4）椅子

（5）本子

（6）书架

（7）杂志

（8）大夫

4. 用"多"和"少"改写下列句子：　Rewrite the following sentences using "多" and "少"：

例　Example

　　我们班有十个男学生,他们班有十五个男学生。

　　我们班的男学生少,他们班的男学生多。

(1)我有五支铅笔,他有三支铅笔。

(2)我有三本英文画报,他有十本英文画报。

(3)他家有三口人,我家有四口人。

(4)这个班有六个女学生,那个班有五个女学生。

(5)丁力有十张纸,张文有八张纸。

(6)这个留学生有五本杂志,那个留学生有八本杂志。

5. 根据课文(二)回答问题: Answer the following questions on Text (2):

(1)这是你们的教室吗?

(2)你们的教室大不大? 干净不干净?

(3)那是谁的教室?

(4)他们的教室大不大?

(5)这是哪个班的学生?

(6)你们班的男学生多不多? 女学生多不多?

(7)你们学习什么?

(8)你们努力吗?

6. 写出下列词的反义词: Give the antonym for each of the following words:

少——

新——

难——

大——

干净——

7. 阅读下面短文并复述: Read and retell the following passage:

王新是北京外(国)语(foreign language)学院的学生,他学习英语。

王新班的学生很多,有十个男学生,八个女学生。这个教室是他们的教室,他们的教室很大,很干净。

王新的老师是女老师,她不是中国人,是外国人。

王新的英文书很多。他有一本英语词典,他的词典很新。

英语不太容易。王新很努力。

六、汉字表　Table of Chinese Characters

1	新	亲	立 （丶 二 亠 立 立）
			木
		斤 （ノ 厂 斤 斤）	

2	干	〔乾〕		
3	净	〔淨〕 丷 （丶 丷）		
		争 夂 （丿 夂）		
		尹 （フ ᆿ ヨ 尹）		
4	多	夕		
		夕		
5	难	〔難〕 又		
		隹		
6	太	大 太		
7	容	宀		
		谷	八	
			入	
			口	
8	易	日		
		勿 （丿 ㇆ 勹 勿）		
9	脏	〔髒〕 月		
		庄	广	
			土	
10	旧	〔舊〕 丨		
		日		
11	努	奴	女	
			又	
		力		
12	力			
13	班	王 （一 二 干 王）		
		丿 （丶 丿）		
		王 （一 二 干 王）		
14	男	田		
		力		
15	女			
16	少	小		
		丿		

三、建议阅读书目

李泉. 对外汉语教材研究[M]. 北京:商务印书馆,2006.

赵金铭. 对外汉语教学概论[M]. 北京:商务印书馆,2004.

程裕祯. 新中国对外汉语教学史[M]. 北京:北京语言大学出版社,2005.

刘珣. 对外汉语教育学引论[M]. 北京:北京语言文化大学出版社,2003.

吕必松. 对外汉语教学探索[M]. 北京:华语教学出版社,1987.

四、思考题

1. 我国有哪些主要汉语国际教育教材?

2. 《基础汉语课本》有什么特点?

3. 编写一课汉语国际教育教材。

第二节　美国汉语教材

一、概　述

自从鸦片战争后,国门打开,沿海地区就有越来越多的华工去美国谋生,从那时起在美国就出现了中文学习班、私塾、专馆等,教授对象为移民的后代,讲授的教材主要是四书、五经、《左传》等中国古典经典。20 世纪 70 年代以来,特别是中美建交以后,美国对汉语教学越来越重视,许多中小学、大学等也陆续开设汉语教学课程,而学习者除了华裔外,还有很多美国本土学生。在这样的背景下,汉语教材的编写便如火如荼地开展起来,呈现出繁荣的景象。其中既有美国编写的教材,又有中国所编写的教材,而这在 20 世纪90 年代后表现得尤为明显,据程相文《对外汉语教材的创新》记:"20 世纪的后 10 年,对外汉语教材的编写与出版出现了一种空前繁荣的景象,平均每个月都有十几种教材面世。"如《桥梁——使用汉语中级教程》(陈灼主编,1996 年初版,2000 年第二版),北京语言文化大学汉语学院组织编写的 60 多部《对外汉语本科系列教材》(北京语言文化大学出版社,1999),《华夏行——现代汉语中级读本》(*A Trip To China*:*Intermediate Reader*)(周质平等,Princeton UniverBity Press,1996)等。

虽然现在所使用的教材种类层出不穷,令人眼花缭乱,但大体上可以从如下两个方面来分析不同教材之间的差异。

(一)不同学校使用汉语教材的情况

在美国教授汉语、使用汉语教材的主要有美国的中文学校、中小学、大学、孔子学院、各种私营性质的网络学校等。根据所适用的人群不同,每个种类的学校所使用的教材差异非常大。①美国中文学校所使用的教材大体上有三类:台湾提供的华语教材;中国内地编写的教材,如暨南大学编写的《中文》;美国当地汉语老师编写的教材。其中台湾中文教师编写的教材是简繁并列、拼音和注音符号共存。②美国小学、初中的汉语教材很少,大多数没有统一教材。很多时候是在课堂上围绕某一个主题,教师自行决定所要使用的材料。这些材料有"汉办"送去的材料,有美国出版的汉语教材汉语书籍,也有网络上的一些汉语资料。现在美国很多小学正在尝试沉浸式双语教学,在其他课程如数学课使用中英两种语言进行教学,让学生学习到的语言知识可以学以致用,避免了语言学习的枯燥和无成就感。③美国高中所使用的汉语教材常常与大学所使用的汉语教材一致,如大学里使用的《中文听说读写》(*Integrated Chinese*,姚道中、刘月华等主编,Cheng&Tsui出版社出版),当然也有一些高中老师自己编写的教材。④美国大学汉语教材的特点是,综合课(精读课)汉语教材数量、种类相对较多,而分技能分语素汉语教材数量较少,种类相对单一。同时年级越低,所使用的教材越单一,而年级越高,各个学校所使用的教材差异性就越大。如罗春英在《美国大学汉语教材现状对海外教材开发的启示》中提到的那样,在大学一、二年级,《中文听说读写》的使用率遥遥领先于其他种类的教材,而到了三四年级,几种常用教材的使用率却很接近,且都很低。这是因为大学一、二年级着重汉语语言学习,每个学校的教学目标相差无几,因此很容易达成共识。但越到高年级,每个学校的教学目标不同,因此所采用的汉语教材差别也很大,很多教师也更倾向于自己编写教材。美国大学除开设了初级汉语、中级汉语、高级汉语等,还开设了一些专门汉语、专业汉语课程供学生选择,如古代汉语相应教材《古代汉语:初级读本》(*Classical Chinese:A Basic Reader*,普林斯顿大学出版社)、商务汉语—相应教材,如《新世纪商用汉语》(*Open for Business:Lessons in Chinese Commerce for the New Millennium*, Cheng & Tsui出版公司2003年12月第二版)的课程。同时部分大学的汉语教材还有专门针对粤语、闽南语而编写的教材,如《广东语口语》(*Colloquial Cantonese*,Routledg出版公司2003年版)等。

(二)中国内地编写的汉语教材与美国出版教材的差别

在美国,中国内地所编写的汉语教材,很多都因为存在种种问题,而很难得到美国学生的青睐。其主要原因在于,国内教材内容虽然丰富,但难度也很大,教师很难在有限的学期内完成教学任务;同时教授方式也没能与美国的教学理念相接轨,没能很好地体现"交际"的编写原则;而教材内容的背景与美国实际生活也很不一样,这也影响学生的理解。

与之相对的美国本土教材的特点是:①交际法、任务法逐渐取代了听说法。这样可以让学生围绕任务展开活动,使用汉语讨论广泛的话题,以培养语言能力。如由卡内基·梅隆大学吴素美、于明月、张燕辉、田维忠等编写,美国Prentice Hall公司出版的《中文天地》(*Chinese Link*)中,每一课都有"贯连和社区概述"(Connections and Communities Preview),这个版块是为了学生之间讨论几个与课本相关的问题,说说自己的想法。②繁简体并用,拼音与注音符号共存。随着中国的发展,中国巨大的市场潜力吸引了美国,学习简体字的人数也日益增加,这样的编写方式可以使学生根据实际需要,自行选择是学繁体还是学简体。这在台湾和美国汉语教师所编写的教材中表现更为明显。③教材内容、难度、背景、趣味性等更适合美国的教学和课时安排。美国出版的汉语教材相对国内来说,容量要小,这是与美国大学汉语课时安排较少相关的。同时其语料选择也结合了美国学生的日常生活,这样美国学生学起来就更加容易,其内容也更容易被学生掌握。另外,美国教材的趣味性较之于国内出版教材要强,使教材更具有可读性,有利于提起学生的兴趣。④教材的配套材料很齐全,充分利用网络技术。很多教材除了有学生使用的主课本外,还有教师用书、家长用书,以及单独的练习册,每一页可以单独撕下来。同时在网上还能找到相关的音频、视频等,更有利于学生的学习。无论中国大陆、香港还是台湾的汉语教材在美国汉语教材市场上所占的份额都很小,美国学校更多采用美国出版的、由精通中英文的汉语教师编写的教材。

近几年由 Routledge 出版社出版的美国大学汉语教材《现代汉语课程》在美国本土化汉语教材中具有一定的代表性,参编者在美国具有多年的大学汉语教学经验与相关研究成果,他们是美国中文教师协会主席 Caudia Ross,原美国哈佛大学中文部主任、现任教于美国圣十字学院的何宝璋(Baozhang He)以及 Pei-Chia Chen 和 Meng Yeh。该教材 2010 年出版了第一册,2012 年出版第二册,主要为美国大学本科零起点的学生提供两年的汉语学习,有简体和繁体版本,配备练习册和 CD。教材的编写设计"力求全面反映全美外语教学学会(ACTFL)倡导的外语学习的五项目标(5 C'S)。每一课以语言交际为中心,以中国文化为背景,引导学生做中美语言及社会习俗方面的比较,并提供大量的教学活动使学生把语言学习与其他专业知识的学习贯穿起来,以使他们能够在更广的范围内使用汉语。"[1]

二、原典选读

The Routledge Course in Modern Mandarin Chinese

选文为《现代汉语教程》第二册的第 25 课,这一课的具体的环节设置体现了教材编写的基本原则和创新特点。通过"过春节"这一中国传统文化主题了解文化与交际目的,让学生学习并运用"形容词+动词+得不得了""一边+动词,一边+动词"等关键语言结构,展开对西安文化古城的讨论。选文也体现了词和字分开介绍;汉字逐步代替拼音;强调汉字教学等创新特点。

---

[1] Caudia Ross,Baozhang He,Pei-Chia Chen,Meng Yeh. *The Routledge Course in Modern Mandarin Chinese*,Rouledge,2012. P. xix.

Lesson 25 过春节
Celebrating the New Year Festival

Culture and communication goals

■Become familiar with the basic traditions of the Chinese New Year holiday

■Understand the symbolic significance of items associated with the Chinese New Year

■Become familiar with the use of homophonous characters to convey or imply double meanings

Key structures

Adj V 得不得了 *extremely AdjV*, *unbearably AdjV*

NPs with the main noun omitted

focusing on the duration of a situation：V 着 and V_1 着 (object) VP_2

NP 的 dǐ 下 *below NP*, *under NP*

another way to express duration：V duration 的 object

帮 zhù,帮,帮忙 *help*

一边 VP_1,一边 VP_2 *do VP_1 and VP_2 at the same time*

the adverbs 刚刚 *just completed an action*, 刚才 *just a moment ago*

等到 *when an action occurs*

从来 NEG (VP) *never do (VP)*, *have never done(VP) before*

没想到 +S *I never thought that…*

Narrative

春节正是学校放 hán 假的时候。今年 hán 假高美丽没有回家,因为叶友文请高美丽跟她一起回家去过春节。美丽很高兴能到中国人的家跟中国人一起过春节。友文的家在西 ān,离北京比较远。他们是坐火车回去的。因为全中国有很多的人都要在这个时候回家去看家人,所以坐火车的人非常多。车上 jǐ 得不得了。有坐着的,有站着的。有站着睡觉的,还有 tǎng 在火车 zuò 位 dǐ 下睡觉的。他们坐了九个多钟头的火车才到家。

到家的时候,虽然都已经累极了,可是一看到友文的家人,他们就一点也不觉得累了。因为是除 xī 夜,友文的家有很多人。除了她的父母以外,还有友文的 shūshu,也就是友文爸爸的弟弟和一些朋友。友文把美丽介绍给家人。美丽认识了友文的家人以后,她就开始帮 zhù 叶妈妈跟全家一起 zhǔnbèi 年夜饭。大家一边做饭,一边 liáo 天。他们说到已经过去的一年,也谈到每个人在新的一年里的 jìhuà。

Dialogue

Part A

美丽： shūshu、āyí,您家的年夜饭真 fēngfù、太好吃了。我吃得太 bǎo 了。

叶妈妈:吃完饭,我们先吃点水果、喝点茶,然后一起 liáo 天、bāo 饺子。

美丽： 为什么刚刚吃完饭,就开始 bāo 饺子呢?

叶妈妈:中国人,过年很多人都吃饺子。在年三十,也就是除 xī 夜,十二点以前 bāo好,等到半夜的时候吃。

友文： 半夜的时候就是新的一年了。父母会给孩子红 bāo,我们也都大了一岁了。

美丽,你知道你是 shǔ 什么的吗?

美丽： 我知道。我是 shǔ lóng 的。我想我是一个黄头 fa 蓝 yǎnjing 的"lóng 的 chuán 人"吧。

友文： 听,外边放 biānpào 的 shēng 音越来越大了。真 rènao。

美丽： 我们也到外边去看看吧。

Part B

美丽： 友文,你家门上的"春"字 tiē dào(倒)了。

友文： 不是"春"字 tiē dào 了,是"春"到了。"春"……到了。

美丽： 我明白了。"Dào"跟"到"同音。把"春"字 tiē dào 了意思是说春天到了,春天来了。

友文： 说得很对。刚才我们吃的 yú 好吃吗?

美丽： 好吃极了。我从来没吃过这么好的 yú。

友文： 你知道吗,年夜饭一定都有 yú。吃的"yú"跟"年年有 yú"的"yú"同音。意思是让你在新的一年里生活得更好。

美丽： 没想到同音字跟中国文化有这么大的关系。

友文： 十二点到了。新的一年到了。

美丽： 新年快乐。

友文： gōng 喜 fācái,红 bāoná 来!

Vocabulary

Narrative

bùdéliǎo	不得了	adjectival verb phrase	*amazing , awful , unbearable; extremely , unbearably*
chúxī	除 xī	noun	*Chinese (lunar) New Year's Eve*
dǐxià	dǐ 下	noun	*below*
hánjià	hán 假	noun	*winter vacation*
jǐ		verb	*crowd , squeeze*
jiārén	家人	noun	*family members*
liáotiān	liáo 天	verb+object	*chat*
niányèfàn	年夜饭	noun phrase	*New Year's Eve family dinner*
tǎng		verb	*lie down*
xī'ān	西 ān	place name	*Xi'an (city in central northwest China , capital of Shanxi Province)*
yībiān	一边	noun; conjunction	*on one side , at the same time*
zhàn	站	verb	*stand*
zhǔnbèi		verb	*perpare*
zuòwèi	zuò 位	noun	*seat*

Dialogue

Part A

bāo		noun;	*bag (see also 红 bāo) ;*

		verd	wrap
biānpào		noun	fireworks
chuánrén	chuán 人	noun	descendant
fàng	放	verb	set off (firecrackers)
fēngfù		adjectival verb	abundant
gānggāng	刚刚	adverb	just a moment ago
guònián	过年	verb phrase	observe Chinese New Year
hóngbāo	红 bāo	noun phrase	red envelope with money inside given as a gift
lóng		noun	dragon
lóngde	lóng 的	noun phrase	descendant of the dragon
chuánrén	chuán 人		
niánsānshí	年三十	noun phrase	last day of the year
ránhòu	然后	adverb	afterward
rènao		adjectival verb	lively
shēngyīn	shēng 音	noun	sound
shǔ		verb	belong to
tóufa	头 fa	noun	hair
yǎnjing		noun	eye

Characters

茶	chá	tea	
除	chú	*	除了 (chúle) except
等	děng	wait	
弟	dì	younger brother*	弟弟 (dìdi) younger brother
父	fù	father*	父母 (fùmǔ) father and mother
更	gèng	even more	
黄	huáng	yellow	
活	huó	live	生活 (shēnghuó) life, 生活 (shēng huó) live
火	huǒ	fire	火车 (huǒchē) train
极	jí	*	极了 (jíle) extremely, 好极了 (hǎojíle) terrific
假	jià	*	放假 (fàngjià) begin vacation,
			shǔ 假 (shǔjià) summer vacation,
			hán 假 (hánjià) winter vacation
饺	jiǎo	*	饺子 (jiǎozi) dumplings
较	jiào	*	比较 (bǐjiào) relatively, comparatively
节	jié	holiday; (classifier for class)	
			春节 (Chūnjié) Spring Festival, Chinese New Year; 一节课 (yī jié kè) one class
介	jiè	*	介绍 (jièshào) introduce
蓝	lán	blue	
乐	lè;	happy	快乐 (kuàilè) happy, 可乐 (kělè) cola;
	yuè	* music	音乐 (yīnyuè) music

Stroke Order Flow Chart

acter:strokes   total strokes

茶	一	十	艹	艹	犬	苁	苓	茶	茶				9
除	⻗	⻖	⻖	队	险	险	除	除	除				9
等	ノ	⺦	⺦	⺮	竺	竺	竺	竺	笔	笔	等	等	12
弟	⺮	⺀	⺍	兰	弟	弟	弟						7
父	ノ	八	少	父									4
更	一	厂	币	戸	百	更	更						7
黄	一	十	艹	共	节	芑	苗	苗	苗	黄	黄		11
活	⺀	⺀	氵	氵	汗	汗	汗	活	活				9
火	⺀	⺀	少	火									4
极	一	十	木	木	杉	杉	极						7
假	ノ	⺅	⺅	作	作	作	作	作	作	假	假		11
饺	ノ	⺈	⻊	饣	仒	仒	饮	饺	饺				9
较	一	土	车	车	车	车	车	车	较	较			10
节	一	十	艹	芍	节								5
介	ノ	人	介	介									4
蓝	一	十	艹	产	产	茈	茈	芷	芷	苎	蓝	蓝	13
乐	⺌	匚	乐	牙	乐								5
母	⺄	口	母	母	母								5
全	ノ	人	全	全	全	全							6
认	⺀	讠	认	认									4
绍	⺄	⺡	纟	绍	绍	绍	绍	绍					8
识	⺀	讠	讠	识	识	识	识						7
谈	⺀	讠	讠	讠	讠	谈	谈	谈	谈	谈			10
夜	⺀	⺀	广	广	夜	夜	夜	夜					8
音	⺀	⺀	立	立	立	产	音	音	音				9
远	一	二	亍	元	远	远	远						7
越	一	十	土	丰	丰	走	走	走	走	越	越	越	12
着	⺀	⺀	兰	兰	兰	羊	着	着	着	着	着		11
正	一	丁	下	正	正								5

Dialogue practice

Narrative:Working with a partner, find out more about 西 ān and report your findings to the class. Your report should include something about the history of the city, its location, and famous sites within the city that

美丽 can see while she is there.

Dialogue 25A: Working with a group of classmetes born in different years, learn the year of the Chinese zodiac that each of you belongs to. Investigate some of the characteristics of each of your signs and use that information to introduce your group to the class in Mandarin.

Dialogue 25B: The Dialogue presents two common symbols of the Chinese New Year, the upside-down character 春 and the inclusion of a fish in the New Year dinner. Working with a partner, use the internet and other reference materials to find other symbols with dual-meaning associated with the Chinese New Year. Explain one of them to your classmates in Mandarin.

Use and structure

1. AdjV 得不得了 *extremely AdjV, unbearably AdjV*

不得了 is a verb that means *terrible, awful, unbearable, amazing*. When it occurs as the main verb of the sentence, it can have either negative or positive connotations, though it is often used sarcastically.

那个人真不得了。

That person is really amazing.

不得了 also occurs in the structure AdjV 得不得了. When used in this way, it is an intensifier suffix for adjectival verbs, similar to the intensifier suffix 极了 *extremely*.

车上 jǐ 得不得了。

On the train it was extremely(unbearably)crowded.

昨天的考试难得不得了。

Yesterday's test was awfully difficult.

2. NP with the main noun omitted

You a have learned that descriptions of a noun always occur before the noun, typically followed by 的, and that when the main noun is understood from context, it may be omitted. You always know where the main noun would go if it were present: it would directly follow. In the following sentences from the dialogue, the main noun is omitted four times. The implied"missing"noun is 人 *people*.

有坐着的(人),有站着的(人)。

There were(people)sitting(sitters), there were(people) standing (standers).

有站着睡觉的(人),还有 tǎng 在火车 zuò 位 dǐ 下睡觉的(人)。

There were (people) sleeping while standing, and there were (people)lying under the seatss leeping.

3. Focusing on the duration of a situation: V 着 and V₁着(object) VP₂

Lesson 17 we learned to use 忙着+VP to indicate that someone is *busy doing the action of the verb.* (See Use and Structure note 17.2.) 着 is an aspectual suffix that focuses duration. In this lesson we learn to use 着 to indicate that the subject is in the middle of some situation, or that a situation has some duration.

Sentence pyramids

1.	
不得了	*amazing, unbearable*
jǐ 得不得了	*unbearably crowded*
车上 jǐ 得不得了。	*On the train it was incredibly crowded.*

2. dǐ 下 zuò 位 dǐ 下 tǎng 在 zuò 位 dǐ 下 有的人 tǎng 在 zuò 位 dǐ 下。	*underneath* *underneath the seat* *lie underneath the seat* _____
3. 睡觉 站着睡觉 他们站着睡觉。	*sleep* *sleep standing up* _____
4. 有站着的 有坐着的,有站着的。 车上 jǐ 得不得了。有坐着的,有站着的。	*there were (people) standing* *there were (people) sitting, there were (people) standing* *On the train it was incredibly crowded. There were (people) sitting, there were (people) standing.*
5. 远 比较远 离这儿比较远 她家离这儿比较远。	*far* *relatively far* *relatively far from here* _____
6. 火车 九个钟头的火车 他们坐了九个钟头的火车。	*train* *nine hours' worth of train* *They rode the train for nine hours. (Literally: They rode for nine hours' worth of train.)*
7. 饺子 bāo 饺子 帮 zhù 他们 bāo 饺子 我想帮 zhù 他们 bāo 饺子。	*dumplings* *wrap dumplings* *help them wrap dumplings* _____

Language FAQs

同音字:Characters with the same pronunciation

When two characters have identical pronunciation(including their tones), they are called 同音字. 同音字 are commonly used in Chinese puns and riddles, and also to convey symbolic significance. In fact, it is sometimes the pronunciation of the syllable alone, and not the character, that conveys the double meaning, and in the dialogue, we learn two instances of this.

The first is the character 春 hung upside down(dào) to convey the meaning 春到了 *spring has arrived*. The second is the inclusion of a fish (yú) at the New Year's Eve meal every year to suggest the word surplus (yú) and to convey the meaning *have a surplus every year* (年年有 yú).

Sometimes pairs of characters that have the same pronunciation in one dialect of Chinese carry symbolic significance even in dialects where they do not have identical pronunciations. This is the case for the number 8 (八 bā) and the character for prosperity(发 fā). Even in dialects such as Mandarin in which they are not identical in pronunciation, the number 8 is considered a lucky number because of its association with 发(fā) *prosperity*.

Notes on Chinese culture

Referring to the Chinese New Year and New Year greetings

The traditional name for the Chinese New Year holiday is 春节, the Spring Festival. The expression 新年 *New Year* is relatively new in China. It is sometimes used to refer to the Chinese New Year, but it also refers to the New Year on the solar calendar(January 1). The expression 过年 means to observe the rituals associated with the Chinese New Year holiday.

Gōng 喜 *congratulations* and Gōng 喜 fācái *congratulations and be prosperous* are traditional Chinese New Year greetings. 新年快乐 *Happy New Year* is a relatively new greeting for the new year, but it is now widely used in mainland China and in Taiwan during the Chinese New Year holiday.

What is your Chinese zodiac sign?

The Chinese zodiac consists of twelve animal signs, and people born during a particular year are said to have the characteristics associated with their animal sign. The twelve-year cycle of the zodiac is paired with a five-year cycle of the elements(earth, metal, water, wood, and fire) so that it takes sixty years to complete the entire cycle of twelve animals and five elements. For this reason, one's 60th birthday is considered very important. The signs of the zodiac are presented below, from *rat* to *pig*. Do a little internet research to find your sign. If you were born in January or February, check the date when the Chinese New Year began that year. The Chinese New Year is based on a lunar cycle and is on a different date in the solar calendar from year to year.

The twelve animals of the Chinese zodiac			
鼠(shǔ) rat	牛(niú) ox	虎(hǔ) tiger	兔(tù) rabbit
龙(lóng) dragon	蛇(shé) snake	马(mǎ) horse	羊(yáng) sheep
猴(hóu) monkey	鸡(jī) rooster	狗(gǒu) dog	猪(zhū) pig

Red envelopes

In Chinese culture, red is the color of good luck and happiness, and gifts of money are traditionally presented in 红 bāo *red envelopes*. Parents, grandparents, uncles, and aunts often give red envelopes at New

Year. Wedding gifts are also presented in red envelopes.

Getting a year older at Chinese New Year

In traditional Chinese culture, you are one year old at birth, and at Chinese New Year you gain a year. It has become very common in China for people to celebrate their birthdays on the anniversary of their birth, but Chinese people still use the traditional way of calculating age for certain purposes.

Descendants of the dragon

Dragons play an important role in Chinese folk tales and traditions, and Chinese people sometimes call themselves "descendants of the dragon." A song written by singer-songwriter Hou Dejian in the late 1970s further popularized the expression. Find the lyrics to the song on the internet and learn the song.

Lesson 25

Narrative in English

The Spring Festival is when students begin winter vacation. This year for winter vacation Gao Meili did not return home because Ye Youwen invited Gao Meili to go home with her to celebrate the Spring Festival. Meili was really happy to be able to go to a Chinese family's home and celebrate the Spring Festival with Chinese people. Youwen's home is in Xi'an, pretty far away from Beijing. They took the train there. Because a lot of people throughout China want to return home at this time to see their families, there was an extremely large number of people taking the train. On the train it was unbearably crowded. There were people sitting and people standing. Some were sleeping standing up, and some were sleeping lying under the seats. They rode for nine hours and finally arrived home.

When they got there, although they were already extremely tired, as soon as they saw Youwen's family they didn't feel tired at all. Because it was New Year's Eve, there were a lot of people at Youwen's home. Besides her father and mother, there were Youwen's uncles, in other words "Daddy" Ye's younger brothers, and a few friends. Youwen introduced Meili to her family. After Meili met Xiao Ye's family, she began helping "Mama" Ye and the whole family prepare the New Year's Eve dinner. Everyone cooked and chatted. They talked about the year that had already passed, and they talked about everyone's plans for the new year.

Dialogue in English

Part A

Meili: Uncle, Aunt, your New Year's Eve dinner has so much food and it is so good. I've eaten until I am too full.

Mama Ye: After we finish, we'll first eat a little fruit, drink a little tea, and then we'll all chat and make dumplings.

Meili: Why is it that, right after we finish eating, we begin making dumplings?

Mama Ye: At Chinese New Year lots of Chinese people eat dumplings. On the last day of the year, that is, on New Year's Eve, we get them all ready before midnight, and then when it is midnight we eat them.

Youwen: Midnight is the New Year. Parents give their children red envelopes, and we all also get a year older. Meili, do you know what zodiac animal you are?

Meili: I know. I am a dragon. I think I am a blonde-haired, blue-eyed "descendant of the dragon."

Youwen: Listen, the sound of fireworks outside is getting louder and louder. It's really lively.

Meili: Let's go outside to watch too.

Part B

Meili: Youwen, the character "spring" on your door is attached upside down(dào).

Youwen: It isn't that the character "spring" is attached upside down(dào), it is that "spring" has ar-rived. "Spring"… has arrived(dào).

Meili: I understand. "dào"(upside down) and "dào"(arrive) have the same pronunciation. To take the character "spring" and hang it upside down is to say that spring has arrived.

Youwen: You are right. Was the fish that we ate a little while ago good?

Meili: It was extremely delicious. I've never eaten such a delicious fish before.

Youwen: Did you know that the New Year's Eve dinner must include fish? The fish that we eat and the word yú(*surplus*) in the expression "niánnián yǒu yú"(*have a surplus every year*) have the same pronunciation. The idea is to have you live even better in the new year.

Meili: I never thought that homophonous characters would play such a big role in Chinese culture.

Youwen: It's 12 o'clock. The new year has arrived.

Meili: Happy New Year!

Youwen: Congratulations and be prosperous, and give me red envelopes!

三、建议阅读书目

姚道中,刘月华,等. 中文听说读写(*Integrated Chinese*)[M]. 波士顿:Cheng&Tsui Company,1997.

周质平,等. 无所不谈:现代汉语高级读本[M]. 普林斯顿:Princeton University Press,2006.

四、思考题

1. 美国本土有哪些汉语教材?

2. 美国汉语教材有什么特点?

3. Ross 等编写《现代汉语教程》的基本原则是什么?

第三节　法国汉语教材

一、概　述

法国自行编写汉语教材具有悠久的历史,教材数量繁多,各有特点,也不同程度地发挥过各自的作用。如戴密微(Paul Demiéville)编写的《基础汉语教程》(1953),主要是一些文章的汇编;布尔热瓦的《基础汉语课本》(1965),是法国第一部专以中学生为对象的汉语教材;李治华的《汉语视听课本》(1974),使用结构完整的视听教学法教授现代口语;游顺钊和戴乐生的《有没有护照》(1974),为一套视听汉语课本;高静的《每日汉语》(1976),是一本口语教材;康多的《吸收的方法》(1981),编者的意图在于提高学生的口头会话和表达能力;来客仙和德丽芬的《现代汉语程序教材》(1986),也是一本汉语入门教材,一度被法国不少大学所采用;白乐桑(Joël Bellassen)和张朋朋的《汉语语言文字启蒙》(1989—1991),重点放在汉字上,强调记字、组词能力;华为民的《这是汉语》(2000),是一本"汉语双轨教程",分"读写本"和"听说本"两册。

第二次世界大战后几十年法国出版的汉语教材中,比较有代表性的是《汉语语言文字启蒙》(法文书名为 *Méthode d' Initiation à laLangue et à L' Ecritute chinoises*),这是法国中文教师协会主席若艾尔·白乐桑与中国北京语言学院讲师张朋朋合作编写,供法国中学使用的汉语教材。该书于 1989 年 10 月在法国由 la Compagnie 公司出版后,一年多就售出 5 000 多册,创下了法国汉语教材有史以来的最高年销售量纪录。此书不仅参加了法国 1990 年语言教学国际博览会,而且还受到法国汉语教学界的普遍好评。法国《世界报》《费加罗报》《欧洲日报》等大报均载文予以报道,法国电视三台也进行了专题采访。此书深受学生欢迎,也得到了中文教师和法国专家的好评,现该书已成为法国中学的通用教材,并被法国高校、中学、民间团体和官方等广泛使用,多次再版,历经 10 余年持续不衰,仍呈稳定上升趋势,现在年销售量为两万五千册,法国任何一部汉语教材都无法与之抗衡,可以说《汉语语言文字启蒙》牢牢地统治着法国的基础汉语教学领域。

该书作者若埃尔·白乐桑是法国著名汉学家。1950 年出生于阿尔及利亚,1973 年成为法国第一批公派赴华留学生,前往北京语言学院进修汉语,第二年转入北京大学。1975 年回法国开始从事汉语教学、汉语教学研究和汉语推广工作。1978 年获巴黎第七大学汉学博士学位的同时,通过了法国的汉语专业中学教师资格会考。1991 年至 2000 年任巴黎第七大学中文系副教授,2000 年起任法国东方语言学院教授和巴黎政治学院汉语教授。曾在 1998 年被任命为法国教育部的兼职汉语总督学,还担任世界汉语教育协会副主席,2006 年 3 月 1 日被法国教育部任命为首位专职的汉语总督学(Inspecteur général de chinois),负责全法汉语教学大纲和考试大纲的制订与修改,汉语师资力量的考核和聘用。

白乐桑在汉语教学实践和理论研究中推崇"字本位"的教学方法。在《汉语语言文字启蒙》教材中,白乐桑提出"字本位"的概念:"汉语的一个重要特点是,汉字是表意文字,个体突出,以单个汉字为基础可以层层构词,故本教材可称为'字本位教学法'。作者使用此法曾有多年的实践,教学效果事半功倍。"因此,白乐桑在三千多个常用字中选择了使用率最高的四百个汉字,并以此为基础编写了本教材。

他先后担纲主编了《汉语语法使用说明》《汉字的表意王国》《说字解词词典》等著作十余部,发表学术文章六十余篇,"字本位"教学理念一直贯穿始终。

二、原典选读

白乐桑:*A Key to Chinese speech and writing*

1989 年白乐桑出版的《汉语语言文字启蒙》分为绪论、正文和附录三部分。

绪论为学生学习汉语作些心理准备和提供一些有关汉语学习的基本知识,介绍作者的指导思想和教学方法,简介有关汉字的基本知识,介绍汉语的声母、韵母、声调和拼音方案以及92个常用汉字偏旁部首、40个最常用字表。正文上册共19课,分四个单元,第一单元属《汉语语言文字启蒙》初阶,只有一课,后面每六课为一单元。各课的基本体例由课文、词表、字表、书写、注释、运用、文化等部分构成。课文分为基本课文(叙述体)、对话(口语体)、手写体课文(书写形式);词表根据词性分组排列,标示汉语读音和法语对译词;字表为每个生字注音,解释常用字义以及由该字扩展的词;书写跟随式书写笔顺、汉字部件拆分与结构组合、古文字字形,说明字源;注释有讲解句型、虚词用法;运用主要是替换练习。下面原典选自绪论中的前言和第一课"您贵姓?"

INTRODUCTION

"Once upon a time in the north of China, there lived a farmer who, wanting to hasten the growth of his new shoots, went every morning to pull them up slightly. After a short time the shoots withered and died."

The ancient wisdom of the Chinese teaches us through this story that we must not fight against the nature of things. This is the first idea that guided me in devising this method. Many textbooks(Chinese ones included) westernize and "alphabeticise" Chinese. It is surely far more appropriate, however, to present the language as it really is, to reveal its own logic, its own spirit.

It is generally agreed that learning Chinese is a question of memory. Memory, however, is afraid of emptiness; it needs supports. Any method of learning Chinese must be constructed accordingly, providing where possible the essential elements for learning every Chinese character or sinogram (we have borrowed this new term from Delphine Weulersse and Nicolas Lyssenko, authors of *Methode programmée du chinois modern*).

These supports will be visual(the student will readily observe a character's original design), auditory(the student who remembers things when he hears them will benefit from saying out aloud the elements that compose a character) and gestural(the storke order and positioning).

Futhermore, considering the effort involved in memorising them, the number of new sonograms in a text must not exceed a certain threshold: it is often far better to have two texts of ten lines than one of twenty.

The Chinese language is made up of signs. This is an unavoidable fact generally ignored by textbooks that present only words without paying attention to the characters that make them up.

Our method propose to give characters the place they deserve and to reveal them in their many different facets.

Some sonograms are extremely rare whilst others are very frequently used. Frequency of usage is a major, although not absolute criterion in selecting the characters that make up this book. The naming of the characters in the dialogues for example was used as a chance to integrate other frequently-used sinograms that had not previously appeared in the book. The 400 characters used in the texts were chosen in such a way as to permit the recognition of 66.27% of all characters appearing in current reading material. They also constitute almost the entire list entitled SMIC("Seuil Minimum Indispensable de Caracteres" i. e. Indispensable Minimum Threshold of Characters) established by "L'Institut national de la recherche pédagogique" that serves as a standard for the level required for the (French)Baccalaureat.

Chinese characters are constructed with a puzzle-like logic and they are combined with a logic much like that of dominoes. The character "bright" for example is composed of two "pieces", the "sun" and the "moon" and when this character is combined with the character "white" it forms the word "to understand". Is it not therefore advantageous to learn these new signs and to explore the different possible combinations? This type of synthesis as utilised in all three sequences of this book is the application of a "snowball" effect that is unique to Chinese.

"Once upon a time in ancient China, a musician who had just finished composing a piece of music caught sight of a buffalo in a field and played for it the tune on his lute. The indifferent buffalo continued to browse on the grass."

Let us know how to marry our thoughts and acts with our objectives. Let us know how to adapt to those we communicate with as this story tells us. The originality of a language such as Chinese can neither be without consequence for the way we learn it, nor for the writing of a textbook such as this one.

If this Fundamental Approach manages, not to bring solutions, but at least to outline the overall picture and open new doors, it will have served its purpose.

Joël Bellassen

Paris, September 1989

人

SEQUENCE 1.1
第 1 课　您贵姓?

田立阳:您贵姓?

王月文:我姓王。

田立阳:你叫什么名字?

王月文:我叫王月文。

田立阳:他姓什么?

王月文:他姓马。

田立阳:他是不是中国人?

王月文:不是,他是法国人。

田立阳:他去哪儿?

王月文:他去中国。

我姓王,叫王月文。我不是法国人,是中国人。我去北京(Běijīng)。

我姓王,叫王月文。我不是法国人,是中国人。我去北京。

PRESENTATION

您	nín	you, your[polite form]	
贵	guì	honourable[polite qualifier], expensive	不贵,很贵,贵国

姓	xìng	surname, to be called		姓名
立	lì	to stand, to construct		中立,中立国
阳	yáng	sunny side of a hill, sun		
月	yuè	moon, month		月中,一月,二月,本月
文	wén	(written) language, culture		文人,文法,法文,中文
叫	jiào	to be called, to call(name)		
什	shén	see 什么		
么	me	see 什么		
名	míng	name		名人
字	zì	Chinese character		文字,十字,八字
去	qù	to go(to)		去年
儿	ér	child[phonetic suffix]		
	-r			名儿,姓儿,文儿,字儿

MEMORY TECHNIQUE

您

你 你 您 您 您

你+心　"you"+"heart"

心　a heart

贵(貴)

中 虫 虫 贵 贵 贵

中+一+贝　"middle"+"one"+"seashell"

賀　a bag filled with shells, symbol of wealth

姓

く 女 女 女 妙 妙 姓 姓

女+生　"woman"+"to be born, to give birth to"

女 生　a woman, the hands joined, one leg bent and a new shoot

立

丶 亠 亠 立 立

	◎ 太		a person *standing* on the ground

阳(陽)	🖐	了 阝 阝] 阳 阳 阳	
	✍ 阝+日	mound radical+"sun"	
	◎ 陽	*sun* rays on the side of a hill	

| 月 | 🖐 | 丿 几 月 月 | |
| | ◎ 月 | a crescent *moon* | |

| 文 | 🖐 | 丶 亠 亠 文 | |
| | ◎ 文 | tattoos on the chest | |

| 叫 | 🖐 | 口 叫 叫 | |
| | ✍ 口+丩 | "mouth"+phonetic element | |

| 什 | ✍ 亻+十 | person radical+"ten" | |
| | ◎ 什 | a squadron of ten soldiers | |

| 么(麼) | 🖐 | 丿 么 么 | |
| | ✍ 丿+厶 | a stroke+private radical | |

名	🖐	丿 夕 夕 名	
	✍ 夕+口	"twilight"+"mouth"	
	◎ 名	what one says at night to be recognised	

字	🖐	丶 宀 宀 宁 字	
	✍ 宀+子	roof radical+"child"	
	◎ 字	a child at home, fed, educated...	

去	土 + 厶	"earth"+private radical
		a person leaving a place

儿(兒)	丿 儿	
		a child, its legs and the unclosed fontanelle

GRAMMAR
EXPLANATIONS

1. Besides using the final particle 吗 ma, an interrogative sentence can also be formed in alternative ways, e.g. Vb+neg+Vb or QVb+neg+QVb.

E.g. 他是不是中国人？　　　　他叫不叫王月文？

你姓不姓马？　　　　　　中国大不大？

你去不去中国？

APPLICATIONS

您贵姓？

我姓王。

田	马
他	田立阳
您	王月文

你叫什么名字？

我叫王月文。

他姓什么？

他姓马。

你	王
您	李

他是不是中国人？

他不是中国人。

你	法国人
您	美国人
你们	日本人
他们	中国人

你姓不姓马？

我姓马

叫不叫	田立阳
去不去	中国
姓不姓	王

他去哪儿？

他去中国。

你	美国
你们	日本
他们	中国
小马	法国
小王	日本

CIVILISATION

- Traditional Chinese courtesy requires that the person being addressed is praised：e. g. 贵姓 guìxìng "your surname"（lit. "your honourable surname"）. On the contrary the speaker will belittle him or herself：e. g. 敝姓 bìxìng "my surname"（lit. "my dishonourable surname"）, 拙著 zhuōzhù "my work"（lit. "my clumsy composition"）.

- In Chinese the surname always precedes the given name.

- A surname usually consists of only one sinogram, a first name of one or two sinograms. In 毛泽东 Máo Zédōng , 毛 Máo is the surname and 泽东 Zédōng is the given name.

- There are very few surnames（around one hundred）. In order of popularity the most common are 李 Lǐ, 王 Wáng, 张 Zhāng, 刘 Liú, 陈 Chén, 杨 Yáng and 赵 Zhào. The Lis for example, number in the ten millions. A local saying goes "In Guandong it's the Chens, in the universe it's the Lis". "The Chens and the Lis make up half the universe" is said in Fujian, not without a little exaggeration.

- On the other hand there are an infinite number of given names. A wish made by the parents, or the circumstances and place of birth are the factors that usually influence the choice of the sinograms that make up the given name. Given names therefore have a meaning.

- Sometimes a male given name cannot be distinguished from a female given name but the meaning of the sinograms will often give an indication. A female given name will often include a sinogram such as "flower", "beauty" or "perfume", etc.

- To translate a foreign name into Chinese two or three characters are chosen that more or less transcribe the name phonetically：

≫Nonetheless one would look at the meaning of the characters in the given name.

≫If possible one would attempt to make the first character（as it would be considered to be the surname）an already existing Chinese surname.

≫De Gaulle：戴高乐 Dài Gāolè（gāo：tall, lè：happy）.

三、延伸阅读书目

刘社会. 评介《汉语语言文字启蒙》[J]. 世界汉语教学,1994(4).

白乐桑. 汉语教材中的文、语领土之争:是合并,还是自主,抑或分离? [J]. 世界汉语教学,1996(4).

王若江. 由法国"字本位"汉语教材引发的思考[J]. 世界汉语教学,2000(3).

四、思考题

1. 法国汉语教学有哪些?

2. 如何评价《汉语语言文字启蒙》?

3. 评价白乐桑对法国汉语教材编写的贡献。

第五章　汉语作为第二语言的习得

　　汉语作为第二语言的习得是汉语国际教育的重要组成部分。作为一位优秀的汉语国际教育老师,应该对不同文化与母语的汉语学习者进行深入细致的把握,懂得他们学习汉语的基本特征、普遍规律以及典型的语言偏误,从而通过有效的教学手段与方法进行汉语教育,否则就是无的放矢,教师花费了很多精力而学生学习汉语的效果却不明显。

　　要对汉语学习者的习得进行掌握,除了教学经验的积累之外,还需要借鉴汉语习得研究的成果来提炼。中国大陆汉语习得研究始于20世纪80年代,若从鲁健骥(1984)引进中介语理论算起,至今正好走过了30个年头。作为一个年轻的领域,汉语作为第二语言的习得研究大多数是在国外二语习得理论和方法的框架内进行的,但在吸收国外理论的过程中也形成了自己的特点,成为第二语言习得理论的重要补充。

　　第二语言习得涉及三个方面:学习者的母语、目的语、中介语;学习者普遍性的认知规律与习得方式;以及学习者的外部因素、内部因素以及学习者的个体差异。汉语教学领域的二语习得重点关注汉语偏误、汉语中介语、汉语作为第二语言的习得过程、汉语习得的认知等方面。作为汉语教师,也要懂得汉语学习策略和学习心理,对学习者的个体差异、认知风格以及认知环境应有清楚的认识。

　　我们进行习得研究的目的是发掘不同国别、不同语言背景学习者的学习特点、习得顺序和学习心理,把握其学习规律,从而寻找最适合的教学模式。在推广汉语国际教育的新形势下,从地区化、国别化视角出发深化第二语言习得研究显得尤为重要。北美学生汉语习得的特点是母语作为英语的学习者,由于英语是主语突出的语言,所以北美学生的汉语习得表现出主题突出的特征,尤其在存现句学习上很明显。这些学生在声调发音方面偏误较为显著。欧洲学生汉语习得与北美学生有相似之处,同样也具有与亚洲学生习得不同的特点,如介词使用的频率较高。但是欧洲不同的国家也有差异,根据崔希亮的调研,介词使用频率从高到低排序为:俄语>西班牙语>意大利语>法语>德语>塞尔维亚语>英语,汉语常用介词在欧美学习者的中介语中,最常用的介词是"在",偏误率最高的介词是"被",最低的介词是"对"。亚洲学生习得具有不同的特点。亚洲学生在汉语习得过程中来自文化方面的障碍较不明显,而最主要、最普遍性的障碍却是语音的习得和汉语汉字的习得,其母语与目的语汉语的语音和汉字字形之间的异同点构成了很大的负迁移因素,从而强烈地干扰着他们的汉语学习。当然不同国家的汉语学习具有不同的特点,不同汉语水平以及不同年龄的学生的汉语习得过程也是有差异的。

第一节　北美学生汉语习得

一、概　述

北美学生具有其他洲外国人汉语习得的普遍特点,但也具有不同的特征,这与学习者以英语作为母语的情况是有密切关系的。

第一,汉语语音习得特点,美国人汉语音调习得呈现出阴平比较容易,去声次之,而阳平和上声学习较为困难,容易混淆;也有学生在学习阴平和去声的难度大,而学习阳平、上声和轻声难度相对容易。北美学生声调习得错误类型主要集中在调域方面而不是集中在调型上,但是有的学生在习得阳平声调时显得最为复杂,具有调型和调域错误,首字最主要的错误是读得像低调,前低后高,就形成了低平调。由于英语是非声调语言,语调是北美学生学习汉语的难点之一,尤其是进入语言流后声调错误率急剧上升。在变调发音方面也较为困难,尤其是上声变调特别困难。从说话者的调域、声调的辨听偏误、发音偏误等方面对声调的习得进行的深入调查和研究显示,北美学生汉语声调习得具有相当大的难度和复杂性。

第二,北美学生习得汉字具有外国学生普遍的汉字习得特点,在汉字习得错误类型方面有形似形符的替代,如把"昨"字中的"日"写为"目";有义近形符的替代,如把"饮"字写成"米+欠";有相关形符的替代,如把"奶"写成"牛+乃";有形符的类推,如把"拿"写成"合+毛";有形符的累加,如把"相信"写成"想信";等等。北美学生的认读汉字的策略也具有规律性,初级学生更多借助视觉—字形和语音的混合策略,而中级汉语学习者主要采用语音策略,熟练程度较高的高级汉语学习者较少使用语音信息,汉字命名与字义识别是没有根本差别的。北美学生在学习书写错别字方面也有一定的规律性,随着汉语水平的提高,错字占错别字的比例开始下降,而别字的比例则开始上升。但是由于语言文化的差异,北美学生习得汉字也有一些新的特点,如在学习 HSK 等级的不规则形声字过程中,学习甲乙丙级字明显的平均错误率要高于日韩学生,在学习规则的形声字过程中的平均错误率比日本留学生高,相对韩国则较为复杂,平均错误率有时高有时低。

第三,北美汉语学习语篇也有其普遍性特点和特殊性。研究调查显示,北美初级学生在语篇照应方面出现的典型习得错误最多的是人称照应方面的错误,体现为"数"的方面不一致,如以"我们"照应语篇中的"我",尤其体现为代词照应多余的错误;也有零回指照应不清楚的错误,如"我们现在在北京生活,离她太远。已经成家,独立生活";也有指示照应方面的错误,近指误用为远指或者远指误用为近指。代词照应多余的错误直接影响了篇章学习方面的错误,不能很好地运用省略,破坏了篇章中句与句之间的自然衔接关系。在句子顺序上由于受到英语分句逻辑顺序的影响也出现一些突出的篇章习得方面错误,另外关联词运用也是一个主要的篇章错误类型。

温晓虹(X. H. Wen)对北美学生习得汉语方面进行了长期的深入调查与研究。她是美国休斯敦大学应用语言学教授,中文研究部主任。主要研究领域为心理语言学与汉语作为外语的习得。主要著作有《汉语作为外语的习得研究:理论基础与课堂实践》(2008),《汉语作为第二语言的习得与教学》(2012),核心期刊学术论文 30 余篇,如发表于《世界汉语教学》《语言教学与研究》,*International Journal of Psycholinguistics*,*Foreign Language Annals*,*International Journal of Applied Linguistics*,*I. T. L. Review of Applied Linguistics*,*Heritage Language Journal*,*Journal of Chinese Linguistics*,*Journal Chinese Language Teachers Association* 等期刊。先后在美国两所高校任教,教授不同类型课 20 余种。获 Bowdoin 大学" Karofsky Teaching Prize "、休士顿大学" Lence Award for Teaching Excellence "、中国国务院侨务办公室"海外优秀华文教师"等教学奖项。获美国联邦政府和休士顿大学重要研究基金。先后任北京语言大学、海南师范大学、中原大学(台湾)客座教授,中山大学汉语教材研究基地专家,美国大学理事会顾问。

二、原典选读

温晓虹:主题突出与汉语存现句的习得

本文节选自温晓虹著《汉语作为外语的习得研究——理论基础与课堂实践》一书第二章的第二节(北京大学出版社,2008),原载于《世界汉语教学》1995 年第 2 期(总第 32 期),2006 年收入由王建勤主编的《汉语作为第二语言的学习者习得过程研究》(商务印书馆,2006)。文章就主题突出与汉语存现句进行了实验分析,表明母语为英语的学生学习汉语存在句时,基本不受母语中主语突出的特点的影响,在初级阶段就能够比较顺利地掌握典型的汉语存现句式。尽管在初级阶段存在着两种不同的英语母语转移现象,但此现象的频率并不高。主题突出是习得汉语存现句的一个重要特征。

我们对母语为英语的学生学习汉语存现句的情况进行了调查。英语是主语突出的语言,英语的存现句式由无语义的假位主语 there 所引导。中文的存现句式与英文不同。中文的存现句句首为非主语的主题,是处所词。因此,母语为英语的学生学习汉语存现句时,会经历习得不同语言类型的变化。本实验所收集的语料为三种不同汉语程度的美国学生及说普通话的中国人按照所给的内容和要求写出的 607 个句子。根据句型的不同,这些句子可归纳为五种句式,其中最常用的汉语存现句式被所有的学生广泛使用。统计数据显示不同汉语程度的学生在运用典型的汉语存现句时没有统计意义上的显著差别。实验结果表明,母语为英语的学生学习汉语存现句时,基本上不受母语的主语突出特点的影响,在初级阶段就能够比较顺利地掌握典型的汉语存现句式。尽管在初级阶段存在着两种不同的英语母语转移现象,但此现象的频率并不是很高。主题突出是习得汉语存现句的一个重要特征。

一、文献综述

近年来,研究习得第二语言的学者认为,在习得第二语言时,无论学习者的母语是主语突出还是主题突出的语言,在他们的中介语的初级阶段往往存在着一个主题突出的特征。主题突出这一特点成为第二语言或外语学习者习得语言时的一个普遍阶段(Givon,1984;Fuller&Gundel,1987;Sasaki,1990)。

Rutherford(1983)对英语中介语的发展情况进行了调查。他的抽样是母语为汉语、日语和韩语的学生。这三种语言的共同特点是主题突出,英语则是主语突出。母语为主题突出的学生在习得一种主语突出的语言时,其习得的过程和步骤是怎样的呢?Rutherford 的调查结果说明学习者的句式结构,由在语用学原则下的主述题句式,逐步转移为句法结构严谨的主谓语结构。学习者在初级阶段以语言的运用为第一需要,首先表达说什么(主题),叙述围绕主题所发生的事情。然后逐渐习得句法结构,主语这一语法概念逐步地代替了主题这一语用学的概念,松懈的主述题转为结构紧密的主谓语。

Fuller&Gundel(1987)调查了母语为不同语言类型(汉语、日语、韩语、阿拉伯语、伊朗语、西班牙语)的英语学习者的中介语中主述题和主谓语的分布情况,以研究母语对中介语的作用程度。参加实验的学生的母语可以归为两种:第一种是主题突出的语言,如韩语、日语和汉语;另一种为主语不很突出的语言,如阿拉伯语、伊朗语与西班牙语,实验结果表明,第一,在这两组抽样中,他们的中介语在主述题或主谓语的特征上没有区别;第二,无论学生的母语背景如何,他们的英语中介语中都有一个较为普遍的主题突出的特征。

在调查中介语是否有主题突出的特征时,研究者们遇到的一个问题是如何决定句子中的主题。Li&Thompson(1976)提出了划分主题的基本原则。但在判断所收集的语料的主题时,由于说话者的语境不清楚或不容易控制,有时很不容易判断哪个词是主题。Sasaki(1990)的实验研究解决了如何判断句子主题的困难。Sasaki 调查了日本中学生学习英语存现句的情况。他在收集语料时,要求学生必须在每个句子中都用处所词"Tara的学校"。这样,在整理学生的语料时,句子中的主题"Tara 的学校"便很明确了。Sasaki的实验结果表明学生的英语水平与主述题句式有密切的关系。低年级学生的英语中介语中的主述题形式颇明显,高年级学生的英语中介语中主述题的特征已不明显了,取而代之的是主语突出的特点。Sasaki 的实验结果与 Rutherford(1983)的实验结果是一致的。

Sasaki 的研究虽然成功地解决了判断句子中的主题的困难,但由于他的抽样是母语为日语的学生,日语是主题突出的语言,因此,他的实验结果很难证明造成英语中介语中主题突出的原因是什么,可能是由于母语的影响,学生把日语的特征直接迁移到英语中去了,也可能是主题突出这一特点在中介语中的一个必然的反映。目前所做的实验均为对英语中介语的研究,而大部分的学习者的母语都为主题突出的语言。我们需要一个双向研究,不但要研究母语为主题突出的学生习得的目的语为主语突出的语言的情况,同时也需要研究母语为主语突出的学生习得的目的语为主题突出的语言的情况。

本文调查母语为英语的美国学生对汉语存现句的习得情况。英语是主语突出的语言。英语的存现句式由没有语义的主语"there"所引导。汉语的存现句式与英语截然不同。句首是非主语的主题,是处所词。因此,美国学生习得存现句时,会经历习得不同语言类型的变化。

二、汉语的存现句式及其主题的判断原则

Li&Thompson(1976)提出主题突出的语言都具有若干普遍性的特征。继 Li&Thompson 以后,别的语言学家(Givon,1979;Gundel,1988)也对主题提出了判断原则,旨在抓住主题本质性的特征。然而,由于主题的一个特点就是灵活性,特别是在语言运用时,主题随着谈话的内容而变换。此外,无论是在主题突出还是在主语突出的语言中,在表层结构上,很多句子的主题与主语是一致的,如例句①(Li&Thompson,1981)。

①我　　喜欢吃苹果

　主题　　述题

　主语　　谓语

在例①中,"我"是主语,是动作行为"喜欢吃苹果"的发出者,同时又是主题,说明这个句子谈论什么。因此,"我喜欢吃苹果"这样的句子在表层结构中显示不出主语突出和主题突出的语言类型之间的差别。

所幸的是存现句在主语突出和主题突出的语言类型中,其表层结构就存在着明显的区别。英语的存现句由无语义的假位主语引导。Li&Thompson(1976)提出在主题突出的语言中不会有假位主语。因此,英语中的存现句是典型的主谓语结构。汉语中的存现句由处所词引导,处所词位于句首成为主题。最典型的汉语存现句都是由主述题构成的:

②(在)那个图书馆有十八张大桌子。

　　　　处所词+有+名词短语

由此可见,存现句在英语和汉语中的表现方式截然不同。存现句是一个用来检验不同语言类型的学习者第二语言习得过程的理想句型。本实验根据 Li&Thompson(1981)所提出的分析汉语主题的原则来分析所收集的语料。在句式上,汉语的主题有两个特征:①主题在句子中位于句首,②主题和述题之间可以加一个顿号或表示停顿的语气词(嘛、啊等)。

三、实验研究的目的与方法

此实验调查三个问题:①在汉语存现句的习得过程中,是否有一个普遍的主题突出的特征? ②如果主题突出是汉语中介语的一个特征,这一特征出现在什么阶段? ③学生习得存现句的过程是怎样的? 用了什么思维方式?

1. 实验参加者

实验参加者均为在美国学习中文的美国大学生和中国留学生,共76人。表1说明参加实验的学生的年龄和母语分布情况。

表1　参加实验者的情况

年级	人数	年龄	母语	目的语
1	24	20	英语	汉语
2	24	21	英语	汉语
3	18	23	英语	汉语
中国人	10	31	汉语	英语

2. 语言材料的收集方法

在美国两所大学6个修中文课的美国大学生被要求根据所给的内容写出8个句子。语料的收集是在中文课上进行的。教师发给每个学生一张纸,纸上用英文写着:“下面是一所图书馆的情况。请你根据所给的内容快速写出8个句子。你可以反复使用同一个句型。你所写的句子相互之间是没有关系的。请你在每个句子中都用上‘那个图书馆’这个词。”

十八本中文书

很多椅子

这样做的目的在于鼓励学生造存现句。所给学生的内容以词组的形式出现,以避免学生在造句时受英语影响,直接翻译。为了控制主题在句子中的多变性与灵活性,特定的处所词“那个图书馆”成为学生所写句子中的一个必需的成分,成为主题。此外,学生可以反复用同一句型。这样,从使用的频率中,我们可以判断出什么样的句式学生觉得最容易。总之,收集语言材料时的一个原则是使学生不受任何限制,不受母语的影响,充分给学生自由发挥的机会,希望学生造出的句子是自然的,是为了表达意思而生成的。

四、实验结果

受试的学生与说母语的中国人根据所给的短语和要求,一共写了607个句子。根据类型的不同,所给的句子可归纳为五类(Type),前四种都属于存现句。

实验用了Chi平方的数据来检验不同汉语水平的学生在运用每一类句型时是否有根本的差别。各个年级所运用的第一类、第二类和第五类的频率投合统计意义上的显著差别,而运用第三类和第四类的句型的频率有统计意义上的显著差别。

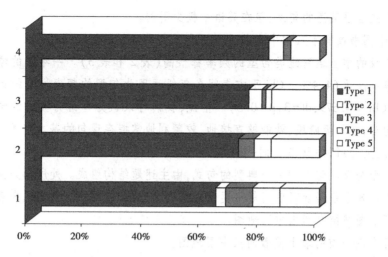

图1 不同语言水平的学生所造出的5种句型分类百分比
1.初级水平;2.中级水平;3.高级水平;4.本族语的中国人

表2 句型分类

年级	句型分类				
	1	2	3	4	5
1	123	6	18	18	26
2	139	0	10	1.1	32
3	109	6	2	3	24
中国人	65	4	2	0	8
总计	437	16	32	32	90

表3 句型分类百分比

年级	句型分类				
	1	2	3	4	5
1	64.4	3.1	0.4	0.3	13.6
2	72.4	0	5.2	5.7	15.7
3	15.7	1.2	1.4	2.1	16.7
中国人	82.5	5.0	2.6	0	10
总计	72.0	2.6	5.2	5.2	14.8

第一类为:处所词+有+名词短语

这一句型是汉语存现句中的一个最典型的形式,也是此实验所收集的语料中运用频率最高的,共437句,占总数的72%。这一句型由主述题构成,主题为处所词位于句首。

尽管这一句式合乎英语的句法,但在英语中极少用到。

例:那个图书馆有十八本中文书。

不同年级的学生运用此类句型的频率都很高(表2和表3)。一年级的学生用这一句型的频率也高达64.4%。Chi平方表明各年级运用此句型的频率没有统计意义上的显著区别($Chi^2 = 4.679$;$df = 3$,$p = 0.3$)。由此,我们可以认为母语为英语的学生在习得汉语存现句时,在初级阶段,就能够直接地、较顺利地掌握存现句的基本句式。

第二类为:处所词+状态动词+着+名词短语

此类句型是存现句中的一个典型的句式,由主述题结构组成。处所词为主题位于句首。给学生的8个短语既可以用第一类句式来表示,又可以用第二类句式来表示。如:

①a. 那个图书馆有两张中国地图。

b. 那个图书馆的墙上接着两张中国地图。

①a和①b在语义上是不同的。但在此实验中,语义的区别不是重要的。①b句式的动词后需要动态助词"着"或"了",因此比较难把握。而且,作为存现句,①a比①b简单且更常用。因此①a被优先习得。第一类句型的频率为72%,而第二类句型的频率仅为2.6%。

第三类为:有+名词短语+处所词

这一句型是存现句的另一种形式,不如第一种句式常用,其句式也是主述题结构。动词宾语是主题,处所词为述题位于句尾。第三类句式与第一类在语言实用方面不同。

②那个图书馆有十五本中文书。

③有三十五本中文书在那个图书馆。

收集语料时要求学生在每个句子中都用特定的处所词"那个图书馆",使之成为主题。在第三类句型中,主题是动宾短语,不是处所词。另外第三类句型与英语的存现句在词序上是平行的:

④There are thirty five Chinese books in that library.

⑤有三十五本中文书在那个图书馆。

因此,尽管第三类句型的语法正确,但学生在造此句型时所用的技能有两种可能性:一种是受母语的影响,把母语的句式直接迁移到汉语中去;另一种是掌握了汉语主题突出的特点,直接习得这一主述题的句型。如前者,学生在造此句时用了直译的方法。由于汉语没有假位主语,因此,把there省掉后句首就变成了一个动宾结构。如属于后者,则又是一个主题突出的特征在汉语中介语中的根据。

参加实验的不同年级的学生运用第三类句型的分布情况为一年级9.4%、二年级5.2%、三年级1.4%、中国人2.5%(表2和表3)。随着学生汉语水平的提高,造第三类句型的频率降低。Chi平方表明,不同水平的学生运用此句型的频率有统计意义上的显著差别($Chi^2 = 9.567$;$2f = 3$,$p \leq 0.05$)。这些现象表明在习得汉语存现句时,用直译的方式把母语的句式迁移到汉语中去了。

第四类为:名词短语+处所词

⑥三本法文词典在那个图书馆。

此类句型是主谓结构,在汉语中很少用,即使用,主语也总是特定的。汉语存现句的主语往往是特定的、或是有群体类属性的。如下句:

⑦我的那三本法文书在图书馆。

本实验给学生的名词都不是特定的,因此不宜用此句型。中国人在此实验中运用此类句型的频率为零。一年级的学生运用此类句型的频率最高,为9.1%,二年级次之,为5.2%,三年级为2.1%。Chi平方的结果表明不同汉语水平的学生运用此句型的频率有统计意义上的显著差别(Chi^2=6.22;df=3,p≤0.05)。

随着汉语水平的提高,学生造第四类句型句子的频率降低。这个现象和第三类句型的分布情况是一致的。因此,可以作出的初步结论是,在学习汉语的初级阶段,学生在一定程度上受母语的影响,造第二类句子时,学生用了直译的方法,因此,所造句子的次序与英语是一致的。在造第四类句子时,学生一般因受到母语语言类型的影响,所造的句子没有主语突出的特征。

第五类为:除了前四类句型外,学生所造的句子都归于第五类。第五类句子都不是存现句,句式有的属于主述题结构,有的属于主谓结构:

⑧在那个图书馆,我看了十五本日文书。

⑨那个图书馆的桌子、椅子都很新。

在这一实验中,尽管学生知道他们所造的句子之间相互没有关系,但在他们的语料中,特别是在高年级学生的语料中,学生仍然把句子连贯起来了。下面的a,b,c,d是一个学生写的:

⑩a.那个图书馆有十八本书。

　b.那个图书馆有三十五本杂志。

　c.在那个图书馆借用三本法文杂志。

　d.在那个图书馆买了两张中国地图。

在句⑩中,⑩c和⑩d部属于第五类。⑩c仍是主述题结构,⑩d则是主谓语法结构。在学生所写的绝大多数的段落中,第一句和第二句都是典型的存现句式(如⑩a和⑩b),是主述题结构。第三句开始,结构有所变化,出现了主谓语的结构。⑩d句就是一个这样的例子。这种现象是Givon(1983)提出的,本试验的结果为话语或段落的理论提供了一个证明。在一段话语和段落中,主述题结构往往在段落的一开始或前一部分。之所以这样是与人们交际时的需要分不开的,交际一开始,最重要的是确定主题。而且,在整个交际的过程中,当主题被遗忘、误解时,会被重新提起加以确定。人们确定主题的一个方法是用主述题结构来明确主题,把主题突出的结构放在段落的一开始(如⑩a和⑩b)。主题确定后,围绕主题所传递的新信息成为交际的内容,此时的句式结构由强调主题转为述题(如⑩d)。由此可见,在一段话语或段落中句式结构的选择常常取决于意思表达和交际的需要,取决于这一句子在某一段落中的位置。

五、讨论

1. 主题突出的特征

此实验所收集的语言素材表明,最常用的存现句式大量地出现在汉语学习的初级阶段。由此,我们可以对本实验所提出的第一个和第二个问题作一个初步的结论:主述题结构是汉语存现句的中介语中的一个明显的特征,而且学生在习得汉语的初级阶段,就习得了汉语中最典型的主述题结构。

Duff(1988)的实验从不同的方向研究了母语为汉语的学生习得英语的情况。Duff收集了中国初一到高三的学生用英语作文的语言素材。她的实验表明,低年级学生的英语中介语中有主题突出的特征,而随着学生英语水平的提高,他们的中介语中主题突出的特征减退,而主语突出的特征越来越明显。本实验与Duff的实验从相反的方向研究了类似的问题,得到了相似的结果,即主题突出的特征容易被学生掌握。

主题突出之所以成为中介语中的一个特征,是与语言的本质和语言的实用性分不开的。语言的本质在于语言的运用。人们在交际中首先确立主题,然后围绕着主题加以叙述说明,交流思想,传递信息。因此,主述题的结构符合人们语言交际的需要,符合语言急用先学的认知特点,反映了人们交际中的基本形式。

对于初学者来说,用语言来表达意思,达到交际的目的是第一位的。儿童在习得母语的初级阶段,只能用有限的词汇和最简单的方式来表达意思。因此,在这个阶段,他们所用的词往往是新信息,是述题(Bates,1976)。Gruber(1967)在解释这一现象时指出,在习得语言的初级阶段,幼儿首先对身边的事物建立起概念,这一概念即为主题。幼儿围绕着主题进行叙述。如在掌握了"狗"这一主题后,幼儿开始对狗加以叙述:"(狗)咬""(狗)叫",等等。

习得第二语言和外语亦如此。对于初级阶段的语言学习者来说,交际是第一位的。语言的运用成为学习语言的原则,主述题成为其基本表现方式。语序的表达以语言的实用为主。比如,Givon(1984)在分析洋泾浜语料后,发现用传统的句法来解释洋泾浜的语言现象时,遇到了很大的困难,觉得洋泾浜杂乱而无系统。而借助语用学的方法来解释洋泾浜的语言现象时、发现洋泾浜很有规律,其特点是主题突出。由此可见,主题突出的结构不但存在于第二语言的习得中,而且存在于第一语言和洋泾浜的习得中。本实验从母语为英语的学生习得汉语的角度又证实了这一点。

此外,中介语中主题突出的特征符合认知心理学的理论原则。主题突出的语言现象反映了人们处理信息的思维过程。主题是已知信息,具有承上启下、引导新信息的作用。认知心理学家Ausubel(1960)指出,掌握新知识的最好方法是能把新知识与学生的现有水平从已学的知识联系起来,主题则起着桥梁作用,可以帮助思维把新信息(述题)引进,并且加以分类,储存和提取。

2. 语言标记性(Cross-linguistic Markedness)

语言标记提供了另一个为什么在中介语的初期学生就掌握了汉语存现句的原因。Hyltenstem(1987)指出,如果母语中的某一成分是有标记的,而相对的目的语中的成分是无标记的,学生的中介语中则会采用无标记的形式。这时,母语对中介语的影响则是很小的,即使有影响,也仅是暂时的。学生会很快摆脱母语的影响,掌握目的语中的无标记的成分。

Greenberg(1966)提出了判断语言标记性的几个标准,如使用频率高和中和的作用。与其他语言相比,汉语的存现句属于无标记的。首先,汉语的"有"既表示存在又表示领有,两个意思综合于同一形式。而英语中的存在与领有则有两种不同的形式。Li&Thompson(1981)指出,"世界上大多数的语言都像汉语一样,存在与领有的表现方法是同一的"(p514)。第二,汉语的"有"在语义上是中和的(conflational),跟英语比起来,"有"表示存在的意思与表示领有的意思相中和。基于这两个原因,可以认为学生更喜欢汉语形式单一的"有"。确实,本实验的结果说明学生在初级阶段就掌握了汉语的存现句。

因为学生母语(英语)的存现句是有标记的,而目的语(汉语)是无标记的。在这种情况下,中介语往往是无标记的,母语对目的语的迁移作用是很小的。即使有也会很快消失。这就是为什么在一年级的学生的语料中有一些母语的迁移,而在二年级就已消失了的原因。

3.母语的迁移

高年级和低年级的学生所造的第三类(主述题结构)和第四类(主谓语结构)句子的频率有统计意义上的显著差别。随着汉语水平的提高,学生运用第三类和第四类结构的频率降低。尽管第三类句型为主述题结构,但当把英语的假位主语 there 省略后,第三类句式的语序就与英语存现句的语序一样了。由此,可以作出的初步结论是,学生在习得汉语的初级阶段,在一定程度上受母语的影响,所造的存现句为主谓语结构(如第四类句型)。或有时在一定程度上用从母语到目的语的直译方法(如第三类句型)。应该指出的是,第三类和第四类句式的运用率比第一类低得多(表1、表2):

由此,本试验的结果说明在习得汉语存现句时,学生在初级阶段就优先习得了汉语中最普通的存现句式,主述题结构是汉语存现句中介语的一个普遍特征。在另一个方面,在习得汉语的初级阶段,学生有时在一定程度上受母语的影响,造出了第三和第四类句式的句子。

六、结论

本文对汉语存现句的习得情况进行了实验研究。结果表明,学生在习得汉语存现句时,基本上不受母语中主语突出特点的影响,在初级阶段就能够比较顺利地掌握典型的汉语存现句式。因此,主题突出是汉语存现句习得中的一个重要特征。这一结果与Sasaki(1990),Fuller&Gundel(1987)的实验结果是一致的。

主题突出之所以成为中介语中的一个特征,是由人们在交际中的需要所决定的,其理论基础为认知心理学中的信息传递原则;人们在交际中先注意最紧迫的内容。交际时主题的确立是最重要的,主题确定后人们围绕主题传递信息。因此,主述题句式反映了人们交际时的心理特点与要求。

主述题的结构集中地反映了语言的有效作用,所以在第二语言习得中被学生优先掌握,在实用语言学(Pragmatics)的框架下.汉语主述题的结构为无标志的,所以学生在习得这一句式时,能够不受母语的影响,直接习得。本实验的结果从侧面展现了中介语的一个发展过程:由实用语序所组成的主述题结构移向由句法结构所组成的主谓语结构,语言功能的习得先于句法结构,交际功能先于语法概念的掌握。

三、建议阅读书目

McGinnis, S. Ed. *Chinese Pedagogy: An Emerging Field*, 107-134, Columbus, OH: Ohio State University Foreign Language Publications, 1996.

Everson, M. E. Speed and Comprehension in Reading Chinese: Romanization vs. Characters revisited, *Journal of the Chinese Language Teachers Association*, 23(2), (1988). 1-16.

Everson, M. E. Word Recognition among Learners of Chinese as a Foreign Language: Investigating the Relationship between Naming and Knowing, *Modern Language Journal*, 82, (1998). 194-204.

Wen, X. H.. Topic Prominence in the Acquisition of Chinese Existential Sentences by English Speakers, *International Journal of Psycholinguistics*, 10, (1994). 127-145.

Wen, X. H. Second Language Acquisition of the Chinese Particle le, *International Journal of Applied Linguistics*, 5(1), (1995). 45-62.

Wen, X. H. Acquisition of Chinese Aspect: An Analysis of the Interlanguage of Learners of Chinese as a Foreign Language, *ITL Review of Applied Linguistics*, (1997). 1-26.

Wen, X. H.. Motivation and Language Learning with Students of Chinese, *Foreign Language Annals*, 30, (1997). 235-251.

温晓虹.汉语作为外语的习得研究——理论基础与课堂实践[M].北京:北京大学出版社,2008.

王建勤.第二语言习得[M].北京:商务印书馆,2009.

王建勤.汉语作为第二语言的学习者习得过程研究[M].北京:商务印书馆,2006.

四、思考题

1. 美国学生习得汉语有哪些规律?
2. 美国学生习得汉语主要偏误有哪些?
3. 如何针对美国学生汉语习得特点进行教学?

第二节　欧洲学生汉语习得

一、概　述

　　欧洲学生学习汉语的情况是比较复杂的,由于学习者的母语与文化多种多样,作为"非汉字圈学习者""拼音文字背景学习者",他们习得汉语在语言偏误分析、中介语、习得过程、认知特征方面既有一般外国学生习得的普遍性特征,同时也具有特殊性。作为一位优秀的国别化的汉语教育教师,应该对欧洲学生习得语法、语音、汉字、篇章、词汇、语用和文化、动机等方面的共同性与差异性进行深入把握,知己知彼,才能有效地针对欧洲学生进行汉语教育。

　　由于欧洲学习者的母语为非声调语言,所使用文字为拼音文字,在语音、汉字的习得上容易出现带有倾向性的偏误,从而对学习者的习得产生重要影响。从语音习得来看,受各自母语语音系统的影响,不同国家学习者对声、韵、调及更高层次语音特征的习得存在着差异。由于欧洲学习者的声调问题比声母、韵母更为突出,如匈牙利学生汉语双音词声调标注问题较大,法国学生学习汉语辅音的问题也较为突出,德国学生汉语元音学习受母语迁移的影响明显。就汉字来说,早在 20 世纪 90 年代德国著名汉学家柯彼德就明确指出,"学习汉语最大的难关就是中国的传统文字"。而据调查显示,意大利学生学习汉字虽然同样很困难,但是学习发音,尤其是声调仍然是最困难的。不过,欧洲学生学习书写汉字时,最主要的错误是笔画错误,其次是整字错误,再其次是部件错误,而且初级汉语学习者不是用汉字笔画来书写汉字,而是用线条来描摹汉字。

　　欧洲学生汉语习得与北美学生有诸多类似之处,不仅表现在汉语学习的语言特征方面,还表现在学习动机与兴趣方面。据调查显示,欧美学生内在学习动机在于对中国语言文化的兴趣,较少依赖于教师、课堂、教材等,喜欢与普通中国人交朋友、聊天。欧洲学生学习汉语受到荣誉感驱使、神秘感驱使、文化兴趣、求职需要、观光旅游等方面动机影响,对获取证书的要求不如韩国那么高。在学习环境上,欧洲学生比北美、亚洲学生更差,学习者在本国很难有汉语日常交流的机会,譬如意大利汉语学习课程环境也大多用意大利语完成中国历史、文化、文学等课程,意大利语的比重很大,这样学习策略就会出现不同的特点。据研究显示,意大利大学生在本国的学习策略强调元认知学的自我意识的矫正学习,通过录音磁带和语言实验室来强化汉语语音学习,还注重上课的口语训练、背诵汉语课本、去中国餐馆吃饭、寻找共同的语言伙伴等方式。

　　当然,目前就欧洲学习者习得情况所展开的调查与研究也存在着一些不足。首先是语种的不平衡。已有国别化研究成果主要集中于少数几个语种背景,如英语、德语、法语、意大利语、西班牙语、俄语等,而这些语言之间也存在着显著的不平衡。其次是研究内容的不平衡,对语言系统的研究较多,对学习者本身进行的研究总体来看仍显薄弱;共时上的静态研究较多,历时上的动态研究较少。此外,将欧洲不同国别学习者的汉语习得情况进行综合性、系统性的研究还相当不足。随着汉语国际教育的不断推进,研究者们所接触的材料更加丰富、更加多元,其研究对象也逐步拓展到海外的学习者,国内外的研究必将更好地形成互补。

那么,具体来说我们应该从何入手开展针对欧洲学习者的习得把握呢?崔希亮教授的《欧美学生汉语介词习得的特点及偏误分析》或许可以为我们提供参考。崔希亮教授长于汉语研究,也是对外汉语教学界的资深专家,历任世界汉语教学学会秘书长、世界汉语教学学会副会长,在现代汉语语法和对外汉语教学方面颇有建树。与一些基本上以英语母语者为对象的研究不同,这篇文章中的"欧美学生"涵盖了英语、德语、俄语、塞尔维亚语、法语、西班牙语和意大利语等不同语言甚至不同语族背景的母语者,作者将日本学习者、朝韩学习者和中国人的语料进行了对比研究,较好地反映了欧洲学习者的习得特点。

二、原典选读

崔希亮:欧美学生汉语介词习得的特点及偏误分析

本文曾在 2003 年举办的"第七届世界华语文教学研讨会"(台北)上宣读,后发表在《世界汉语教学》2005 年第 3 期,是国家社科基金项目"欧美学生汉语语法学习与认知专题研究"的成果。本文以汉语中介语语料库为根据,探讨欧美学生习得汉语介词的几个问题,并以此为基础提出一些教学对策。通过考察发现:①欧美学生汉语介词的使用频率明显高于日本和朝韩学生,也高于母语人群,而欧美学习者彼此之间在使用汉语介词的总体水平上相当接近;②欧美学习者汉语介词的偏误情况与日朝韩学习者大致相同,只是介词单项之间的差异没有日朝韩学生大;③从偏误类型上看,共有九种情况:介词冗余、框式介词缺少呼应词语、介词结构出现的位置不当、结构错位、结构不完整、体貌标记错误、词语搭配问题、语义模糊、介词混用。

汉语的介词是一个封闭的小类,在第二语言学习过程中存在许多问题,但不同母语背景的学习者在学习中遇到的问题是不同的。本文以《汉语中介语语料库》所反映出来的中介语现象为根据,探讨欧美学生(母语为印欧语系的语言)在习得汉语介词时所表现出来的一些特点,并针对学习者的语言偏误倾向提出了教学建议。

一、欧美学生使用汉语介词的频率分析

从传统的语言类型学的角度看,汉语是典型的孤立语,日语是典型的黏着语,印欧语系的语言是典型的屈折语。这三种不同类型的语言使用不同的语法手段来表达相同的语法意义,母语的类型学特点会影响学习者在习得目的语时带有某种偏向。本文主要分析欧美学生汉语介词的使用情况,并把日本学习者、朝韩学习者和中国人的语料作为对比项来探讨欧美学生在中介语中产生某些偏向的原因。

从总体上看,欧美学生使用汉语介词时的特点首先表现在使用的频率上。与日本学习者、朝韩学习者以及以汉语为母语的中国人相比,欧美学生使用介词的频率要高得多。我们用实际出现的介词次数做分子,用全部语料的长度做分母,计算出每一个项目在本组语料中所占的比重(表格从略),得出三个基本结论:①几乎所有的项目欧美学生的使用频率都高于另外三组;②欧美学生使用汉语介词的合计频次明显高于对比组;③欧美学生使用汉语介词的平均频次明显高于其他三组。下面是根据统计数据得出的图表:

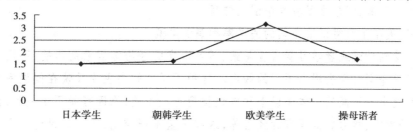

图1　欧美学生与对比组汉语介词使用合计频次比较

印欧语背景的学习者当然也有差异,在有些项目上差异还很大,但是在介词使用频率上,几乎所有印欧语背景的学习者在每个项目上都高于以汉语为母语的中国人。

英语和德语属于印欧语系的日耳曼语族,俄语和塞尔维亚语属于斯拉夫语族,法语、西班牙语和意大利语属于拉丁语族。在绝对数字统计的基础上,我们计算出每一个介词在所选出的语料中所占的比重(表格从略),从结果中我们看不出不同的语族之间有什么差别,而不同的语言之间差别有时相当大。有的介词单项由于用例太少而没有统计意义。根据全体被调查者的平均水平,从高到低排列出欧美学生汉语介词使用频率的大致顺序:

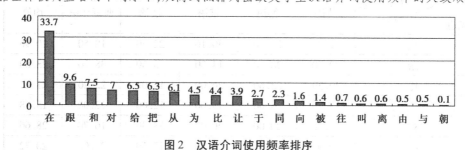

图2　汉语介词使用频率排序

我们根据每一语言背景的学习者使用汉语介词的情况计算出所有介词在该组人群语料中的比重(图3),可以得到两个结论:①印欧语背景的学习者在使用汉语介词的总体水平上相当接近;②不同的组别在介词单项上有差别。介词使用频率从高到低排序:俄语>西班牙语>意大利语>法语>德语>塞尔维亚语>英语。

我们知道,印欧语的介词比汉语发达,介词的数量比汉语多,分工比汉语细,因此欧

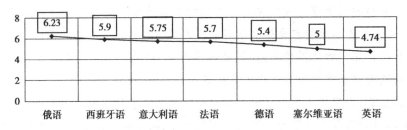

图 3　不同语言背景的学习者汉语介词频率总体水平排序

美学生在学习汉语的时候倾向于多使用介词。英语在印欧语中不是介词最多的语言,相应地,英语背景学习者的中介语表现也有所反映:从我们所观察到的情况看,英语与德语、俄语、法语、西班牙语、意大利语、塞尔维亚语相比介词的使用频率是最低的,但是仍然比日本学习者、朝韩学习者和中国人群高。

二、欧美学生习得汉语介词的偏误率和偏误类型

由于受到母语或者学习者语言背景、学习语言的经历等因素的影响,不同的学习者在习得汉语介词时会表现出不同的倾向。这种不同的倾向主要反映在偏误率和偏误类型两个参数上。不同的个体偏误率和偏误类型可能不同,原因可能不止一个,比如个体差异、母语影响、学习其他语言的经验等,这些变量不好控制,我们只讨论一个学习群体的偏误率和偏误类型,这样才能为课堂教学提供一个有用的概率资料。

2.1 偏误率

偏误是第二语言学习者在习得目的语时必然经过的一个过程,所有与目的语语法规范不一致的表达方式都属于语法偏误。所谓偏误率指语言学习者在使用目的语的时候出错的几率。判断哪些属于偏误有时很难,因为在一段话里常常有很多表达上的问题纠缠在一起,我们在统计的时候只计算属于介词偏误的样本,其他偏误情况在这里忽略不计。

表 1　五组被试 12 个常用介词偏误率

母语背景 调查项目	英语	德语	俄语	法语	西班牙语	均值
在	12.50	21.00	30.10	22.70	18.50	20.96
给	20.70	28.80	14.30	15.50	38.70	23.60
比	20.30	22.60	26.00	16.00	22.20	21.42
让	13.30	28.60	13.00	12.00	12.00	15.78
被	33.30	20.00	40.00	33.30	16.70	28.66
把	19.90	18.40	23.80	17.50	24.00	20.72
为	10.00	33.30	13.00	29.40	33.30	23.80
从	13.20	35.10	18.50	26.80	28.60	24.44
跟	14.08	24.49	15.46	12.68	15.38	16.42
往	34.78	25.00	0.00	25.00	0.00	21.20
向	47.62	0.00	10.00	35.71	20.00	22.67
对	25.00	10.71	21.79	6.70	5.66	13.97

我们发现不同母语背景的学习者汉语介词偏误的情况是不同的,主要表现在偏误率不同、偏误项目不同两个方面,个别的介词偏误类型的倾向性不同。可能的原因是:①学习者的母语对学习者具有很强的迁移作用;②由于我们所用的语料没有考虑按照不同的程度分级,因此学习者在不同的学习阶段所表现出来的差别被掩盖了;③个别的介词项目使用频率过低,我们无法了解到偏误的真实情况。

有一些介词使用频率极低,因此偏误的统计没有统计学意义。但是这个现象可以让我们了解到另外一个事实:有些学习者对某些介词采取回避策略。这可以从三个方面去解释:①可能是因为这些介词的用法难度大,不容易把握;②可能因为这些介词在汉语中使用的机会少,不会使用;③可能是因为学习计划安排或者教材语法项目安排的问题。与以汉语为母语的人使用这些介词的情况作对比可以看出(表格从略),与其他介词相比,这些介词在母语者语料中出现的频率相对较低,而欧美学生使用这些介词的频率也是相对很低的,这说明欧美学生语料中出现的这种低频现象不是偶然的。另一个问题是以汉语为母语者频率波动范围比较小,欧美学生波动较大。这说明欧美学生在使用这些介词的时候具有一定的随机性和不稳定性。

现在我们把五组被试的情况综合起来看(图4),发现汉语常用介词在欧美学习者的中介语中偏误率最高的是"被",最低的是"对"。

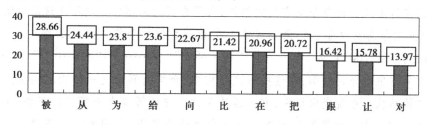

图4　五种语言背景的学习者介词偏误均值排序

这个结果与日本学习者和朝韩学习者对比,可以发现有些介词偏误率相差不多,有的介词偏误率相差比较大。把欧美学生每个介词项目的偏误连接起来与日本学生和朝韩学生对比,我们可以得到三条曲线(图5)。可以看出,三条曲线在某些节点上比较接近,说明这些项目的偏误率比较接近,如"给""为""从""跟""对";有些项目偏误率差距比较大,如"比""被""向"。

从这个比较可以看出,除个别例子外,日本学生和朝韩学生介词偏误的曲线大体是同一走向的,但是偏误率曲线重合的不多,这意味着对日本学习者和朝韩学习者来说,介词难度排序几乎是相同的,但是每个介词的偏误率在两组学生中表现不同。而欧美学生差不多在两组中间波动,波动斜率没有那么大。

2.2 偏误类型

欧美学生的介词偏误类型主要有以下几种:

(1)介词冗余。对于欧美学习者来说,过度使用介词是一个突出的问题,很多不需

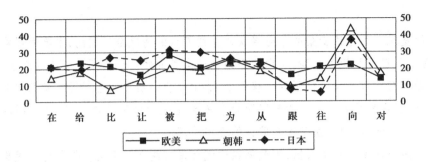

图5 欧美学生平均偏误率与日朝韩学生对比

要介词的地方都给加上了介词,尤其是"在"被过度使用的例子比比皆是,例如(括号内为学习者的母语):

①在北京城里情况很热闹。(英语)

②在炉子里的木头很香。(德语)

③从家里有什么消息,让同学们看新年的明信片。(俄语)

④而且六七岁的小孩子一定需要被父母照顾。(法语)

有的时候由于使用了介词造成结构上的问题,这就不仅仅是去掉介词就万事大吉了,还要调整结构,甚至还要增减一些成分。例如(箭头后为正确的汉语语句):

⑤你跟我同意吗?(西班牙语)→你同意我的意见吗?

我们在这里只讨论与介词有关的偏误,句子中其他方面的问题不在这里讨论。

(2)框式介词缺少呼应词语。汉语存在着一种被称为框式介词的结构形式(崔希亮,2001;刘丹青,2002),如"在……上""在……里""在……中""在……下""从……上"等表达空间方位的介词结构,在这些框式结构中,介词的宾语是一个由名词加上方位词构成的方位结构。在现代汉语中,有些语法条件下介词可以直接带名词宾语,不需要方位词参与,如"我在礼堂等你";而在另外一些语法条件下,介词的宾语必须是一个方位结构,如"在黑板上写字"。下面的句子都属于框式介词结构不完整的,我们用括号把它们补上。

⑥我们在火车(上)坐着两三个小时。(英语)

⑦他的眼镜跌倒在海(里)。(法语)

⑧突然我听见了轰隆声,就觉得我从船(上)飞出去。(俄语)

(3)介词结构出现的位置不当。从语法位置上看,现代汉语的介词结构有两类:一类介词结构只能出现在谓语主要动词之前,如"把""被""比""跟""从""朝""对"等组成的介词结构;还有一类既能出现在主要动词之前,又能出现在主要动词之后,如"在""于""给""与""向""往"等组成的介词结构。问题常常出在第二类上,比如"在"字结构,什么时候应该出现在前面,什么时候应该出现在后面,不同的位置在意义上有什么不同等(崔希亮,2003),常常困扰学习者。我们看下面的例子:

⑨可是《圣经》常常说:"别怕我在跟你一起。"(英语)→我跟你在一起。

⑩他的父亲是一个牧民在一个小村子(西班牙语)→在一个小村子是一个牧民。

⑪我只用三分钟从宿舍到教学楼(俄语)→从宿舍到教学楼只用三分钟。

介词结构出现位置不当的例子很多,从总体上看,印欧语背景的学生在初级阶段喜欢把介词结构放在主要动词的后边,这大概是由于受了母语的影响。有时介词结构的位置会跟其他的偏误纠缠在一起,形成复合型偏误,下面会说到。

(4)结构错位。结构错位包括以下一些情况:修饰语与介词结构彼此之间的顺序问题、介词结构与主语的顺序问题、宾语和补语的顺序问题、双宾语的问题、否定副词与介词结构的相对位置问题等。

修饰语与介词结构的位置问题也是一个比较常见的偏误类型,介词结构如果出现在句子主要动词的前面也是状语,那么它们与其他状语的位置关系就是困扰学习者的一个大问题;后面的部分也一样,补语和宾语的位置关系也常常出问题。请看实例:

⑫我从卧室的窗口刚才看到了圣诞老人!(法语)→我刚才从卧室的窗口看到了圣诞老人!

⑬他们的爱情一天比一天会深的。(西班牙语)→他们的爱情会一天比一天深的。

⑭父亲还给我不慌不忙地、详细地说了一些中国情况。(塞尔维亚语)→父亲还不慌不忙地、详细地给我说了一些中国情况。

介词结构可以出现在主语之前,也可以出现在主语之后,但是这种结构上的安排并不自由,它要受到语义的制约。

⑮从海边上海藻的香味吹来。(德语)→海藻的香味从海边上吹来。

否定词语与介词结构的相对位置也是比较固定的,否定词语在介词结构之前。但是我们还是经常能看到这样的例子:

⑯比如说他能在什么别的地方住几天,但是把一个电话给他的父母没打。(俄语)→但是没给他的父母打一个电话。

(5)结构不完整。介词不能单独充当句子成分,介词结构不能单独成句(除非作标题)。我们知道介词结构在句子中的作用是作状语或者作补语,它们都不是核心成分,状语是动词的状语,补语是动词的补语,核心成分是动词。

⑰所以如果丈夫或者妻子死了,别人就在一个人住在。(法语)(介词没有宾语)

⑱在树林里,谈恋爱的人在树丛的遮蔽下。(法语)(没有谓语动词)

(6)体貌标记错误。体貌问题对于欧美学生来说是个比较棘手的问题,对于其他学习者来说也不简单。在现代汉语中,如果介词结构出现在动词之后,动词与介词之间几乎是不能插入任何成分的,包括体貌成分。例如:

⑲古时候,有一个财主,住了在城市里。(英语)→住在城市里。

⑳爸爸骑车,妈妈坐着在后面和他们的孩子坐着在前面。(英语)→坐在后面/坐在前面。

体貌问题还有下面的偏误:

㉑我从法国给过我的妈妈打电话。(英语)→给我的妈妈打过电话。

(7)词语搭配问题。词语搭配不当是典型的偏误形式,而且是具有广泛意义的偏误形式,无论什么语言背景的人,都会在词语搭配上犯错误,即使是说母语的人也如此。

㉒可是忽然我们看(到)一个男人,他向我们的船游泳(游来)。(法语)

上面的例子是直接跟介词搭配或者配合使用的词语有问题。下面的例子除了词语搭配的问题以外还有结构方面的问题:

㉓住在北京的情况比以前很(更)方便。(意大利语)

㉔因为在路上和晚会(上)有人要(会)泼给你水、酒和花束。(西班牙语)

(8)语句意义模糊或错误。还有一些偏误属于表达的问题,例如有些句子语义表述有问题,难以理解。

㉕因为让给我高兴,心里很安静,所以不愿意回去。(西班牙语)

(9)介词混用。介词混用是一个比较常见的偏误类型,虽然不同的学习者混用的介词项目不同,但是基本上可以看出混用主要集中在一些意义上有联系的介词之间。例如:

㉖我在(到)那去接你,行不行?(德语)

㉗小妖精们给(让)他了解她们的生活。(英语)

㉘他结束以后我给(跟)他打了个招呼。(西班牙语)

㉙我们对(就)过圣诞节的事儿一起讨论了两个小时。(俄语)

我们发现混用主要发生在以下一些介词之间:"跟/向""在/到""给/让""给/对""给/跟""比/跟""对/就"等。

归纳起来看,欧美学习者介词习得的偏误主要集中在三个方面:①结构问题:如框式介词的问题、介词位置的问题、介词结构内在结构要求的问题、体貌标记的问题(位置和意义)、修饰语与介词相对位置的问题、介词结构与主语的位置问题;②使用问题:如介词冗余、介词混用、回避使用或过度使用某些介词的问题等;③表达问题:如词语搭配问题、语义模糊问题等。除了我们以上所分析的偏误类型以外,还有一些偏误是复合型的,两种以上的偏误纠缠在一起。

三、针对欧美学习者的教学策略

针对欧美学生在习得汉语介词时出现的种种偏误倾向,我们可以为汉语第二语言教学提供一些有意义的参考意见。

3.1 针对不同的学习者确定不同的学习难点

我们已经看到不同母语背景的学习者对于各个介词项目在频率、偏误率和偏误类型上的反应是有区别的,碰到的问题可能也不一样。比如"在"在不同的人群中出现的频率不同。

再看偏误率,不同的学习群体在不同的介词项目上表现不同。

3.2 整体把握欧美学生学习汉语介词过程中遇到的问题

如果我们把欧美学生的中介语语料与其他学习人群的语料放在一起进行比较的话,就会发现欧美学习者在习得汉语介词的过程中具有相当大的一致性,比如说过度使用介词的情况普遍存在。从偏误率上看,欧美学生各介词的偏误率比较平均,波动不大。也

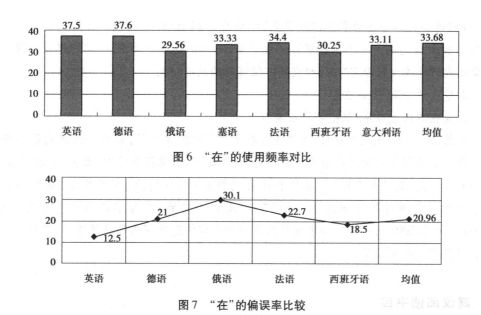

图6　"在"的使用频率对比

图7　"在"的偏误率比较

就是说,对于欧美学生来说,没有哪一个介词是特别难学的,也没有哪一个介词是特别容易学的。由于汉语语法的结构方式在很多方面有别于印欧语系的语言,所以欧美学生在学习介词的过程中所遇到的问题往往不单单是介词本身的问题,还有搭配问题、结构不完整问题、结构错位问题、语序问题、副词的位置问题、否定词语位置问题,等等。比较重要的结构包括以下几个方面:"把"字结构的问题、被动结构的问题、比较句的结构问题、多重介词结构的顺序问题、空间方位关系句的结构问题、位移事件句的结构问题等。

3.3 用认知图式来阐释结构和语义的问题

汉语介词在学习中主要有这样一些问题:该不该用的问题、怎样用的问题和介词结构的表达功能问题。该不该用的问题是由表达需要决定的。说话人先有一个想要表达的意思,然后才选一个恰当的形式。

　　……

从中介语语料库所反映出来的倾向看,欧美学生过度使用被动句或者不恰当地使用被动句是比较普遍的问题,另外,他们喜欢用"被"引出施事,不太会用"由"引出施事。

再举一个例子:"在院子里晾衣服"和"衣服晾在院子里"两个句子,介词结构的位置不同,表达的现实场景也不同,我们可以用不同的意象图式来阐释(崔希亮,2003)。不同的场景实际上反映不同的意象图式在语言表达和语言理解层面上的语义映像,有的场景映像的是容器隐喻图式(container schema),有的场景映像的是路径隐喻图式(path schema):

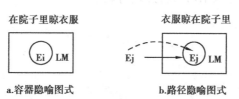

在院子里晾衣服　　　　　　衣服晾在院子里

a.容器隐喻图式　　　　　　b.路径隐喻图式

a 描述的是一个活动事件,"院子里"标示的是 Ei 活动的场所,这个场所是一个有边界的容器;b 描述的是一个位移事件,"院子里"标示的是移动元 Ej 位移的终点。这两个意象图式可解决大部分与"在"和空间方位有关的问题,如:

㉚他在船上跳/他跳在船上

㉛他在黑板上写字/他把字写在黑板上

当然,对于像"他在北京住"和"他住在北京"这样的例子,很难用图式的区别来说明。每一个介词都有它所隐喻的意象图式,如"从"标示位移事件的"起点"(时间起点、空间起点、刻度起点)、"到"标示位移事件的终点(时间终点、空间终点、刻度终点)、"向"标示位移事件的方向或者目标("向"有两个位置,所标示的图式有差别(Chu,2000;柯润兰,2002),等等。如果我们把每一个介词的意象图式都理清楚了,在教学的时候就可以有一些捷径了。

三、建议阅读书目

崔希亮.欧美学生汉语学习和认知研究[M].北京:北京大学出版社,2010.

崔希亮.汉语作为第二语言的习得与认知研究[M].北京:北京大学出版社,2008.

李大忠.外国人学汉语语法偏误分析[M].北京:北京语言文化大学出版社,1996.

孙德金.欧美学生汉语语法习得与认知专题研究[M].北京:北京大学出版社,2012.

王建勤.汉语作为第二语言的学习者与汉语认知研究[M].北京:商务印书馆,2006.

丁安琪.汉语作为第二语言学习者研究[M].北京:世界图书出版公司,2010.

陈彧.苏格兰留学生汉语普通话单字音声调音高的实验研究——以两名发音人的语音样本为例[J].世界汉语教学,2006(2).

王又民.匈牙利学生汉语双音词声调标注量化分析[J].世界汉语教学,1998(2).

吴勇毅.意大利学生汉语口语学习策略使用的个案研究[J].世界汉语教学,2008(4).

朱志平,哈丽娜.波兰学生暨欧美学生汉字习得的考察、分析和思考[J].北京师范大学学报,1999(6).

四、思考题

1.欧洲学生习得汉语有哪些规律?

2.欧洲学生习得汉语主要偏误有哪些?

3.如何针对欧洲学生汉语习得特点进行教学?

第三节　亚洲学生汉语习得

一、概　述

近十几年来,亚洲其他国家的学生已将中国视为了留学国度的首选,"学习汉语,留学中国"在亚洲逐渐成为一股新的潮流。与欧洲和美国不同,亚洲其他国家在地缘上与中国最为接近,其中东亚、东南亚的一些国家或华人社区同属汉字文化圈。因此,虽然亚洲地域广大、民族众多,几乎没有统一的"亚洲文化",但是,亚洲学生在汉语习得过程中来自文化方面的障碍不太明显,而最主要、最普遍性的障碍却是语音的习得和汉语汉字的习得,其母语与目的语汉语的语音和汉字字形之间的异同点构成了很大的负迁移因素,从而强烈地干扰着他们的汉语学习。

语音学习是第二语言学习的重要基础,也是二语学习者的首要困难。自 1977 年吕叔湘倡导用对比法研究汉语以来,汉语作为第二语言的语音习得方面的研究硕果累累,尤其是对于母语为日语、韩语、泰语等的亚洲学生汉语语音习得方面的研究得到了空前的重视。中国教师以多年的亚洲留学生《现代汉语语音》课堂的教学经验发现,亚洲学生对于语音的学习最感困难的是声母和声调。来自韩国、日本、印尼、泰国、越南等国的学生,普遍难以学好三组声母/zh/ch/sh/r/、/z/c/s/、/j/q/x/,他们发音不准、也无法将这三组音区分开来。印尼学生表示,印尼语中没有/zh/ch/sh/r/、/z/c/s/的音,而/r/很容易与其母语的弹舌音相混淆。光州女子大学的王秀珍指出:韩国学生汉语语音习得的最大难点是/zh/ch/sh/r/、/z/c/s/、/j/q/x/这三组声母的学习,出现的偏误也最多,这其中的主要原因是韩语自己特有的读音对韩国人学习汉语常常产生负迁移。日本学者涩谷周二在《日本学生汉语学习难点和重点的调查报告》一文中说,汉语语音是日本学生心目中汉语学习的难点和重点,虽然他们很重视声母与声调的学习,但难点也还在于此。毛悦在《汉语作为第二语言要素教学》一书中说:"汉语作为声调语言,对母语是语调的学生来说非常困难,他们常把汉语的声调与母语语调混淆。"亚洲学生学习汉语时对于声调的掌握也很不容易。即便同属汉字文化圈国家,母语有声调的却不多,对韩国学生语音学习障碍的 68 份问卷中,95% 的学生认为汉语的声调很难掌握,原因是韩语没有声调。北京大学的李红印强调:即使来自同属汉藏语系的有声调的泰语国家的学生,仍觉得汉语声调很难掌握,因为泰语有五个声调,所以,"实际听辨的结果告诉我们,泰国学生的声调偏误主要也是调域上的偏误,偏误最严重的也是一声和四声。具体表现为一声调不够高,四声调降太长"。

汉语汉字被公认为是词汇最多、书写最难的文字,汉字教学也是国际汉语教育的重点和难点。非汉字文化圈国家的亚洲学生与欧美学生一样,对于像图画一样的笔画汉语汉字的书写觉得别扭与困难,即使同属汉字文化圈国家的韩国和日本学生在学习汉语汉字时,同样会遇到很多障碍。韩国学生认为,汉语单字太多(韩语单字比较少),所以汉字很难记忆与掌握。日语与汉语渊源深厚,然而,虽然日本人也同样使用汉字记录他们的语言,但他们对汉字的认识和使用与中国人对汉字的认识和使用有着本质的区别。正是日语汉字与汉语汉字的这些异同点,反而使日本学生在学习汉语汉字的书写时会遇到更大的困难。

陈绂对亚洲学生汉语习得的研究具有一定代表性。她是北京师范大学汉语文化学院教授、博士生导师,专门从事语言学与应用语言学的研究,发表了一系列有关词汇教学和汉日对比研究的论文,在日本学生汉语学习方面有独到的见解和建树。以下一节选文中,陈绂教授具体阐述了日本学生汉语汉字习得时会产生的偏误和原因,例证确凿翔实,对日本学生如何学好汉语汉字提出了可行的建议。

二、原典选读

陈绂:日本学生书写汉语汉字的讹误及其产生原因

本文发表于《世界汉语教学》2001年第4期(总第58期)。本文分为三个部分进行论述:①根据问卷调查,详细归类分析了日本学生的三种"误字"(误写的汉语汉字)类型:"错字""别字""真正的错字"。②分析了产生这三种"误字"的两种原因:汉语汉字的负迁移影响;日本学生对于汉语汉字缺乏理性认识。③提出改进我们汉语汉字教学的可行性建议。

汉字教学历来是对外汉语教学中的一个难点,但有一种看法认为,这主要是针对欧美学生而言的,对于同样用汉字作为自己语言的书写文字的日本学生来说,汉字并不是教学的难点,日本学生在学习汉字时的问题也只是容易将日语汉字混同于汉语汉字而已。事实究竟如何呢?我们从中级水平的日本学生所写的作文、作业以及日常的听写中,收集到他们所写的错字、别字289例,通过对这些错字、别字的分析,我们发现,事情并不简单,在日本学生学习汉字的"优势"背后同样存在着许多问题,而且所谓"日本汉字的负迁移现象"也并不是他们学习中的最主要的障碍。我们必须寻找出妨碍他们学好汉字的真正原因,只有寻找到真正的症结,才能帮助我们找出产生这些症结的原因以及解决它们的途径。

1

日本学生所误写的汉字(以下简称"误字")可以分为三大类型:第一种是误将日语汉字当作汉语汉字写了,也就是说,从汉语汉字的角度讲,他们写的是"错字";但从汉字的总体角度讲,这些字并不错,只不过是日本人用的汉字而已。第二种是我们通常讲的"别字",从用字的角度讲,他们写的字是错误的;但从汉语汉字的构形来讲,这些字并不错,它们是正确的汉语汉字,但却不是该写的字。第三种是真正的错字,即在汉字的字符库中,根本找不到这样的字。下面就是我们对日本学生所误写的289个汉字所做的分类统计。

1.1 误将日语汉字当作汉语汉字

这类讹误共有23例,在全部289例中,仅占7.9%,可见数量是比较少的。在这些汉日相对应的汉字之间,有的差别比较大,留学生之所以写错,的确是他们完全弄混了(按:下述例字前边是正确的汉字,后边是学生写的误字),如:乐—楽、险—険、续—続、严—厳。也有一些例字本身的差别并不大,仅仅是笔画出头不出头、多一点少一点的问题。学生们写错了,大都是由于马虎和不细心,对于日语汉字和汉语汉字之间的区别,他们根本没意识到或没看出来。如:经—経、厅—庁、涉—渉。

1.2 别字

对这类失误,有的学者称之为"假字"(施正宇,2000)。在我们收集的所有误字中,这类误字共有154个,占讹误总数的53.3%,超过了一半。这一比例足以反映日本学生学习汉字时最容易出现的失误,也是我们应该特别重视的问题。根据正字与误字之间的关系,还可以将这些讹误分为四种类型。

1.2.1 由于形体相近产生的讹误。这是仅仅由于两个汉字的形体相近而产生的讹误。这一类别字共36例,占别字总数的23.38%。对这类别字进行进一步分析,我们发现,虽然也有把独体字写错了的情况(如把"子"写成"了"),但数量很少,这种讹误绝大多数发生在合体字上。大体有这样几种类型。

(1)将应写汉字的部件写错了,结果成了另一个汉字。如:民族—民旅;销售—错售;触动—解动;航行—般行。这种情况最多,占这类讹误的80%以上。

(2)多写了或少写了部件,如将"广"写成"扩",将"皱"写成"刍"等。

(3)整体字形的讹误,如将"丧"写成"衷"等。

以上这些正字与别字之间,不存在声音上的关系,学生产生书写上的讹误,仅仅由于它们之间在形体上的相近。

1.2.2 由于声音相近产生的讹误。这是指仅仅由于声音相同或相近而产生的讹误,共50例,占别字总数的32.46%。所谓"仅仅由于声音",是说在正字与别字之间,没有形体相近的因素。同时,我们还要指出,"声音相同或相近",这里有两个层面的含意:一个层面是说,两个汉字本身的发音的确相同或相近;另一层面是说,两字之间在读音上本有一定差异,但日本学生将这两个字的读音搞混了,继而又搞混了两个字的字形,从而写出了别字。

……

1.2.3 由于意义相近而产生的讹误。在这类正字与别字之间,虽然也可能存在着形体上或语音上的相似之处,但更为突出的是它们在意义上的关联。这种类型的例子很

少,仅见 7 例,占别字总数的 4.4%。如:

父亲—爸亲:这显然是由于"父"与"爸"的词义一致而将二者搞混了。"父"与"爸"在古音上的关系恐怕不是留学生所能明了的。

一双鞋——一两鞋:这是听写时发生的讹误,听到"双"而写了"两",主要是由于这两个字在表示数量时的一致性。

宽阔—扩阔:"宽"和"扩"在形体上毫无相同之处,在语音上虽然有些相近,但我们认为这种"相近"在留学生听来并不明显,不足以造成讹误。这两个字之所以被搞混,同样由于它们在语义上的相近。

据说—根说:"据"与"根"在声音和形体上都毫无相似之处,唯一能使它们产生联系的,是它们在意义上的关联。

还有一些别字,如将"米饭"写成"米饮",将"落日"写成"落阳",将"联结"写成"联系"等,虽然在正字与误字之间十分明显地具有相同的偏旁(或一字充当另一字的偏旁),但我们认为,它们在意义上的相类应该也是原因之一。

当然,以上的分析是从分门别类的角度进行的,而很多别字产生的原因是多方面的,这一点显而易见,不再赘言。

1.3 错字

这是指在汉字的字符库中根本找不到的字,即学生们自造的"汉字"。这类失误共有 112 例,占讹误总数的 38.8%。无论从所占比例上讲,还是从讹误的类型上讲,它们同"别字"一样,都反映了日本学生学习汉字时的某些规律性问题。这种错字大体上分为两种类型:一种是结构错了,一种是笔画错了。

1.3.1 结构错。所谓"结构错",是基于我们把一个完整的字拆成部件所进行分析的。在教学过程中,留学生常常将构成一个汉字的正确部件写成了另一个部件,或者多写少写了部件,从而形成了讹误。他们写出的所谓"汉字",实际上并不存在。

……

1.3.2 笔画错。"笔画错"有两种情况,一种是笔画的多少不对,即多写或少写了笔画;另一种是笔画数目没有错,但笔画的写法错了,或方向不对,或位置不对。如:

(1)多写或少写了笔画,如:

抓—抓、餐—餐、钱—钱。(以上为多写了笔画)

罪—罘、省—省、家—冢。(以上为少写了笔画)

(2)写错了笔画:赶—赶、宵—宵、励—励、扫—拃。

在不少错字上,我们还看到了多种错误,有的部件和笔画都错了,有的在一个部件上多笔画,在另一个部件上又少笔画等,如:鸳—鸰、俱—具、黎—黎、择—译。

2

通过上述分析,我们看到,日本学生在学习与书写汉字的过程中所表现出的讹误类型是多种多样的,分析这些讹误产生的原因,我们得出如下结论:

2.1 日语汉字的"负迁移"现象是存在的,但必须指出的是,这并不是主要原因

首先,"负迁移"现象的确是日本学生学习汉字时的障碍之一。这不仅表现为他们会写出一些日本汉字来"充当"汉语汉字,也表现为在他们所书写的完全错误的字中,存在着一些由于受到日本汉字的影响而写成的"非日非汉"的字。也就是说,在一些错字的形成过程中,很明显也存在着日本汉字的"痕迹"。如日语汉字用的是同一个"蹈"字,但日本留学生却将"蹈"写成"蹈",我们认为,这是由于与"稻"字对应的日语汉字写作"読",他们受到这个字的影响,就写出了不伦不类的"蹈"字。再如"钱"字,日语中一般写作"錢",结果留学生在写该字时,一边写成了汉语汉字的简化部件,一边写成了日语汉字的部件,就成了"钱"。又如将"读"写成"读",也显然是受到日语汉字"読"的影响。以上各例虽然没有把汉语汉字写成日语汉字,但其中显现了母语文字"负迁移"的影响,是肯定的。

但是,在肯定日语汉字的"负迁移现象"存在的同时,更应该看到,它并不是造成日本留学生写错汉语汉字的主要原因。这可以从两个方面得到证实:

2.1.1 这类错字所占比例不大。在全部289个例字中,误将汉语汉字写成日语汉字的仅有23例,所占比例还不到总数的8%;虽然还有一些明显地受到日语汉字的影响而写错的字,但为数也很少。与此相比,写错、用错的字却占到讹误总数的90%多,其中,完全写错的,即根本不成字的"字"占到总量的38.75%。这样大的比例已经充分说明,绝大多数的讹误是由于不能正确地认知与使用汉字造成的,并不是混淆了日语汉字和汉语汉字的区别。

2.1.2 存在着两种语言所用的汉字一样而学生却写错了的情况。在日本学生产生的讹误中,许多字在日语中的写法与在汉语中的写法是完全相同的,但学生并没有写出正确的日语汉字,而是写了一个误字。仅在完全写错的字中这种情况就有59例,几乎占到全部错字的53%。

......

以上事实充分证明,日本学生书写汉字时产生的讹误并不像我们所想的那样,主要是由于混淆了日本汉字和汉语汉字的差别,相反,他们还是有意识地注意到了二者的差异的,只是没有掌握好汉语汉字的正确写法而已。

2.2 日本学生对于汉语汉字缺乏理性认识是他们在汉字认知上的主要障碍

有一种看法是,由于日语的书写符号中也有汉字,所以日本人在学习汉字时就有得天独厚的条件,在对日汉语教学中,可以不把汉字列为教学内容,即可以不教汉字,日本学生自会写出正确的汉字。但上面列举的种种讹误告诉我们,实际情况并非如此。的确,由于汉字是日语的书写符号之一,与欧美学生相比,日本学生在学习汉字时确实有一定的优势,但这种优势,只是他们对汉字的形体比较熟悉、不至于像欧美学生那样把汉字看作一幅画罢了;同时,他们也可以根据自己所掌握的日语汉字推测他们所见到的汉语汉字的意思,但他们对于汉字的结构、汉字的造字理据,尤其是汉字与其所表达的意义之

间的关系等,其了解程度与欧美学生相比,并没有本质的不同。因此我们说,日本学生在认识、掌握汉字的过程中之所以出现上述各种讹误,与他们对汉字的理解密切相关。这主要体现在这几个方面:

2.2.1 不明白汉字的造字理据。首先,他们不了解汉字造字的理据,不明白汉字字形与它所表示的意义之间有着怎样的关系,所以会写出种种错字来。如将"抓"写作"**抓**",是由于不明白该字右边之所以必须是"爪",是因为"爪"表示"手",与"抓"的动作紧紧相关;他们把"从"写成下下排列的"**从**",也是由于不明白"从"字的造字理据是一个人跟着一个人;由于不明白"忧"字中必须有"心"(忄),"脑"的左边是变形的"肉"字,而分别写成了"优"(犹)和"恼";不明白"航"以"亢"为声、"销"以"肖"为声,因此写成了"般"和"错"……,发生在笔画、造字部件或者整个字上的种种讹误,无一不说明日本学生并不明了汉字本质的事实,他们仅仅是将汉字作为书写符号来记识的,并不能真正像中国人那样,把汉字的形体与它所对应的声与义联系起来,也就是说,日语汉字只是帮助他们熟悉了汉字的书写方法而已,并不能使他们由此而得知每个汉字构形的所以然。因为,在日语里,虽然许多汉字的写法与汉语是一致的,但它们为什么这样写,一般的日本人并不了解。他们习惯于把汉字作为一个个整体来认知,而不可能依照汉字的特点将之拆分为部件并进行具体分析,这样就无法明白每一个部件在该字中所起的作用,当然也就不可能理解该字与其所记录的汉语词语之间的有机联系。这正是日本留学生在学习和掌握汉字时容易产生讹误的主要原因。

2.2.2 习惯于声与义的对应。在我们收集的日本学生所写的别字中,由于声音相同或相近而造成的讹误有112例,占别字总数的72.2%还多。寻找其中的缘由,我们发现,这虽然也可以归结为是由于不明白造字理据所导致的失误,但我们还是可以从另一个侧面总结其原因——在用文字记录语言时,"语音"的概念及其作用在他们的脑子中是占主导地位的,也就是说,在他们看来,音与义的结合是天经地义的,而文字仅仅是用来记录语音的,这也正是日语汉字与其日语词语之间的关系。因此在学习汉语汉字时,他们很容易也很自然地将音与义联系在一起,十分注意每个词语所应发出的声音,而形与义的联系对他们来说是陌生的,也是很难记住的。这当然就不可能将汉语中大量的音同音近词准确地区分开了。可以说,由于母语的作用,日本学生同样习惯于声与义的对应,如果没有理性的认识,就不可能正确地树立形与义的对应关系,这正是导致他们经常写出音近而讹的别字的主要原因。

2.2.3 对汉语复合词和固定结构的整体识别也是导致别字产生的原因之一。分析日本学生的这些讹误,我们还发现,他们在识别汉字时之所以产生讹误,是与他们对汉语词语的识别模式有一定关系的。如果没有相应的讲解,外国留学生(包括日本学生)对汉语复合词和固定结构的理解一般是整体性的,很少会真正懂得这些词语的内部结构以及组成它们的几个汉字之间的关系,因此也就很难想象学生们可以将它们拆分开进行更深入地理解。正如一位日本留学生在她的硕士论文中所分析的那样:"对汉语词中的大多数,人们(指日本人)已失去了将其分成单个汉字理解的意识,而是把它看成一个整体。"这种情况不仅使他们缺乏对该词语的真正理解,而且也妨碍他们对组成该词语的几个汉字的正确书写。如前面曾列举的:联结—联系、痛苦—疼苦、据说—根说、迟到—迟道、莫名其妙—莫名奇妙、不省人事—不醒人事、昏天黑地—混天黑地。

这些例子虽然都可以认为是由于形近、音近而产生的讹误,但是我们仔细分析正字与误字之间的关系,可以明显地感到,除了音与形的原因之外,讹误的产生也与学生们是否能正确认知这些复合词和固定结构有关。这些讹误,有的是混淆了两个意义相近的复合词,如将"联结"写成"联系";有的是根本不理解组成复合词的每个字的含义及其所起的作用而随手写了一个同音(或音近)的误字,如将"迟到"写成"迟道";还有的是明显地误用了相关复合词中的另一个字,如将"痛苦"写成"疼苦",将"据说"写成"根说",就恐怕与"痛苦""根据"两个词有关了。三个固定结构中出现的讹误同样是由于学生们对它们的结构本身不理解所造成的。对结构的不理解自然也就影响到对组成它们的每个汉字的理解,因此,将汉字写错的现象也就在所难免了。

总之,日本留学生在认知和书写汉字时产生的种种讹误又一次提醒我们,汉字教学是一个十分重要的问题,这不仅是对欧美国家的留学生而言,对来自任何文化背景的留学生来讲都是如此。虽然日本人也同样使用汉字记录他们的语言,但他们对汉字的认识和使用与中国人对汉字的认识和使用是有着本质区别的。

3

对日本学生在书写汉字时的讹误及其产生原因的分析,帮助我们进一步考虑这样一个问题,即这些讹误的产生与我们的教学有没有关系? 如果我们改进教学方法,这些讹误能不能避免? 如果答案是肯定的,那么,应该如何改进我们的教学?

3.1 深刻认识日语汉字与汉语汉字在记录语言时的本质区别

汉字在书写日语与书写汉语时是有本质区别的。不要以为日本学生会写汉字,也就能像中国人一样理解汉字,明白汉字的形体与意义之间的关系。实际情况并不是这样。汉字,在日本人眼中和在我们眼中并不一样。在他们眼中,汉字只是书写符号,和他们自造的字母——假名——没有什么本质的区别。汉字在书写日语时,起到的是与假名相同的作用,所不同的是,假名是音节文字,而一个汉字往往并非一个音节(如"山",日语读作やま[YAMA],是两个音节)。至于汉字的形体与它所对应的意义之间的联系,那是汉语所赋予它的,是在日本人借用汉字书写他们的语言之前就存在的,并不是日语所赋予它的。关于汉字形与义之间的关系,最初将汉字借用过去书写自己的语言的日本先哲们当然是明白的,然而现在的日本人,尤其是年轻人并不一定明白这个道理。尽管大部分日语汉字的形体仍与其所表达的意义相关,但就其实质而言,汉字在日本是作为音节文字使用的。与汉字在书写汉语时所具有的"音节—语素"文字的特点是有着本质不同的,这一点必须认识到。

3.2 对日本学生需要讲解汉字的理据

既然日语汉字和汉语汉字在记录语言时有如此大的差异,那么针对日本学生的汉字教学就应该认真区分开这种差别,将汉字与其所对应的汉语词之间的关系作为讲解的重要内容,也就是说,在教授汉字时,应该科学地讲解汉字的结构,使学生们搞清楚汉字的造字理据。这是我们对外汉字教学的管轨,也是学生们学好汉字的矜键。只有这样,才能使日本学生在理解的前提下学习汉字,从而真正懂得汉字的规律;也只有这样,才能摆脱日本汉字对他们的影响,从理性上系统地掌握汉字。

当然,这种讲授并非要大讲特讲古老的"六书"理论,也并不是说要像国内中文系那样传授文字学知识,而是要以讲解汉字的本质特征为前提,使日本学生能够树立对汉字的形与义关系的正确认识,并将这一认识深入到自己头脑中去。必须指出的是,这种讲授应该是科学的,我们反对"俗文字学"那种对汉字随心所欲的拆解。我们认为,汉字教学所应采取的原则是:对于科学系统的汉字知识,要么不讲,要讲就要讲对。

我们认为,由于日本学生会写汉字,明白汉字的间架结构,所以对他们的汉字教学可以在较高的起点上开始,不必从笔画教起,只应以部件教学为主,尤以部件组合的原则为重点。这与欧美学生是很不相同的,因此,在汉字教学上,应该区分国别,因材施教。

鉴于汉字的特点,许多学者主张,汉字教学应该强调字与词之间的对应关系,应以单音节语素为本进行教学,这样,既照顾到学生们对汉字的认识,也便于他们理解汉字与汉语词的有机联系。我们非常同意这种意见,同时,我们还认为,这种教学法同样适用于日本学生。因为日本学生对汉字与汉语之间的关系同样缺乏理性的认识。字词结合、以语素为本的教学法正是解决这一问题的有力措施。

三、建议阅读书目

周小兵.近三十年汉语作为二语的语音习得研究述评[J].汉语学习,2010(1).

涩谷周二.日本学生汉语学习难点和重点的调查报告[J].汉语学习,2005(1).

李红印.泰国学生汉语学习的语音偏误[J].世界汉语教学,1995(2).

王秀珍.韩国人学习汉语的语音难点和偏误分析[J].世界汉语教学,1996(4).

季安锋,等.印尼语与汉语语音对比及印尼学生习得汉语语音难点分析[J].海外华文教育,2013(1).

崔希亮.汉语作为第二语言的习得与认知研究[M].北京:北京大学出版社,2008.

朱川.外国学生汉语语音学习对策[M].北京:语文出版社,1997.

邱鸣,谷天刚.东南亚地区汉语国际教育趋势与前沿问题研究[M].北京:中国社会科学出版社,2013.

王晓平.亚洲汉文学[M].天津:天津人民出版社,2009.

甘瑞瑗."国别化"对外汉语教学用词表制定的研究[M].北京:北京大学出版社,2006.

刘颂洁.第二语言习得导论:对外汉语教学视角[M].北京:世界图书出版公司,2007.

四、思考题

1. 亚洲各国学生习得汉语有哪些规律?

2. 亚洲各国学生习得汉语主要偏误有哪些?

3. 如何针对亚洲各国学生汉语习得特点进行教学?

第六章 汉语国际教育的国别化概览

在当今全球化进程中,随着中国政治、经济、文化实力的不断增强和国际地位的提升,汉语国际教育已不仅仅局限于在国内对来华留学生进行汉语教学,更迫切需要走出国门开展汉语教学。"国别化"议题的提出和提倡,即是为了适应"对外汉语教学"发展为"汉语国际教育"这一新形势的要求。

探索汉语国际教育国别化道路,需要深入思考我国在国外创办的 600 多所孔子学院和孔子学堂,如何针对不同国家汉语学习者的母语特点,比较汉语和所在国语言的差异,从而推动汉语国际教育的"在地化",使汉语国际教育适应于当地的民情、国情和地情。同时也需要看到,自古以来中华文化与世界多元文化有着交流互动的悠久历史,早在当代"汉语国际教育"概念提出之前,在亚洲的朝鲜、日本、越南,欧洲的意大利、法国以及美国等国家都已分别开展了中文或汉语的研究与教学实践,并积累了相当的经验,形成了不同国家从事汉语教育的不同传统。比如,早在 16 世纪末,意大利传教士罗明坚和利玛窦阐明了中国语言的第一个转录体系,编成了第一部汉语和葡萄牙语词典;法国汉学家马若瑟神甫于 1728 年完成第一部备受称赞的汉语语法;1871 年,美国耶鲁大学首开中文课程;而韩国(朝鲜)则是历史上最早进行汉语教学的国家,可以追溯到三国时期……

对上述不同国家汉语教育"国别化"实践之历史脉络的梳理和回顾,将有助于深入地理解和推动汉语国际教育的跨文化沟通的作用。同时,经由对不同国家当前汉语教育现状的梳理和分析显示,教育理念、学科意识、教学法、教材编写和师资培养等问题,仍然是当前汉语国际教育国别化发展所面临的核心议题。

总之,语言本身的差异与不同国家间社会文化的差异,决定了"国别化"是当前汉语国际教育所面临的重要课题。本章主要概述了美国、意大利、法国、韩国等国家的汉语教育历史与现状,并强调加强国际交流与合作,学习他国先进的理论,吸取新的研究成果和经验教训,才能针对不同国家的民情、国情和地情,制订出不同的汉语国别化教育对策,从而使汉语全面、完整地走向世界。

第一节　美国汉语教育

一、概　述

自 1871 年耶鲁大学首开中文课程以来,美国的中文教学已经经历了一百多年波折起伏的历史。课程开设之初,研究和教授汉语的只有卫三畏(Samuel Wells Williams)和戈鲲化等寥寥数人,培养的主要是传教士和少数汉学家;教学上采用语法翻译法,强调古代汉语的阅读和语法分析;学生人数很少,往往只具有阅读能力,口头表达能力很差。第二次世界大战期间,出于军事和外交的需要,美国政府开始实施各种短期培训计划,希望培养出具有汉语口语能力,适应战时需要的人才。当时赵元任主持哈佛大学陆军特别训练班的中文班,强调语言的运用,并教授现代汉语。1958 年,出于冷战的需要,美国颁布国防教育法,加强对非西方语言及区域的研究和教育投入,开设汉语课程的学校和学习汉语的人数都有显著增加。20 世纪 70 年代初至中美建交前,受美国国内社会政治环境、中美关系等因素的影响,对汉语教学的资金投入以及选修汉语的学生人数都显著减退,这一现象到中美建交后才逐渐得到改善。21 世纪前后,随着中国经济的迅速崛起,中国在国际关系中占有越来越重要的地位,同时,美国华裔和亚裔人口也迅速增加,中文的重要性逐渐显现出来。2006 年,中文被美国政府认定为关键语言(critical language),美国的中文教育出现了飞速发展的态势。如今,汉语已经成为除西班牙语以外的美国第二大外语,取代日语成为最受欢迎的亚洲语言。有 900 多所高校和 4 000 多所中小学开设了中文课程,中文学校协会约 240 个,学习汉语的人数超过 16 万人,而且这些数字还在不断增长。

中美政府及一些组织和机构在促进两国文化交流和美国汉语推广方面起到非常积极的作用。美国联邦政府设立语言旗舰项目(Language Flagship Program)、星谈项目(Star Talk)、外语支持项目(Foreign Language Assistance Program,简称 FLAP)对中文教学给予资金扶持。美国大学理事会于 2007 年启动 AP(Advanced Placement)中文项目,在美国高中开设汉语和中国文化预修课程以及考试,成绩将获得美国大学的承认,这标志着汉语文化教学逐渐进入美国国民教育主体。美国亚洲协会是推动中文教学的主流组织,长期与中国国家"汉办"合作。此外,美国外语教育专业组织、美国中文学校、美国私人基金会等都是推动美国汉语教学的重要力量。与此同时,中国国家"汉办"也通过多种途径促进美国的汉语教学,主要的举措有开设孔子学院、孔子课堂,选拔汉语教师志愿者,提供中文师资的在职培训,组织美方人士访华,为美国学生提供奖学金等。自 2004 年第一所孔子学院在威廉玛丽学院挂牌,截至 2010 年 10 月,美国已经注册的孔子学院为 72 所,孔子课堂 215 个,占全世界孔子学院和孔子课堂总数的 40%。

值得注意的是,虽然汉语正在美国迅速升温,中文教学发展前景乐观,但也存在不容忽视的挑战。首先,汉语与印欧语系的语言相比,从语音、词汇、语法、修辞到书写系统都有很大的差别,中国文化与西方文化相比也独具特色,对以英语为母语的学生来说,汉语是最难学的语言之一,这使得美国大学选修中文课的人数越到高年级越少。另一方面,美国的汉语教学还存在繁简两种政策,汉字的拼写系统也不统一,为学生学习造成了很大负担。其次,汉语作为第二语言的教学与研究起步较晚,教学方法常常不能适应多元背景的教学对象,容易使学生丧失学习的兴趣。此外,还存在师资不足且流动性大、教材不适用、教学标准不统一、中小学教学内容同高等院校中文课程连接不紧密等问题。可见,要保持美国汉语推广的成果和活力,要使美国的汉语教学具有可持续性,还有很长一段路要走。

本节原典选文的作者 John B. Tsu(祖炳民,1924—2005)出生于吉林省的一个偏僻山村,早年曾留学日本,就读于东京大学法律学院,之后前往美国,获得美国华府乔治敦大学外交政治学学位,1954 年获得纽约福旦大学政治学博士学位,1960 年任新州西东大学远东学院院长之后,全心投入当时正在推行的中文教育。早在 20 世纪 50 年代,他就已经开始倡导中英文双语教学,是在美国推广双语教育的第一人。他创办了全美中文教师学会,并先后两度出任会长;创建了中文师资培训中心,不遗余力地推动中文教育进入美国主流社会。正是在他的努力下,中文教学在美国的中小学取得了跟别的欧洲语言同等的地位,得到正式承认。为了便于教学,祖炳民还亲自编写中文教材,并用英文翻译和解释。这套双语教材在美国东部各所大学掀起的"中文热"中曾经产生过巨大的影响。

祖炳民不仅在汉语推广方面作出了重大的贡献,而且还是一位长期活跃在美国政坛的华裔元老,先后出任尼克松、福特、里根、布什父子五代美国总统的亚裔事务顾问,担任过全国亚裔共和党联合会主席和华裔共和党联合会主席,推介赵小兰、骆家辉、张之香等杰出华裔人士成功跻身美国政坛,参与和策划了众多重大的亚裔参政事件。2004 年 7 月,"国际领袖基金会"向他颁发了象征华裔最高荣誉的"终身成就奖",以表彰他为全美亚裔社区作出的贡献。乔治·沃克·布什这样评价他:祖炳民对于教育和民权事业的贡献永远不会被人们遗忘。

二、原典选读

John B. Tsu, "The Teaching of Chinese in Colleges and Schools of the United States"

选文于 1970 年 12 月发表于 *The Modern Language Journal*,作者以美国不同时期的国防政策和语言政策作为背景,从教材、教法、师资、项目、资金来源等方面对美国大、中、小学不同阶段的汉语教学发展状况进行了描述,文章具有较高的文献价值。不过,选文发表年代较早,因此未能反映此后出现的重要变化。

A. UNIVERSITY AND COLLEGE PROGRAMS

The first Chinese language class in the United States was instituted at Yale University in 1871. [1] Other institutions of higher learning gradually followed suit in establishing Chinese courses. [2] The period beginning from this embryonic origin to the outbreak of World War II can be considered the first state of development in the teaching of the Chinese language. The type of language taught during this period was almost entirely literary Chinese and the method used was grammar-translation. As a result, there were not too many students studying the language except some serious-minded persons who either wanted to be sinologists or missionaries. After working hard for several years, these students grasped the reading knowledge of the language but did not know how to speak it. In their reading of literary Chinese, they very often had to use Romanization of words that were too difficult for them. The Romanization used at that time was the commonly known Wade-Giles system which is still being employed today. This passive manner in the teaching and learning Chinese lasted until the outbreak of World War II.

Foreseeing the possibility of the World War before it broke out, the United States army first asked Columbia, Harvard and Yale Universities to offer Chinese instruction to soldiers. As soon as the war began, the air force needed a large number of pilots who had to know Chinese. The responsibility for instructing these flying corps was given to Yale University where the scholar George Kennedy was. Mr. Kennedy was born in Cheking, China and had intensive training in the Chinese language. He had worked with several Chinese scholars at Yale University. After carefully analyzing the learning of the language, these scholars had reached the conclusion that in order to build the soldiers' speaking ability of the language within a short time, it was not sufficient just to teach them in the classroom alone for a brief session each time but that it was necessary for the learners to have access to native speakers in order to practice the language as often as possible. In addition to such personal contact, a language laboratory with language recordings was needed. Students would use the language laboratory several hours a day to practice the language. Based upon this policy of instruction, an intensive method in language teaching was developed by Professor Kennedy and his associates at Yale University.

In view of the attractive nature of the Chinese characters, which could very easily absorb students time and energy, the scholars maintained that students should not be taught about the characters before they acquired mastery of sound patterns. Consequently, during the initial period of their learning, Romanization should be used to substitute for characters. The Wade-Giles Romanization system commonly employed at that time was quite different from the spelling of American English. For this reason, many students found difficulties in mastering the Wade-Giles system. In order to meet the needs of American students and suit their spelling and pronunciation habits, a new way of Romanizing Chinese characters known as the "Yale system" was developed. This "Yale system" is now being widely used in America today.

After developing the intensive teaching method and the Yale Romanization system, the profession recognized the need of textbooks in the teaching of the language. Scholars at Yale University, thereupon, began to compile Chinese textbooks. The first textbook entitled "Beginning Chinese" was completed in 1945 by Dr. John DeFrancis. The book was written entirely in Yale's Romanization. It, however, was not adopted widely because it laid too much emphasis on grammar while neglecting the natural way in conversation. Reverend Gardner Tewksbury, another teacher at Yale, took up the responsibility for compiling a new book. His "Speak Chinese" was completed in 1946, a book which was also written entirely in Yale's Romanization. This one, however, was used very widely by institutions teaching Chinese. In order to have a continuation to this volume, Professor Fred Fang-yu Wang compiled the "Chinese Dialogue." In addition to this conversation series, a set of reading materials was also compiled by Fang-yu Wang and his colleagues. Further supplementary materials were added. Thus Yale University for the first time in the United States, completed a series of Chinese language textbooks. These textbooks were used very widely throughout the world until 1958 when the National Defense Education Act (NDEA) was promulgated. With the passage of the NDEA, financial support was given to scholars for compilation of instructional materials and to universities for promoting the teaching of the Chinese language. Yale University, however, was the center of language teaching and played an important role in the instruction of the Chinese language during the second stage of teaching Chinese in the United States.

The NDEA was passed in 1958 as a result of successful projection of the earth satellites by the Soviet Union in the previous year. Because of the Soviet Union's scientific achievement, the Untied States discovered that it was lagging behind in mathematics and foreign languages. The NDEA was passed to encourage the teaching of these subjects and Chinese, Japanese, Russian, Arabic, Hindi, were designated as the most neglected languages in the United States. In order to teach these languages rapidly the Federal government decided to finance language programs at colleges and universities. Funding from the Federal government usually was allocated for the following purposes:

1. To establish language and area centers at universities where there was experience in the teaching of the language and sufficient strong faculty through support of half of the budget of the center.

2. To award National Defense Foreign Language (NDFL) fellowships to graduate students through selected universities.

3. To award contracts to scholars for compiling instructional materials or for conducting language research.

4. To award fellowships to faculty members of the language and area centers and to graduate students in their last year of studies to go to Taiwan to do research.

5. To fund overseas institutes or seminars to be conducted in Taiwan for faculty members.

Shortly after the passage of the NDEA, the teaching of the Chinese language suddenly increased. Those universities that had been teaching Chinese before tried to strengthen their programs. Those institutions that never had Chinese attempted to establish such a program. The number of institutions teaching Chinese has increased to more than one hundred colleges and universities.

Although the number of institutions teaching Chinese has drastically increased, the enrollments of students, however, did not increase at the same rate and proportion. It was also a fact that most of the university students of Chinese studying either for a degree of Master of Arts or Doctor of Philosophy were mature in age and stiff in tongue and could never obtain accurate pronunciation as high-school pupils could.

B. SECONDARY SCHOOL PROGRAMS

As the head of the Chinese and Japanese programs at Seton Hall University, the writer strongly felt that the time had come for the profession to bring the teaching of Chinese to secondary schools. The pupils in secondary schools are young in age, flexile in tongue, animated by novelty and curious to hear exotic languages. If they are interested in Chinese, they can learn it well. The writer, thereupon decided to pioneer in the teaching of Chinese in secondary schools. He has written almost a thousand individual letters to high school principals in New York and New Jersey proposing the establishment of Chinese language courses. At the same time, he asked the Federal government and major foundations for financial support of his endeavor. Meanwhile, he got in touch with Dr. Gordon Thayer, principal of the Thayer Academy in Braintree, Massachusetts and Dr. K. Y. Hsu, Chairman of the Modern Language Department at San Francisco State College for support of a nation-wide movement to introduce the teaching of Chinese at the secondary level. Their joint efforts were successful in that they obtained support from the Carnegie Foundation and the Federal government.

The Carnegie Foundation has allocated grants three times totalling over a million dollars. [3] The grants were designed to support six regional metropolitan centers from which the teaching of Chinese at the secondary level could be developed. The following institutions in three different metropolitan areas were recipients of the first grant:

A. Seton Hall University, South Orange, New Jersey (responsible for New York-New Jersey metropolitan area);

B. San Francisco State College (responsible for San Francisco bay area);

C. Thayer Academy, Braintree, Massachusetts (responsible for greater Boston area).

At the time when the grants were made, Columbia University in New York did not show too much interest in promoting the teaching of Chinese on the secondary-school level. The Chinese and Japanese Department, however, did express desire to compile a set of textbooks for high schools. Because of its history in teaching Chinese and its high academic reputation, Columbia University also received a grant from the Carnegie Foundation at the time when the three institutions received their support. Later, Columbia University used the fund also for promotion purposes without finishing the originally planned textbooks.

The first Carnegie grant was made in 1962 for a period of a year. The three recipient institutions bent their utmost efforts in introducing Chinese to high schools and gained spectacular results. As a sign of satisfaction, Carnegie made a second grant in 1963 by adding three more institutions in three new metropolitan regions. The institutions, which received the second grant, were:

A. Seton Hall University;

B. San Francisco State College;

C. Thayer Academy;

D. Evanston Township High School (responsible for greater Chicago area);

E. Washington University in St. Louis (responsible for greater St. Louis area);

F. University of Southern California (responsible for greater Los Angeles area).

Because of their successful achievement, these six institutions received the third Carnegie grant in 1964. The amount of grants were different in figures according to local needs and regional achievements. The four universities received more than the two secondary schools.

In addition to Carnegie's support, the United States Office of Education also extended tremendous help in promoting the teaching of Chinese to secondary schools. The federal supports can be briefly summarized in two categories. One was the training of language teachers and the other was the compilation of instructional materials.

Teacher Training

Shortly after high schools began to teach Chinese, the immediate need was to remedy the shortage of qualified teachers of Chinese. Fortunately, the NDEA had a provision to train in-service language teachers during the summer. It was based upon this provision that many institutions of higher learning had already formulated summer programs for foreign language teachers. San Francisco State College conducted a summer institute for teachers of the Russian language in 1960. In order to meet the needs of high schools teaching Chinese, the College obtained approval from the United States Office of Education to add nine teachers of Chinese to its summer institute in 1961. The summer institute was a great success. With the increase in number of high schools offering Chinese, the need for such a summer institute on the east coast increased. To meet the demand of the teachers and schools, Seton Hall University held its first summer institute for teachers of Chinese in 1962. The Untied States Office of Education has since supported San Francisco State College and Seton Hall University institutes until last year. As the institute program developed Seton Hall University also conducted academic year institutes, while San Francisco State College held overseas institutes in Taiwan. It is no exaggeration to state that 95% of the high-school teachers of Chinese were trained either by San Francisco State College or by Seton Hall University.

Compilation of Instructional Materials

Although Yale University has compiled series of textbooks, they were not aimed at high-school pupils. Therefore, a series of instructional materials for high schools was needed. Columbia University's project supported by Carnegie grant had no definite date of completion at that time. [4] San Francisco State College and Seton Hall University, therefore, separately requested the United States Office of Education funding to compile two different sets of instructional materials for high-school use. A number of grants were given by the Federal government to support the efforts of the two institutions. San Francisco State College has completed a series of four volumes[5] while Seton Hall compiled three sets of textbooks in twelve volumes[6] in addition to two Chinese-English and English-Chinese dictionaries. [7] Seton Hall University materials have been widely used by both colleges and high schools throughout the world.

Through the financial support of the Carnegie Foundation and the United States Office of Education, and owing to the efforts of San Francisco State College, the University of Southern California, Washington University in St. Louis, and Seton Hall University, the teaching of Chinese on the secondary level has been widely developed across the country. [8] It has been offered as a credit course in high schools and on an equal footing with other foreign languages.

C. ELEMENTARY SHCOOLS

Undergoing these three stages of development, the teaching of the Chinese language in the United States not only spread to secondary schools but also reached the elementary level as well. Several elementary schools in Hawaii are teaching Chinese and a good number of such schools also exist on the mainland. For example, the Ascension Academy in Alexandria, Virginia has been teaching Chinese for many years. The teacher, Lucy Wang, obtained grants from a library foundation and compiled a set of Chinese textbooks for elementary schools. [9] With Mrs. Wang's work on elementary textbooks, there are complete Chinese materials for students of Chinese from elementary to graduate schools in the United States. This is one of the unique and revolutionary features of American language education in the twentieth century.

To accomplish this epoch-making endeavor, many American scholars have rendered support. The officers and members of the MODERN LANGUAGE ASSOCIATION OF AMERICA (MLA), THE NATIONAL FEDERATION OF MODERN LANGUAGE TEACHERS ASSOCIATION (NFMLTA) and the newly formed AMERICAN COUNCIL FOR THE TEACHING OF FOREIGN LANGUAGES (ACTFL) have given enormous help. It, however, never could have reached the present state without the full support of the chairmen and the teachers of modern language departments in colleges and high schools. They have fully recognized Chinese as one of the modern languages and treated it on an equal footing with other language courses. The propellers of this pioneering movement, however, are the teachers of Chinese who spare no efforts and without thinking of remuneration have dedicated themselves to a great cause which shapes the history of language teaching in our time.

三、建议阅读书目

刘珣. 美国基础汉语教学评介[J]. 语言教学与研究,1993(1).

常宝儒. 美国汉语教学与汉语研究概况[J]. 语言教学与研究,1979(1).

理查德·T. 汤姆逊. 美国汉语教学综述[J]. 语言教学与研究,1980(4).

印京华. 近五年美国汉语教学状况与发展趋势[J]. 国际汉语教学动态与研究,2005

(1).

王晓钧.美国中文教学的理论与实践[J].世界汉语教学,2004(1).

王觉非.美国的中文教学状况:机会与挑战[J].汉语国际传播研究,2011(1).

蔡永良.美国的语言教育与语言政策[M].上海:上海三联书社,2007.

张西平.世界汉语教育史[M].北京:商务印书馆,2009.

四、思考题

1. 简述美国汉语教学历史。

2. 美国汉语教育有哪些重要成绩?

3. 如何看待当代美国汉语教育?

第二节　法国汉语教育

一、概　述

2013 年 1 月 25 日,"中法语言年"之"法国汉语年"在巴黎法国国家图书馆圆满落幕,活动前后历时 18 个月,中法各界齐心协力组织了 300 多项活动,通过 15 种不同的形式,在全法 60 个城市的 700 余所大中小学、孔子学院和相关机构开展。语言年的成功举办不仅对加深中法两国人民的友谊和理解发挥了重要作用,也折射出中法语言文化交流翻开了崭新的篇章。

总体来说法国的汉语教育在近些年有可喜的进步。

首先是中国文化教育在法国蓬勃发展,越来越多的法国学校开始教授中文,法国人开始学习汉语的年龄也越来越小,近一半的学生选择汉语为第一或第二语言,而在 20 世纪 80 年代,普通话只是第三语言或者可选择学习的一种语言。目前法国汉语教育规模仍在不断扩大。

其次是法国的汉语教学正日益受到国家和普通民众的重视,呈现出规模化和正规化的发展特点。法国汉语教学不仅在数量上有着重大提升,在汉语教学的正规化程度上也取得了令人瞩目的成绩。法国国民教育部汉语总督学著名汉学家白乐桑(JoÄl Bellassen)认为,法国在汉语的普及方面"遥遥领先"于其他欧洲国家。如今,在法国汉语学习已不仅仅是一种时髦,而是已经融入了法国国民教育体系,汉语在法国教育体系外语科目中的排名已上升到第五位。

最后是汉语在法国人心中的地位不断提高。白乐桑(JoÄl Bellassen)回忆说,过去学生选择汉语往往令人难以理解,而现在不仅家长越来越认识到汉语的重要性,学区长、校长也对开设汉语课程越来越积极,他明显感到工作要比过去好做很多。历史悠久的中国文化对法国人的吸引力也是汉语教学发展的一个重要因素。

近年来,中国政府重视加强中法人文交流,特别是文化、教育等领域的交流合作,希望以此增进两国人民间的理解和友谊,巩固和扩大中法全面战略伙伴关系的民意基础。中国政府长期以来大力支持在法国推广汉语,支持力度在不断加大,具体措施包括资助两国教育界人员往来;派遣汉语教师赴法国任教;向法国教育机构赠送大量汉语图书和文化教育资料;支持在法国举办汉语水平考试和商务汉语水平考试等。此外,中国政府向法国提供的汉语专业奖学金也逐年增加。

白乐桑(JoÄl Bellassen)认为,汉语教学取得的进步与世界发展的大背景有直接联系。首先,国际人才流动的日益频繁和中国综合国力的上升,使得掌握汉语成为年轻人职业发展的重要优势;此外,中国整体国际形象的不断提升也提高了汉语的亲和力,这二者缺一不可。

但是汉语在法国的传播仍然存在一些亟待解决的问题,其中非常突出的是缺乏适用的教材和教学法。白乐桑(JoÄl Bellassen)曾说,中国的汉语国际推广教材在法国并不太适用,以致他不得不向法国教育部另外申请资金用于教材开发。有专家提出,当务之急是解决汉语教师、汉语教材供需失调问题,否则世界范围的汉语热有可能"热"得快,"冷"得也快。事实上,少数地方已逐渐降温。如何为不同国家、不同语种、不同文化背景的人提供适用的汉语教材,以提高他们学习汉语的兴趣并坚持下去,是当前需要着力解决的问题。

现存的教学方法大多脱离了汉字特点,这种状况导致的另一后果是,语言教育与文化传播未能有效结合。实际上,"以汉字为本位""先识字后读书"历来是中国传统汉语教学的基本法则。我们亟须内容鲜活、生动有趣、简明易学并且文化含量较高的教材。在海外学汉语的热潮中,如果能全面地领悟和介绍中国文字的字意美、音韵美和形态美,则更有利于中华汉字全面、完整地走向世界。

白乐桑(JoÄl Bellassen),1978年获巴黎第七大学汉学博士学位,是世界汉语教学学会副会长,法国著名汉学家,全欧首位汉语教学法博士生导师,法国汉语教师协会的创始人及首任会长。现任法国国民教育部汉语总督学(Inspecteur général de chinois),巴黎东方语言文化学院(Institut national des langues et civilisations orientales)教授。负责全法汉语教学大纲和考试大纲的制订与修改,汉语师资力量的考核和聘用。先后主编《汉语语法使用说明》《汉字的表意王国》《说字解词词典》等专著十余部,主编的《汉语语言文字启蒙》1989年出版后,成为法国各校最受欢迎的教材。发表学术文章六十余篇。

在下面一节的选文中,白乐桑(JoÄl Bellassen)先生从历史沿革,汉语教学现状,教学大纲与教材,汉语教育理念的变化,前景与须思考的问题五个方面对法国汉语教学的历史沿革、现状以及仍存在的问题进行分析阐述,内容不仅具体全面,也有极强的针对性。

二、原典选读

白乐桑：法国汉语教学历史沿革与现状

此文根据法国教育部汉语总督学白乐桑在巴黎汉语教学研讨会（2004 年 3 月 26—27 日）上的发言编译。文章较系统地阐述了法国汉学的源起和演变、汉语教学在大中小学校中的历史沿革及现状、汉语教学理念的变化、发展的前景以及存在的问题等。

一、历史沿革

法国汉学自金尼阁神甫（Le Père Nicolas Trigault，1577—1628）编写第一部系统的罗马化汉语词典后，斗转星移，岁月流逝。马若瑟神甫（Le Père Prémare，1666—1736）于 1728 年完成第一部备受称赞的汉语语法。随着 1814 年 11 月 29 日在法兰西公学院创立"汉语和塔塔尔—满族语言文学讲座"，汉学在西方第一次列入大学专业课程（俄罗斯始于 1851 年，英国始于 1876 年）。随后于 1843 年在东方语言学院第一次开设了现代汉语讲座，吸引想要经商的人、传教士以及把中国文学看作法国独有学科的外国人来此听课。历史将会记住这一事实：1913 年 7 月 3 日，一位高姓中国中学生得到公共教育部的特许，第一次用中文参加中学毕业会考，这是在索邦大学完成的。1900 年，里昂大学在工商会的资助下，率先将汉语讲座列入高等教育课。随后半个多世纪里，巴黎、波尔多、艾克斯-桑-普罗旺斯、阿拉斯、楠泰尔、蒙彼利埃、拉罗歇尔相继效法。正式汉语教师第一人是里昂大学的 Maurice Courant，巴黎大学文学院的谢和耐（Jacques Gernet）于 1957 年开设汉语课，并于 1969 年创立巴黎第七大学汉语系。波尔多大学于 1959 年先由吴德明（Yves HervouÄt）担任系主任，后由雷威安（André Lévy）接任。艾克斯-马赛大学于 1966 年开设汉语课，由王德迈（Léon Vandermeersch）担任系主任，现在的系主任为杜特莱（NoÄl Dutrait）。巴黎第八大学于 1968 年在吴德明（Yves HervouÄt）主持下开设汉语课。汉语学士学位于 1959 年正式创立。

法国中学的汉语教学摇篮诞生于蒙治隆实验中学，它产生于 1958 年，也就是中法两国建交前 6 年。实际上，由此开始了漫长的长征，直至今日终于成为在中学阶段传播汉语教学的法国特色。据知，第一位中学汉语教师是陈逸霞（音译 Chen Yixia）小姐，她的这第一次实验一炮打响，第一年就吸引了 135 名学员。事实上，倡议在中学开设汉语课的是一位哲学女教师，并且是她通过监管学校食堂获得的收入用以资助设课的费用。总之，所有的汉语初期设课都得到了戴密微（Paul Demiéville）、谢和耐（Jacques Gernet）、吴德明（Yves HervouÄt）和于如伯（Robert Ruhlmann）等杰出汉学家的有力支持。于如伯是在 1977 年被任命为汉语总督学的第一人。

1966 年举行第一次汉语中学师资合格证书统考,1967 年举行第二次汉语中学师资合格证书统考,其后中断了几年,于 1974 年恢复汉语中学师资合格证书考试,直到 1999 年,建立了汉语大学师资合格证书会考。

1984 年,汉语被纳入全国教育研究所(INRP)的语言研究范围。在此框架下确定了 400 个汉字作为法国中学教育要求读懂汉语的最低词汇量标准。

二、汉语教学现状

"如果我们想继续生存在即将拥有 10 亿中国人的星球上,我们就要赶快培养我们的中学生,甚至我们的小学生去适应他们未来的任务……难道我们将永远拒绝看到当前世界的发展趋势吗"(艾田浦(Etiemble):1Cahierspédagogiques2,No2,15oct. 1960)

自从汉语同"中国风物"、异国商品抑或是深奥古怪联系在一起的时代以来,岁月悠悠,光阴似箭,汉语成了世界上操此话语者人数名列第一的语言,世界人口中 20.4% 讲汉语。随着国际交流的全球化,具有几个世纪古老历史的这种数据现在开始有了现实意义。根据中国教育部"汉办"(国家对外汉语教学领导小组办公室)提供的数字,目前,世界上有 3 000 万人在学习汉语;在 85 个国家里有 2 100 个汉语教学机构,其中美国有 900 所高校。汉语水平考试(HSK)自创立以来前 10 年的国际汉语测试发展曲线与托福(TOEFL)自创立后前 10 年的发展曲线堪比肩。在日本和朝鲜有数十万人研究汉语;在中国,在台湾,在新加坡和在东南亚各国华人区都讲汉语,汉语在东亚已成为公认的交际语言。在日本有 100 万人讲汉语,汉语已成为 95% 以上的日本大学的最重要的第二外语。提供汉语教学的韩国大学数量近 10 年内从 90 所增加到 200 所。

1. 法国小学的汉语教学

于 1985 年 7 月 17 日在巴黎第 13 区(华人区)成立的国际法-华学校在很长时间里是在小学设立汉语课的唯一学校。近年来,这样的小学学校数量已增加到 7 所,下学年将增加到 8 所。现在已有 1 000 名小学生学汉语。2002 年,已有了第一部小学汉语教学大纲。

2. 法国中学的汉语教学

学汉语的中学生人数保持持续、快速地增长:由 20 世纪 50 年代末的 100 余人增加到 1995 年 3 000 名学生左右,而 2000 年超过了 5 000 人,2001 年达到 6 000 人,2002 年达到 7 000 人,而今天已达到 7 631 人。他们分布在 142 所初中和高中。汉语教学的地理分布非常均衡:2004 年开学时,这种地理分布将涉及 23 个学区。除了巴黎、里昂、波尔多和马赛之外,设立汉语教学的地方还有蓬提维(Pontyvy)、罗阿纳(Roanne)、塔布(Tarbes)、蒙塔尔吉(Montargis)、阿维尼翁(Avignon)、阿拉斯(Arras),以及留尼旺的圣-德尼等地。

在 2001—2003 年间,全国学汉语的人数增加了 30.28%,而 1994—2002 年间,巴黎学区学汉语的人数增加了 170% 以上,汉语成了中学教育中增长最快的语言。在雷恩学区,学习汉语的人数居英、西、德、意语之后的第五位。

汉语教学的增长不止是表现在数量上,因为它伴以一种语言地位上的明显变化:第一外语和第二外语的学生比例达到40%,而10年前这个比例还不到20%。

学习汉语的学生在绝大部分情况(90%)下,都是以法语为母语的学生。

汉语教学的发展大大推动了面向中国的开放和交流,142处开设汉语教学的学校中大约有三分之一都组织了认识中国的旅行,甚至建立了交流学生的真正的伙伴关系。

3. 法国高校的汉语教学

汉语在高等教育中的显著发展是它所代表的融入社会职业王牌的直接反映。高等教育中的汉语教学体现在:

(1)12所大学系开设汉语专业课程(LLCE或LEA),共有6 000名专业学生。东方语言学院的汉语系占有最大份额:20世纪20年代初,有10几名学生注册,1931年增加到25名,1947年增加到63名,1957年有114人注册……而2003—2004年增加到2 000名。

(2)102所大学、学院和高等专科学校开设汉语课(入门课、短期教学课,大学文凭),计有数千名学生注册。

(3)在绝大多数高等专科学校开设汉语教学(高师、综合工科大学、国家行政学院、高商、中央学校、矿业学校、桥梁与道路学校、政治研究院等)。

(4)巴黎科学院开设汉语课,1997年开设科学与商业预备班,2001年开设文科预备班(CPGE)

三、教学大纲与教材

随着2003年发表高一、高二汉语教学大纲(高三汉语教学大纲目前正在讨论中),汉语教学第一次具有了完整的教学大纲。在大纲制订中,汉语融入相关的9种语言,包括诸如文化计划或欧洲框架等革新方向。自第二次世界大战结束以来,法国已出版了数量可观的汉语教材,而最近10年来,其数量又大有增加。比较有影响的教材有:les Matériaux pourl'enseignement élémentaire du chinois de Paul Demiéville(1953),la Métho deaudio-visuelle de Li Zhihua(1974),le Chinois quotidien de Gao Jing(1976),la Méthode programmée de Nicolas Lyssenko et Delphine Weurlesse(1986),le Manuel élémentaire de Pénélope(1965),la Méthode Assimil de P. Kantor(1981),Passeport pour la Chine de Yau Shun-chiu et Hervé Denès(1974),la Méthode d'initiation Â la langue et Â l'écriture chinoises,suivie du Perfectionnement de J. Bellassen et Zhang Pengpeng(1989 et 1991),les matériaux pédagogiques de C. N. E. D.,Chinois Mode d'emploi de J. Bellassen, Kanehisa Tching et Zhang Zujian(1995),eléments fondamentaux de la phrase chinoise de Roger Darrobers et Xiaohong Planes(1998),C'est du chinois de Monique Hoa(2000)et Le chinois parl'image,méthode vidéo,deJ. Bellassen et Bai Gang(2000)此外,法国还出版了多种改编的专门教材(课本,光盘……),法国有能力在汉语教育方面进行指导研究,在全国教育研究所(INRP)有一个研究班子,位于巴黎6区的法国汉语教师协会拥有245名成员。汉语教育的思考今后将成为新生的科研领域(2003年,Bernard Allanic成功地完成了一篇汉语博士论文答辩),这在很大程度上得力于中学教育的大量实践、许多教师的参与和

教学大纲的制订。

四、汉语教育理念的变化

J.J 卢梭曾对三种文字进行评说:"埃及的圣书文字画意不画音,属于原始民族;中国的表意表形符号属于野蛮民族;表音的字母文字属于文明民族。"幸亏这种理念已被悠久岁月淘汰。20 世纪 80 年代中期,具有某种革新意义的教育取向得以确立,其特征是与相对应的拼音文字语言拉开教育距离,也就是说作为传播知识尊重汉语特有的内部机制,亦即意识到:鉴于汉语特征,对学习内容不可能采用不加区分的方法。自 1984 年以来,借助全国教育研究所成立的汉语组力量形成了这样的理念:从教育观点看,语词和汉字各有自身逻辑。为了合理地掌握学习汉语的渐进规律,大家肯定了如下几个理念:

1."千里之行,始于足下","人们永远不可能做到汉语样样通",在阅读能力上尤其如此;就此,只能按平台,按汉字词汇量进行(全国教育研究所规定的最低阅读汉字词汇量标准即属此例)。因此可以说,法国的汉语教育给中国传统的阅读词汇量带来一种革新形式。

2.2002 年教学大纲肯定的汉语教育观点之一,是在"四个语言能力"上还要加上第五个语言能力:汉字的认知能力,这要在真正的认读能力之前解决。

3.在 2002 年发表高一教学大纲时,这种明显的、系统化和格式化的取向革新了汉语口语能力和书写能力进度的切分,汲取一种非字母文字的字母信息输入所代表的革命教训。这就是根据教育要求和目标区分被动汉字(只能认,不会写)和积极汉字(能认会写)。

五、前景与需思考的问题

在学汉语人数不断增长、汉语教育逐步发展的同时,在法国,对汉语的看法也存在一种令人担忧的滞后现象。要改变这些情况,重要的是对发生的变化有及时而充分的考虑。

1.汉语的职业融入价值非常看好,而这种看好不仅仅关系到商业范畴,为此,理应加速发展职业中学的汉语教学,特别是面对旅馆职业管理中学与中国伙伴交流的前景更应如此。

2.与旅游业相关的业务部门确确实实要做双向的考量:"一方面要有将近一亿中国人境外旅游;另一方面,中国将是世界上一亿三千万旅游者要选择的第一目的地。"(世界旅游组织秘书长 F. Frangialli 语)

3.过去长时间里把汉语看作"小语种、稀有语种、传播少的语种",这种顽固而扭曲性的概念虽遭到否定,但仍有影响。

4.法语教学在大陆和台湾持续发展以及人们对此方面日益旺盛的需求。

5.最好能合理地设置汉语教学,也要真正解决中学与大学衔接问题。另外,汉语的特征(认读能力意味着要超越 1 600~1 800 个最低字符量,亦即要有几年的强化习得)要求加力发展作为第二外语和第一外语的汉语教学。

6.汉语学习中正在发生一个重要变化:从语言入门到实际掌握语言能力的过程,如何将汉语知识切分成平台以进入科研领域。

7.围绕文言的传授,小学的外语汉语教学或书法教学尚存在许多未知领域。

8.读与写的脱钩会有哪些影响?

9.如何考虑汉语水平的各种证书问题?

10.面对汉语当前的发展和教育上的新措施,大学里的课程应该怎么办?

11.师资的培养是汉语专业的关键问题之一(师资队伍年轻,缺乏法定的督察框架)。直到2004年3月26日(即法国全国汉语教学研讨会举行的日子——译注)还没有汉语师资在职进修的机构。

12.法国汉语教师协会分别于1996年和1998年倡议举办了两次国际汉语教学研讨会。当前,知识传授方式已发生了深刻革命,汉语受到史无前例的重视,汉语教师和研究者责无旁贷地要应对他们的学生和汉语本身所面对的新形势。

三、建议阅读书目

北京外国语大学(外国人学中国语编委会).外国人学中国语[M].北京:华语教育出版社,1995.

鲁健骥.对外汉语思考集[M].北京:北京语言文化大学出版社,1999.

王若江.对法国汉语教材的再认识[J].汉语学习,2004(6).

白乐桑,赵惠淳.法国汉语口语教学观感[J].世界汉语教学,2002(1).

四、思考题

1.简述法国汉语教学历史。

2.法国汉语教育有哪些重要成绩?

3.如何看待当代法国汉语教育的特点?

第三节　意大利汉语教育

一、概　述

欧洲的汉语教育与研究始于罗明坚、利玛窦等先驱者,他们于16世纪末阐述了中国语言的第一个转录体系,编定了第一部汉语和葡萄牙语词典。传教士卫匡国在17世纪写了第一部系统的中国语言语法。在过去几个世纪中,欧洲汉语教育与研究逐步发展。首先在意大利,然后波及法国和英国。17世纪是"传教士汉学"的时代,特别是意大利和法国的耶稣会士,当时耶稣会士,从事中国语言研究主要为了实用。事实上,他们需要学习汉语语言形式,以便与中国信徒合作交流。在17世纪末,欧洲开始了"智慧汉学"。

意大利和中国之间的关系在 13 世纪就建立了。著名威尼斯旅行家和商人马可·波罗于 1271 年到达中国并住了 17 年。在意大利,汉语教学有众所周知的历史根源,耶稣会士马国贤离开中国回到本国,1724 年在那不勒斯建立了中国学院。中国学院相当于现代的那不勒斯"东方大学",是一所国际知名大学,专注于外语教学,尤其是亚洲和非洲的语言,其中学中文学生的人数在几年之内翻了一番。除了"东方大学"外,意大利有很多著名的大学进行汉语教学,其中包括"威尼斯卡弗斯卡利大学"和罗马"智慧大学"。

20 世纪 70 年代后,意大利汉语教学与汉学研究走向兴盛。根据学者调查,意大利国内高校中文系的学生成倍增加:威尼斯大学 1966 年学习中文的学生总共只有 20 人,到 80 年代初,一年级新生注册增加到 15 人,到 80 年代末,学生总数达 200 人,是 1966 年的 10 倍。在意大利的另外两个汉学中心那不勒斯大学和罗马大学东方学院,学生人数也在 150～200 名。20 世纪 90 年代前,意大利只有威尼斯 Ca'Foscari 大学、罗马大学东方学院、那不勒斯东方学院亚洲研究系、杜林大学文哲学院东方语言文学系、米兰国立大学、米兰 Bicocca 大学、波洛尼亚大学七所大学开设中文专业,其中真正成立系所的只有威尼斯 Ca'Foscari 大学、罗马大学、那不勒斯东方学院和波洛尼亚大学四所,其余则是中文讲座或大学课程。但到 20 世纪末和 21 世纪初,意大利境内的罗马第三大学、佩撒罗大学、佛罗伦萨大学和西耶那大学等 8 所大学纷纷建立中文系所或开设中文课程,数量增加了一倍以上,达 15 所大学,学生人数达 3 000 左右,另外还有近 20 所中小学在教授中文,在高中引入中文学科。这是从米兰学校开始,5 年来有效地工作的趋势,如现代语言学校曼佐尼。目前意大利有众多从事中国语言和文化教育的机构。

关于意大利汉语教育与研究可以参考法国学者艾田蒲的《中国之欧洲》,本节选取图莉安(Antonella Tulli)的一篇文章。图莉安毕业于罗马大学东方学院汉语系,曾在中国台湾任教。

二、原典选读

图莉安:意大利汉学研究的历史(十九世纪之前)

选文发表于《汉学研究通讯》2006 年第 25 卷 3 号上,蔡雅菁翻译。该文对意大利汉学的历史进行了较为详细的、清楚的梳理,包含了意大利汉语教育的基本资料,提出了传教士汉学教学阶段对汉语口语的重视,对中国古典文献的钻研和学习,而世俗式汉学教学缺乏口语训练,但是对白话进行了研究。选文还特别描述了意大利拿波里中国学院的汉学及汉语教学情况,指出了这所学校在欧洲汉语学习中的重要地位。

一、引言

"意大利的汉学研究,在欧洲是最古老、同时也是最年轻的。"为证明意大利汉学的历史悠久,必须要回溯到两位意大利耶稣会士,利玛窦(Matteo Ricci,1552—1610)及卫匡国(Martino Martini,1614—1661)。意大利汉学研究机构的成立也是由来已久,早在1732年,马国贤神父(Matteo Ripa,1682—1746)就在拿波里创办了中国学院,这是意大利最早的中国研究中心,后来改为皇家亚洲学院(1868—1888),最后则改成拿波里东方皇家学院。意大利的首堂大学中文讲座,则一直要等到19世纪末,才由专攻远东语文学及宗教的学者赛维理尼(Antelmo Severini)于佛罗伦萨(皇家高等研究院)开设,因此比起其他欧洲国家可谓起步较晚。19世纪时,比利时与荷兰的汉学研究正值兴盛期;到了19世纪末,在德国的几所大学也有同样的盛况。而意大利的汉学研究,一直到第二次世界大战结束之后几年,才真正称得上是再度复苏、推广开来。

多年以来,汉学一词在西方指的是中国及中国文明相关,内容广泛的跨学科研究。尽管众说纷纭,不过目前的趋势,似乎是将其定义局限在语文学研究上,马可·波罗并不懂中文,因此我们无法把意大利汉学研究回溯至马可·波罗开始。尽管《马可·波罗游记》是当时最早对中国文化有所着墨的,但他笔下所描述的,是个广阔、富裕、强盛的大中国形象,却不偏重于解释中国如何能达到如此高度的文明。在他之前的远古时期,双方接触更是微乎其微,而中古时期,除了马可·波罗这样的商人外,方济会传教士也冒险远渡重洋来到中国,不过因为他们汲汲于宗教工作,所以对传播中国文明的贡献不大。

二、意大利汉学研究的历史脉络(从16世纪末到1950年)

欧洲方面对中国的探索,是起源于葡萄牙人到达广州,耶稣会士抵达北京之时。这段历史多半归功于传教士——特别是耶稣会士利玛窦及德礼贤,本段所述及三百多年的历史,刚好可以这两人作为起始与终点。传教士本意在改变中国人的信仰,他们受此限制,多半会忽略较文学性的作品,仅着眼于哲学或史地;又因他们还得寻求教会高层阶级、政府或欧洲知识分子的必要支持,才能继续在远东的传教活动,因而成为西方与中国世界相互认识的最佳桥梁,把当时西方文化科学最好的一面介绍给中国,也凭着其博学多闻,首度把中国文明以有系统而科学的方式,揭露在西方大众面前。这些传教士选择上朝拜见天子的方式,注定了他们的成功。中国朝廷的文明、组织深令传教士着迷:由繁复严苛的科举制度所挑选出的官员与文人管理整个帝国,地位崇高,仅臣服于唯一的天子之下。但学识渊博的耶稣会士同样经过严格训练,并服膺于其领导者教宗,展现出与朝臣不相上下的能力。这些传教士兼备人文素养与科学训练,立即在数学与天文学等学科,展现出高人一等的造诣,一如他们在几何学、地理、水利、西方历史与道德上的表现,而几何学等知识在以农立国的中国更受关切。正是因他们知识卓越,又深谙如何"以科技创新作为传播天主教的'名片'",才立即受到欢迎与尊崇,成为深受仰重的西方特使。因此文艺复兴末期耶稣会士的重要,可分两方面来探讨:一方面是将许多学术知识翻译并以中文出版——尤其是欧洲科技方面,这多亏了改信天主的官员协助;另一方面,则是将中国文明各面向(历史、地理、道德伦理)的资料加以翻译,并以拉丁文出版。

（一）传教式汉学

耶稣会士早期针对儒家典籍的拉丁文翻译,可回溯到 16 世纪末叶,主要的功臣是利玛窦与罗明坚(Michele Ruggieri,1543—1607)。而艾儒略(Giulio Aleni,1582—1649)则致力于以中文描述并介绍西方地理及科学,以供中国人使用。

利玛窦在北京待了近半辈子共 28 年时间,死时留下了约 2 500 位信徒,如果算算当时的欧洲传教士只有 8 人,就可知他成功使人改信天主的纪录相当惊人。他对后代充满责任感,也想把自己在中国所学所见所闻都留给后世作见证,因为眼见身边的会友一个个凋零了,于是在他与世长辞前三年,着手完成了一部论述中国地理、历史、哲学、宗教、国家组织与风俗习惯的著作。该作品的手稿多年来被埋没在罗马耶稣会的档案室中,1613 年由比利时的耶稣会士金尼阁(Nicholas Trigault)将此书译成拉丁文;其版本虽与意大利原文颇有出入,却让此书终于能为人所认识。此译本于 1615 年出版,曾多次重印,而意大利文版也于 1911—1913 年及 1942—1949 年时出版,1953 年的英译版本则是根据拉丁文译本。意大利文的初版还收录了利玛窦的信函,不过注记不多,因为编者本身并非汉学家。第二版则由德礼贤所编,补充了许多旁征博引的批注,无奈出版时却又被任意修改过,所以连书名都更动了。利玛窦在他的《交友论》(De Amicitia,1603)中也曾引介些许西方哲学的概论。

卫匡国 26 岁时就前往中国,于 1643 年途经上海时,年长的会友潘国光(Francesco Brancati)开始引领他研读文言文。当时明朝政权岌岌可危,清军 1644 年已攻陷南京,1645 年又占据杭州。1651 年他带着一位中国青年书僮(身兼秘书、佣人、字典),展开一场长达一年半的旅程,因此他得以在同伴协助下,阅读随船携带的众多中文文献,并着手写作。1653 年底卫匡国在挪威下船,1654 年时经由德国抵达荷兰,一群急于了解中国一切的学者热情地接待了他。于是为了满足这些学者的要求,他编纂了西方第一本《汉语文法》(Grammatica Sinica,因无法印出中文字体而未曾出版),这对欧洲北部的汉学研究是一大里程碑。1654 年他在安特沃普出版颇受好评的《论鞑靼之战》(De Bello Tartarico),这是以亲身体验汉满冲突而写成的第一本类似“新闻报导(道)”的作品。同年他又运用精确地图学在阿姆斯特丹出版《新中国地图集》(Novus Atalas Sinensis),这是第一部有关中国(以及日本)地理的著作——内含 15 张各省地图,巨细靡遗地记录了风土民情与各省份纳贡情形等资料。另一部作品为《中国远古史》(Sinicae Historiae Decas Prima),循利瓦伊《罗马史》的模式,写中国到耶稣诞生前的古代史。1655 年他在天主教宗教法庭上发表一篇介绍中国礼仪的回忆录,又在罗马积极寻求补助与援助,以便能继续于中国传教,期间还在中国开办神学院,以培训中国未来的神职人员。卫匡国亦著有《求友篇》(De Amicizia)一书,大量引用拉丁文与希腊文,以西方经典文学选集的形式,广为宣扬西塞罗、塞内嘉、柏拉图等人曾论及的主题。在这之后 1662 年殷铎泽(Prospero Intorcetta,1625—1696)又与另一会友于江西省的建昌重新出版《大学》及部分的《论语》,1667 年又在广州、1669 年在印度出版《中庸》。最后殷铎泽和另外三位耶稣会士于 1687 年在巴黎出版《中国哲学家孔子》,为欧洲读者介绍孔子的教诲,并完整翻译《论语》，还附上孔子的小传及一篇谈中国古典文学与儒家思想的描述。意大利对西方汉学研究的贡献，还包括第一本中文拉丁文字典的编纂，这是方济会士叶尊孝（Basilio Brolloda Gemona，1648—1704），分别于 1694 年及 1699 年于南京发行。但出版费高昂，因此一直以手抄本形式流通，直到 1808 年法国政府才决定发行字典，于是 1813 年，曾任法国驻广州领事的小德金（C. I. Joseph de Guignes，1789—1845），仅以他自己的名字出版了一本相当别致的版本，然而其内容多半是根据叶尊孝收藏在梵蒂冈图书馆的手抄本。他的抄袭后来被雷慕沙和柯恒儒（J. Klaproth）所发现。

另一本较完备的字典，是由耶稣会士晁德莅（AngeloZottoli，1826—1902）所筹划，却从未付梓。白佐良（Giuseppe Bertuccioli，1923—2001）提到："依据 H. Cordier 所述，字典 1907 年还在印刷阶段，而瓦卡（Giovanni Vacca）却写道，该字典共有 12 册，分成四个手抄本，1913 年保存于上海耶稣会徐家汇藏书楼中等待印行。希望这些稿件没有散佚，还跟其他耶稣会士所收藏、1950 年后就收藏在上海市立图书馆的图书在一起。"白佐良还提到，该字典补全了晁德莅稍早于 1878—1882 年间，以 5 册发行的《中国文学选集》，这是 1950 年前，以西方语言翻译中国古典文学最大的选集。不过拉丁文版本价值不高，因此上海的耶稣会士只以法文出版了第 1 册。

（二）世俗式汉学

在白佐良对意大利汉学的重建工作中，从 17 世纪耶稣会士达到的成就之后，一直到德礼贤（名列 20 世纪 20 年代主要的汉学家之一，也曾是白佐良的老师）为止，整纪除了晁德莅的字典与《中国文学选集》外，进展可谓一片空白。至少在白佐良所划分的"传教式汉学"（Sinologia Missionaria）与"世俗式汉学"（Sinologia Laica）之间，传教式汉学的情形是如此。而究其原因，可能是意大利的政治情况特殊，直到 1870 年才完成统一，因此意大利对远东的兴趣，是很晚以后才发展出来的。

在这段意大利空窗期间，巴黎的法国学院于 1814 年 12 月 11 日首度由雷慕沙（Abel Rémusat，1788—1832）开办「中国暨鞑靼满洲语言文学」讲座，后又由他的得意门生儒莲（Stanislas Julien，1797—1873）续开，欧洲的现代汉学研究遂在法国应运而生。这种新兴的世俗式学院派汉学似乎有个特色是：除了少数几人外，多数人很难驾驭中文口语，而先前提过的"传教式汉学"，却最以口语能力为傲，因为他们借教会等国际机构之便，能长期居留传教，故对中国的知识有第一手的了解。儒莲的学生之中有安德罗齐（Alfonso Andreozzi，1821—1894）和赛维理尼（Antelmo Severini，1828—1909）两位意大利人，两人皆追随其师脚步，研究中国白话文学，这个主题是传教士学者们所未曾触及的。《水浒传》的第一本西方语言译本是安德罗齐的作品，声誉卓著的权威 Arthur Waley 亦曾极力加以褒扬。安德罗齐在汉学研究上虽显得卓越非凡，佛罗伦萨皇家高等研究院的第一个"远东语言"讲座，却由赛维理尼担任，他主要翻译日本文学。他死后的接班人是普意尼（Carlo Puini，1839—1924），两人不同的是，普意尼在中文文学或介绍中国古代政治司法制度的作品翻译上，都相当多产；包括 1872 年发行《改编自明〈龙图公案〉的七个短篇》（*Novelle cinesi tolte del Long-tu-kong-ngan*），以及《礼记》第 23、24 及 25 篇。

1866 年意大利政府与中国重建外交关系,派遣 Vittorio Alminjon 指挥 Magenta 巡洋舰签订通商条约,在条约中双方对"YI DA LI"国名达成协议,第一个音节排除使用"夷"字(主要意思为野蛮人),虽然意念的"意"后来也以正义的"义"代替。由于当时清朝不允许中国人服事外国势力,在向法国、英国借用了几年口译人员后,深感不便,于是在上海设立实习口译员一职。诺全提尼(Lodovico Nocentini,1849—1910)是第一个有机会以"实习口译员"身份到中国住过的意大利教授,他 1883 年被派驻到上海领事馆,5 年后回到意大利,继续担任罗马大学中文教授。诺全提尼的学生威达雷男爵(Guido Amedeo Vitale di Pontagio,1872—1918)取代了他在北京公使馆的位置,他的中文发音几近完美,正由于他在语言学方面的这项才能,颇受大使 Daniele Var 常识,如大使在书中所述,慈禧太后也非常欣赏他,中国人亦对他赞誉有加,1917 年语言改革活动开始,胡适与其他改革者就是从威达雷所出版的 Chinese Folklore-Pekinese Rhymes(1896)与 A First Reading Book for Students of Colloquial Chinese-Chinese Merry Tales(1901)两本书中撷取灵感。

另外,曾在中国担任领事的拿波里东方学院毕业生有福罗秘车利(Eugenio Felice Maria Zanoni Volpicelli,1856—1936)及罗斯(Giuseppe Ros,1883—1948),福罗秘车利于 1899 年任香港总领事,在那里发表不少汉学研究的论文和专书,也颇自豪能将贝卡理亚(Cesare Beccaria)的《论罪与罚》(Dei delitti e delle pene)第三章译成中文并自掏腰包出版,他相信这使中国废除了审判中的酷刑恶习。罗斯于 1921—1924 年担任汉口的领事,1936 年起调到广州。他是个超级爱书迷,一生中有两个收藏丰富的图书馆:第一个被北京大都会图书馆买下;第二个图书馆于 1943 年被日本人没收,在运往日本途中,船被美国潜水艇击中而沉没。

(三)一个特例:拿波里中国学院的角色及其在欧洲之重要性

中国学院(Collegio dei Cinesi)是欧洲汉学研究历史上的先驱,对中国语言与文化而言,都是一个重要指标,也是现在拿波里东方大学的前身。中国学院在马国贤神父的推动下,1732 年 4 月 7 日于拿波里正式核准成立,定名为基督圣家会学院(Collegio della Congregazionedella Sacra Famiglia di Gesù Cristo),以培育年轻的寄宿生为目的。其前身为马国贤神父 1715 年 6 月于中国成立的神学院,旨在依据罗马正统培育中国传教士,后于 1724 年 11 月迁到拿波里。

根据马国贤的初步构想,学院同时也是欧洲青年们自费的住宿学校,让他们能完成学业以取得神职,又同时可学习中文,有的教士及枢机主教寄住于此就只为了学中文。由于这是当时在欧洲独一无二的机构,就连英国大使马戛尔尼(George Macartney)及斯当东(George Leonard Staunton)在准备到中国的派遣任务时(1793—1794)也要向学院求助。此外在 18 世纪,全欧洲及拿波里的贵族,对中国世界与中国文化一直有强烈憧憬,这一点只要从当时大受欢迎的中国风(chinoiseries)品位就可得知。

学院的功劳似乎也包括提供铸模与活字印刷,以出版小德金的第一本中拉法文字典。拿拿仑一世亦曾向该学院订购字模。在拿破仑当政的法国 10 年(1806—1815)期间,学院从 1812 年起隶属于公共教育管理处(Direzione Generale dell Istruzione

Pubblica),体制等同于意大利南部的高中阶段,除了开设文法、修辞、希腊文、历史、地理、几何学与哲学课程,也提供包括中文在内的外语课程,就读的意大利青年人数越来越多。这是四年制自费的课程,1809 年人数达到 40 人,其中学生多半来自贵族家庭。

在此环境下,1813 年不同于以往的拉丁文及手抄本形式,第一本以意大利文写成且有中文字印刷的中文文法书问世。这本《拿波里中国学院专业学校专用中文文法书》(*Grammatica cinese fatta per uso della Scuola Speciale istallata nel Collegio de' Cinesi in Napoli*)的作者是 Gennaro Filomeno Maria Terres,中文副标题为"中国字"。

第二次鸦片战争(1856—1860)与北京会议(1860)结束后,法国取得在中国自由宣教之权,于是中国学院对教廷几乎派不上用场。但是对刚统一的意大利王国来说,传教士对文化与其后的商业具有举足轻重的影响,也提高了学院的重要性。于是在 1868—1888 年的 20 年间,中国学院更名为皇家亚洲学院(Real Collegio Asiatico)。改头换面的新学院为了扩充意大利在东方的影响,在原本的中国学院外,又发展了新的非宗教部门,几乎全由非神职的教员所掌管,并开放给对商业有兴趣的年轻人,命名为"活的东方语言"组。新开设的课程有:蒙文、俄文、英文、中文。意大利王国和中国恢复外交关系后,皇家亚洲学院的角色更加重要,此外像郭栋臣与王佐才等几位优秀的中国教士与教授,当然功不可没。

值得一提的是,1885 年在拿波里,中文教学甚至开始于中学阶段(于 Salita Tarsia 技术海事学院开设),课程由王佐才的门生 Edoardo Vitale 负责,他在 1888 年发行了可谓是第一本意大利文、且在意大利撰写及出版的中文文法书,名为《中文文法——附范文、阅读、小字典及 214 个部首表》(*Grammatica cinese con temi, letture e piccolo vocabolario nonché tavola delle 214 chiayi*),此外考入大清海关两个名额的录取者都是该所学校毕业(如前文提到的福罗秘车利),加上意大利与中国初建外交关系时,所雇用的杰出口译官有不少是在该校受训,可称得上是拿波里的知名机构。

三、建议阅读书目

利玛窦,金尼阁. 利玛窦中国札记[M]. 北京:中华书局,1983.

吴勇毅. 意大利学生汉语口语学习策略使用的个案研究[J]. 世界汉语教学,2008(4).

四、思考题

1. 简述意大利汉语教学历史。

2. 利玛窦与意大利汉语教育有什么关系?

3. 意大利汉语教育有什么特点?

第四节　韩国汉语教育

一、概　述

韩国汉语教育发展至今,经历了前期(三国时代和高丽时期)、中期(李朝时期)、现代(20 世纪)三个重要的时期。韩国是历史上最早进行汉语教学的国家,也是向中国派遣留学生最多的国家,这一方面增进了两国之间的睦邻友好关系,另一方面也促进了韩国的汉语教育的发展。

自古以来,韩国各朝代都对汉语教育和汉语人才的培养予以了足够的重视,其正规的学校教育也是在中国教育制度的影响下开始于朝鲜的三国时代(公元前 57 年—公元668 年)。到公元 918 年高丽建国之后,在适应社会变化,进一步完善教育制度的同时,形成了有层次的教育体制,即官学国子监、乡校、学堂和私学体制。其正规的外语人才培养体制也是在这个时期建立起来的。

李氏朝鲜王朝于 1392 年建国以后,"至诚事大"的基本国策促进韩国的汉语教育迈上新的台阶,从体制、机构、教材、教法、教学研究等各方面逐步规范化。期间优秀的汉语译官和汉学家层出不穷,最为杰出的当属语文学家崔世珍,他精通韩汉双语,为后人累积了不少有价值的韩汉语语言学研究成果,引领李朝时期的汉语教育实现了三大历史性的转变。①以识字教学为中心到课文教学为中心。②以书面语教学为中心到口语教学为中心。③以直接教学法教学为中心到对比的翻译法教学为中心。

进入 20 世纪以后,韩国的汉语教育进入了一个曲折发展的过程。1895 年中日甲午战争之后中韩文化交流几近停滞,汉语教育也随之面临崩溃。1953 年朝鲜战争结束后,汉语教育虽逐步复苏,但碍于当时国际冷战局势,韩国与中国大陆被隔离开来,其汉语教育主要来自台湾的影响。20 世纪 70 年代之后,中国由过去的"敌对性共处国家"转变为"非敌对性共处国家",汉语教育也重新受到重视。1992 年中韩正式建交,中韩关系的发展开启了新的篇章,汉语教育随之进入迅猛发展期。政治、经济、文化诸多方面的因素导致了"汉语热"的形成。韩国各大学争相设立中文专业,孔子学院作为我国特有的语言文化推广机构也应运而生。2004 年全球首家孔子学院在韩国首尔落成,随后发展为 18家,首尔孔子学院从最初只有两个来自中国的老师到 2013 年底达到 16 位,而本土教师已超过教师人数的一半,该校成立 9 年来,通过开设汉语水平考试、中学汉语、少儿汉语以及企业汉语等课程和举办诸多与汉语及汉文化相关的活动,让越来越多的韩国人了解到中国。而他们的学生也从最初一年招收数百人发展到了现在的数千人,从最初的课堂授课模式拓展到 2007 年的网络授课,到 2014 年,他们还计划利用智能手机来开展汉语教学与互动。

由此可见,在韩国,学习汉语已经成为众多学生和家长的上上之选,然而,古往今来,汉语教育在韩国具体经历了怎样的变化,当前汉语教育在韩国的具体现状如何? 从现状的表象我们能否发现其存在的问题并对未来汉语教育在韩国的发展进行一定的展望呢? 下文为韩国外国语大学校中国语科教授孟柱亿先生在云南师范大学学报上发表的一篇关于汉语教育在韩国的现状分析及未来发展走向研究的文章。

孟柱亿先生是韩国外国语大学中文系教授、博士生导师、韩国外国语大学孔子学院院长、韩国外国语大学 BK21 新韩中文化战略事业团团长、韩国中国语教育学会会长、中国世界汉语教学学会副会长、延边大学及北京语言大学客座教授。他在汉语作为第二语言教学和研究方面作出了卓著的贡献,发表论文数篇,参与编写了《世界汉语教学》《国际汉语教育》《汉语教学学刊》《华文教学与研究》《对外汉语研究》等重要学术刊物。

二、原典选读

孟柱亿:韩国汉语教育的现状与未来

本文选自 2008 年 3 月云南师范大学学报第 6 卷第 2 期。本文从历史上韩国汉语教育形势的变化谈到韩国汉语教育的现状,在肯定其取得的成绩的同时也指出了该领域存在的不足之处,进而分别从教育观、学科建设、师资力量、学生心理、学校制度、教师资格考试等八个方面分析探讨了韩国汉语教育未来的发展趋势。

一、引言

众所周知,自古以来韩国就有着汉语教学的优良传统,只有在 20 世纪这近百年的时间里,由于历史的原因,韩国的汉语教育处于已有的传统濒临断绝的状态。自 1992 年韩中两国建立外交关系以来,韩国的汉语教育再次进入蓬勃发展时期。如今学者如潮,汉语教育日益升温,汉语在第二外语中已成为最受欢迎的语种之一。近年来韩国汉语教育取得了空前的发展,但这发展主要是数量方面的,在教育的质量方面尚有颇多有待解决的课题。

二、韩国汉语教育形势的变化

本文主要以韩国大学的汉语专业为对象探讨汉语教学形势的变化,同时也介绍小学、中学等的有关情况,以资参考。

(一)大学汉语教学的复兴

20 世纪 40 年代中期,韩国由于意识形态的对立,国家被分为南北韩两个部分。1948 年成立的大韩民国没有跟中国来往,尤其是 1950 年爆发韩国战争以来彻底跟中国大陆隔绝了,只是跟中国台湾保持小规模的来往。此时期又可分为前后两个时期。前期为到20世纪70年代初,后期为20世纪70年代初到1980年。

当时韩国对外关系的主要伙伴是美国,外语教学也以英语为主,汉语没有得到重视。随后,韩国人经历过韩国战争以后认识到有必要学习汉语,汉语教学的恢复于是应运而生。以前只有首尔大学在1926年开设中文专业以维持命脉,到此时另有两所大学先后开设了中文专业。韩国外国语大学在1954年建校时就设立了中国语科,成均馆大学也在1955年设立了中文科(韩国语的"科"或"学科"相当于汉语的"系")。这时三所大学培养的一部分青年学者留校任教。有一些人开始到中国台湾去留学,他们几乎都是在韩国大学毕业后去攻读硕士、博士课程的。这些留学生大部分在中国台湾主修中国古典文学,从20世纪60年代初开始回国在各大学任教。这一批在大学任教的教员是韩国现代初期培养出来的大学教授,在各大学作出了承前启后的贡献。这时期在学校和社会上正式恢复了汉语教学,但对汉语的实际需求量极小,所以声势并不大。

20世纪70年代初中国开始同日本、美国等资本主义国家改善关系,韩国因此针对未来的韩中关系更加努力地了解中国。这种形势的变化也反映到汉语教学上,1972年,高丽大学、檀国大学、淑明女子大学开设了中文科,接着1973年延世大学也开设了中文科,此后多所大学争先恐后地开设了中文科、中国语科等有关汉语的专业。

到了1980年,设有有关汉语的科系的大学总共达到30所,在不到10年的时间内增加了10倍。本科毕业生人数多了,就引起硕士、博士课程的增设。在20世纪70年代初设有研究生院(韩国叫"大学院")的大学只有首尔大学1所,到了1980年已增加到7所大学。20世纪70年代中期去中国台湾留学的人剧增,他们大部分专攻古典文学,获得硕士以上学位后又回国当各大学的教员。20世纪70年代末发生了一件在汉语教学史上值得一提的事情,即韩国外国语大学在1979年设立了"同时通译大学院"。同时通译大学院是为对付日益增加的国际会议及其他国际交流活动而设立的硕士课程,其宗旨为培养同声传译,汉语是主要的教学语种之一。现在该课程毕业生在国际交流中发挥着举足轻重的作用。这时期是大学的学术结构初步完善的时期。

(二)大学汉语教学的发展

这个时期是从20世纪80年代初到现在。20世纪80年代初期,中国采取改革开放政策,韩中两国重新开始来往,加快了汉语教学发展的速度,尤其韩中两国在1992年8月建立外交关系之后,韩国掀起了一股前所未有的学习汉语的热潮。这段时间全国设有汉语专业(不管招生单位的名称如何,含有专业汉语课的统称为"汉语专业")的统计如下(文教部,1981—1990;教育部,1991—1997)。自从1998年韩国的大学采用"学部制"以来,汉语专业发展因为鼓励双学位而得以更大幅度增加。在学部制的制度下学生选择专业的方式变了,过去是升学考试之前报名专业的,而学部制是以跨系的系列单位招生,让学生先读一年或两年之后选择专业,这时若某一个专业志愿人数过多,则允许一定范围的扩招。随着汉语需求的不断增加,选择专业方式的变化加快了汉语专业增加的速度。这段时间汉语专业每年平均增加312个,2006年达到了131个。这时期专业的名称五花八门、无奇不有,这跟招生单位的变化和竞争心理有关系。这时期大学的汉语教学得到了空前的发展,其发展的情形跟过去占有传统优势的德语和法语比较尤为明显。1981 年全国大学里的汉语专业是 38 个,英语、德语和法语分别是 104 个、53 个和 50 个(文教部,1981)。到了 2006 年,汉语专业是 131 个,英语、德语和法语分别是 244 个、63 个和 52 个(教育部,2006)。英语在韩国是第一外语,总是占有领先的地位。目前汉语是韩国大学里的第二外语。

(三)其他各级学校的汉语教学情况

"专门大学"(即专科学校)为满足社会的需求于 1981 年首次开设了有关汉语的专业,到了 1989 年增加到 4 个,之后每年平均增加 4.4 个,2006 年达到 75 个。专科学校重视实用,培养学生的周期也较短,在韩国一般是两年制,所以是在社会上有了充分需求的时候才开设所需的专业。从 1983 年 1 所学校开设汉语专业以来,到 1988 年维持停滞状态,1989 年出现继续发展的趋势,尤其在 1992 年韩中建交前后的发展幅度很大。他们着重于培养实务人才,课程安排以口语训练为主,兼顾有关翻译、观光导游等方面的实务技能训练,所以把系名就命名为中国语科、观光中国语通译科、中国语通译科等。

1955 年以来,高中的汉语教学一直没有间断过,但在第二外语教学当中所占的比率是微乎其微,1992 年韩中建交之后也停留在 4% ~5% 的比率。这跟韩国高中的经营情况有密切的关系。一般高中只教一到两种第二外语,大部分学校过去主要教德语、法语和日语,所以这三种以外的外语在高中几乎没有发展的空间。韩国教育部为缓解这种情况,采取了非汉语教师转换成汉语教师的措施,到了 2006 年把汉语教学的比率提高到23% 左右。

高中汉语教学这样特殊的情况自从 1984 年"外国语高等学校"(可译成外语高中)成立以来得到一些调整。外国语高等学校是在一般高中的教育基础上进行专门培养外语人才的一种特殊高中,学生按专业外语分班。自 1984 年成立两所以来,根据社会的需要继续增加,2006 年已增加到 29 所。学生选修英语专业最多,汉语是第二位,这样的顺序跟大学大致相似。外国语高等学校所开设的专业语种多,学生可按自愿选择语种,所以汉语教学得到了符合社会要求的发展。

三、韩国汉语教育的现状

(一)普及率增高

目前在韩国,汉语教学已十分普遍。韩国略具规模的四年制大学几乎都设有汉语专业,汉语教学在高等教育中的普及程度很高,在大学里成为名副其实的最重要的第二外语。这不只是说明专业学生人数,而且也是反映生源的素质。就各校人文学院内的新生入学分数录取线来看,汉语专业在大部分学校里居高临下,在不少大学里早已超越了以往保持领先地位的英语专业。

作为第二专业、副专业和公共课的汉语课也是由于专业课的形象受到青睐的。目前在韩国的大学里,人文学科方面的公共课面临危机。对准备就业的学生来说,历史、哲学、民俗学等纯人文学科的"教养课"被认为是"奢侈品",课程遭到被取消的命运。德语、法语等第二外语也不例外,中央大学、成均馆大学、淑明女子大学、东国大学等因选课人数不足而取消了不少德语课和法语课。尽管如此,作为公共课的汉语课还是有增无减的热门课(文化日报,2007-03-19)。

在高中选择汉语作为第二外语的人数居第2位。虽然还没有达到满足学生要求的情况,但已经发展了很多,而且还呈不断增长趋势。2000年第7次教育课程实施后,部分初中开设了汉语课。目前甚至在小学、幼儿园,学习汉语的儿童也越来越多。私人针对儿童开设的汉语补习班也随处可见。不少企业内部也开设汉语培训班,或把职工送到大学的"平生教育院""社会教育院"(相当于成人教育学院)及补习班学习。

(二)环境的优化、学生数量的增加自然带动师资力量的增强

目前韩国汉语教师的人数达到了相当可观的数量,专职的大学教师于2001年已经超过了500人;而非专职的远远超过专职的;外籍教师的队伍也越来越壮大。20世纪80年代的外教主要是来自中国台湾或者当地华侨。1992年韩中建交以来中国教师也来韩国讲学,而且来的人数也很多,现在几乎所有的大学都有中国教师。由于这样的环境变化,学生在校园里接触汉语的机会增加了,训练口语的机会也增加了。

接触汉语的途径多样化,到中国去进修的人多,而且进修的地区和方式也非常多了。自从20世纪80年代初旅游开放以来,学生们开始到中国台湾去进修。20世纪90年代初开始,学生进修的地区扩大到中国大陆,而且人数越来越多,现在中国大陆各大学的留学生当中韩国学生所占的比率非常高。起初他们利用假期参加为期一到两个月的短期进修,后来不少学生参加为期半年到一年的长期进修,很多服完兵役的学生在复学之前利用剩余的时间去中国或中国台湾提高汉语水平。近年来不少学校采用"2+2""3+1""7+1"等模式,给学生提供两年、一年、一个学期在中国进修的机会。目前在高年级的班中相当多的学生是去过一次中国大陆或中国台湾的。

(三)教学研究的深化

随着汉语教学的普及,寻找行之有效的教学方法也就成了韩国汉语教学工作者讨论的焦点。过去讨论的范围主要限于初学者的汉语学习,而现在由于学生结构的多样化,范围也扩大到各个阶段和层次。这种变化不只是在韩国国内发生,而且在中国也是不难发现的。在华留学生中,韩国学生的人数最多。因此,中国学术界对韩国人的汉语学习及习得极为重视,众多教授和研究生都积极地进行着这方面的研究。最近几年,关于韩国人汉语习得的文章,在汉语教学的论著中多有所见,中国学者竞相在国际学术会议上发表有关韩国学生学习汉语的论文。

一个学科的成熟跟学术团体、专业的学术刊物有密切的关系。"韩国中国语教育学会"于2005年2月25日举行成立大会后,在短短的两个月间,会员人数就已超过了250名。这反映了汉语教学界要求质量的新形势,同时也反映了诸多同仁对汉语教育的热心关注。

四、韩国汉语教育未来的课题

(一)要具有面向未来的教育观

目前我们在汉语教学的第一线遇到的具体问题可谓不胜枚举,问题的存在和解决在

很大程度上都与教育观有关系,因为教育观反映教师对工作的心态,可以说是影响教育质量和效果的根本性因素。20 世纪 70 年代,联合国教科文组织对现代教育和传统教育作了明确区分:现代教育以满足现实社会的实际需求为主,社会需要什么专业,就创造条件设立什么专业。传统教育以适应原有教育体制和相应内容为主,现有哪个专业强(专家教授多、师资队伍强、课程设置完善、教材系统成熟、科研成果多),就继续给予加强(周小兵,2003)。若继续坚持守旧的教育观,就无法解决问题或使现状更恶化,而如果具有面向未来的教育观,就能合理解决问题或改善现状。

韩国汉语教学复兴的初期,在多数大学里就存在只重视知识传授而忽略语言技能培养的风气。当时,汉语本科毕业生大部分是在中国台湾读硕士、博士课程的,他们自然受到中国台湾高等院校中文系文学本位的"重古轻今"学风的影响。他们回国后到各大学任教,把所学的反映到教学实践中去了。虽然考虑了在韩国教学的特点,但专业方向、课程等主要框架还是以中国台湾的课程模式为主的。所以,当时奠定的教学基础与现在的社会需要相比显然是不切实际的。这种不协调的教学环境阻碍了汉语教学的健康发展。韩国的教授们讲课时往往是自己在中国台湾怎么学的,回到韩国以后就怎么教。汉语在中国台湾是语文课,而在韩国却是外语课。他们没有正确区分这两者的关系。还有,教授讲课一般使用母语,包括一些汉语语言课也是用母语来进行的。他们习惯于教学生自己熟悉的领域,教授方式虽说是互动,但大部分情况下还是以灌输式为主。甚至在辅导论文的时候也是直接给学生圈定论文的方向。大学教授的授课一定要有前瞻性。教师的基本职责就是要帮助学生做好迎接未来社会的准备,也可以说是让学生具备适应未来社会环境的能力和技能。因此,我们不得不在展望未来社会的同时还要尽量满足学生的要求,这就需要我们正确摆正自己的位置,努力提高职业素养。

(二)学科建设

目前对汉语教学缺乏学科意识的现象相当普遍。比如,不少教师不能区分韩国人常用的"语学"一词的几种概念,经常混为一谈。这个词作为日常用语表示"外语学习""外语"或"操用外语的能力"等意思,作为高等院校里的行业用语就代表"语言学"的概念,韩国语术语"言语学"的简称,算是一种俗称。混淆这几种意思不只是名称上的错误,而且是逻辑上的错误。

研究汉语教学是一门属于应用语言学的学科,可叫作"汉语教育学"(中国叫作"对外汉语教学",是反映中国教师立场的习惯叫法,最近有些人主张叫"对外汉语教育学")。其实该学科历史短暂,在中国到了 20 世纪 80 年代初才命名为"对外汉语教学"(吕必松,1993)。理论和实践两方面都还存在一些不科学、不合理的现象,如专业定位与归属不明确,课程设置缺乏特点,研究生和导师在专业上同床异梦,所以汉语教育学的学科建设是刻不容缓的工作。在中国所谓的"本体"指"纯语言学"或"理论语言学",是与"对外汉语教学"相对立的概念。这只不过是中国语言学的习惯叫法而已,按理来说每个学科都有本身的主要组成部分——本体。汉语教育学有它本身的学科内容,因为这个学科有学科交叉的特点,所以它的本体是复合性的。汉语教育学应该包含汉语、教学、习得3大板块,并使3个板块的比例合理化,如4:3:3。

学科意识也是影响教育质量和效果的根本性因素。

(三)师资力量

会说汉语是汉语教学的必要条件而不是充分条件,会说话和教别人说话是两码事,会说话只能起示范的作用。外语的学习是一种很复杂的心理过程,光有示范还是与教好汉语有很大的距离。而我们的情况是,在大学教书的人绝大多数都没有经过师范教育。这点比起小学、中学教师的情况还相差甚远。大学教师,不管是毕业于文学专业的还是语言学专业的,都在教授汉语。但是,严格来说,学过汉语教育学的人却是凤毛麟角。凡是从事汉语教学的教师应尽快提高对汉语教育学的认识,认真对待汉语教学工作。教师的学习能力总比学生要强,所以,一边学习一边教学生应该不是很困难的事情。我们生活的这个时代是不会让教师过得很安逸的。

教师应该要以更加积极的态度去面对不断发展变化的社会。

目前高中的汉语教学存在一种特别的师资问题。为满足汉语学习的要求,教育当局让德语、法语教师接受为期半年左右的汉语培训之后来应付汉语教师短缺的情况。这可算是一种防止在职教师下岗的行政措施,但对外语教学来说是非常严重的问题。很多人连说汉语都成问题,何况教汉语呢。

教育当局和学会等团体要给不同级别的学校教师提供有针对性的培训机会。我们每个教师都要有自学汉语和汉语教育学的自觉性,而且还要积极参加各种培训活动以提高自己的汉语水平和教学水平。

(四)学校的教学要满足学生课外辅导已经成为当今教育领域的一大问题

很多学生从小学到高中,始终依赖于课外辅导,这些学生上大学以后,就自然而然地轻视大学里面的教育,反而重视课外辅导,因为他们已经习惯于这种课外辅导的学习。他们想当然地认为大学只是拿文凭的地方,学真本事还得去补习班。这可看作学生学习心理方面的问题。但是,有的学生去补习班的原因却是他们在大学里根本学不到自己想要学的,所以只能到学校外面另寻出路。大学的课程设置不合理、课时不足、师资力量不均、教学法落后等就是这些学生更愿意到补习班学习的重要原因。因此,我们可以看出目前大学的汉语教学和学生迫切需要的实际语言技能训练之间显然存在着矛盾。

还有一个问题是"研修",就是去中国学习语言。不少学生将大学的学习抛在脑后,休学去中国学习语言。值得肯定的一点是,这比在国内学习汉语要节省时间,而且学得也更好。但问题是,这些学生回国后往往更不重视学校的教育,学习成绩好的,甚至还能领到奖学金。这就影响了周围同学的正常学习,造成学校教育资源和财政资源的浪费。

(五)要解决大学制度上的问题

如前所述,自从1998年韩国的大学采用"学部制",所有的课基本上没有学科之分,也没有必修和选修细分,更没有年级之分,只要凑足所需的学分,就可以了。简单说就是听课没有了先后顺序,学生自己听什么课,什么时候听都是随意的。所以过去循序渐进的教学体系已经基本上瓦解,学生们满脑子想的都是如何取得高学分以便毕业后找到好工作。这种制度上的变化带来的负面影响有两个。

第一，知识结构或技能训练缺乏系统性。有些课程对于培养某个专业的大学生很重要，却因为没有学生去听被取消了。学生都爱听热门的课、容易考试的课、分数给得高的课。所以，学生的专业知识和综合素质都大不如以前。

第二，获得知识或接受技能训练没有顺序。很多学生在一年级的时候大多不听专业课，只选择容易的选修课（公共课）去听，然后休学半年或一年，到中国去进修汉语。回国后选低年级的课，就像青年喝母乳一样，没有学习的效果，只有管理成绩单的意义。此外，他们与1、2年级的学生一起听课，是一种不公平竞争。去中国进修的学生的成绩当然比没去中国进修的学生要好很多。所以，进修过的学生占了便宜，没有进修过的学生吃了亏。刚刚进大学校园的新生看到这种情况，自然学会这种策略。他们也只能跟着前人的脚步先去中国进修再回来听低年级的课。这是一个很令人担忧的恶性循环，一方面弱化学校教育的功能，一方面浪费学生的宝贵时间。

（六）要改善教师资格考试

现行的中学教师资格考试有一些不适合于判断教师是否具有汉语教学的基本素养的因素，主要问题如下。

第一，出题范围需要调整。现在教育部告知的出题范围是根据大学的汉语课程必修课而定的。汉语课程必修课是中国语教育论、中国语学概论、中国语文法、中国语会话、中级中国语、高级中国语、现代文学讲读、汉文讲读、中国语作文、中国文学概论10门课。其中汉文讲读和中国文学概论被认为跟中学的汉语教学没有直接的关系，多数专家和教师认为这两门课改为与跨语言交际有关的中国文化或中国国情更有利于保证考试的效度（validity）。

第二，每年出题领域各门课要保持一定的比率，每次各门课所占比率似乎是取决于出题委员的专业或偏好的，随意性较大。各门课的组成比率应该是根据考试的目的决定，如此才能保证考试的信度（reliability）。

第三，中国语教育学方面的试题要有学科的含金量。考试似乎是有一定数量的中国语教育学方面的试题，但大部分试题只含"教育"字眼，实际上没有涉及汉语教学的内容。这可能是因出题者缺乏学科意识，不得已用的一种"伪技术"。

第四，要防止考跟汉语教学无关的知识。有些试题是纯属于文化知识的，如上文的作者是谁？上文中的看法是谁的主张？这类题不但引起应考者的反感，而且降低考试的效度和信度。

第五，要在全国范围增加听说能力的测试。目前部分区采用听说能力的测试，因为这是对汉语教师基本功的评价手段，所以应该在所有的地区采用。

（七）要改善高中汉语教学供需失调的情况

随着韩中两国交流的发展，整个社会对汉语学习的需求量非常大，各级学校的学生都非常重视汉语学习。目前在高中的实际情况是，虽然汉语学习的需求大，但学校并不能按需求增设汉语课。这里有种种原因，其中最主要的原因还是汉语教师严重不足的问题。教育当局为满足汉语学习的要求,采取了让部分德语、法语教师接受汉语培训之后改教汉语的特别措施,但原来德语、法语等其他外语教师多的教师结构依然是个大包袱。这种现象跟教育当局、教师两方面都有关系,教育当局眼光短浅,没有事先准备调整人员结构的计划,而教师只想固守阵地,没有主动参与结构调整。

（八）要加强汉语教育的国际合作

对我们来说国际合作是两方面的,所有的学科都需要进行国际交流,要学习他人先进的学术理论,吸取新的研究成果和教训,这是学术上的合作,现在这种合作的机会越来越多。我们在这种学术交流的基础上还需要进行教学实践上的国际合作。具体地说,在一个单位里从事教学工作的韩国教师和中国教师之间缺乏有机合作的机制。最近几乎所有的大学都请来外籍教师,主要请他们负责口语课和写作课的教学。因为以汉语为母语的教师有很强的语感,这样做是很合理的分工。但是至于教什么内容、怎么教、赶进度的速度等具体的情况两国教师很少沟通或根本不管,韩国教师了解学生学习的心理和习得的规律,中国教师有操用母语的优势,应该是两国的教师充分沟通,各自发挥自己的优势去教学生,当前看似非常活跃的汉语教育国际交流其实存在这样的机制落后的问题。

三、建议阅读书目

甘瑞瑗.“国别化”对外汉语教学用词表制定的研究[M].北京:北京大学出版社,2006.

李龙海,方今淑.中韩文化差异与韩国语教学[J].延边大学学报,1998(4).

四、思考题

1.简述韩国汉语教学历史。

2.比较韩国汉语教育与亚洲其他国家的汉语教育?

3.韩国汉语教育有什么特点?

第七章 汉语国际教育水平测试与等级标准

在汉语国际教育中,汉语测试与评估是非常重要的,它是汉语教学培训机构进行汉语教学效果检测的重要环节,也是汉语学习者学习汉语结果的测评。目前,针对汉语测试与评估的学术讨论非常激烈,学术分析也比较多样化,不过,汉语教学所涉及的国籍和民族较多,学界在复杂多变的汉语教学环境中制订出客观公正且符合汉语学习者需求的汉语测试与评估的相关制度、原则、策略及等级标准等是不容易的,这也面临着重要挑战。

本章选文选自两个部分,一部分来自学者刘珣老师发表在《语言教学与研究》1983年第4期的论文《试谈汉语水平测试》,这部分主要对汉语水平测试的原则、策略及方法进行了深入的探讨,包括汉语水平考试所建立的标准需要以科学的调查统计为依据及汉语水平考试要面对汉语教学的现实等。另一部分来自"国家对外汉语教学领导小组办公室汉语水平考试部"编写的《汉语水平等级标准与语法等级大纲》(1996年),该大纲以《汉语水平等级标准和等级大纲》(1988年)和《汉语水平词汇与汉字等级大纲》(1992年)为依据综合编写而成。这一部分主要包括"关于汉语水平等级标准的几个问题""汉语水平等级标准"及"语法等级大纲"三个方面,其基本框架结构是三等五级三要素,其中三等分为汉语的初等水平、中等水平和高等水平;五级分为汉语的一级标准、二级标准、三级标准、四级标准和五级标准;三要素分为汉语的话题内容、语言范围和言语能力。

这一章以以上两个文典作为依据,对汉语国际教育水平测试与评估的现状及发展趋势进行了客观的描述与分析,既结合了汉语本身的特点与优势,又考虑到了以汉语作为第二语言学习者的认知能力与理解能力,合理地将汉语测试与评估融入到现实环境中加以衡量,让其在实践中得到丰富发展。因此,这两个文典对汉语国际教育水平测试与评估将长期地起着促进作用,也是汉语测试与评估的重要依据之一。

第一节　汉语国际教育水平测试

一、概　述

在语言教学以及第二语言教学中,水平测试是一个重要的环节,完善的汉语国际教育体系必须具有科学、有效的水平测试环节与机制。国内外对汉语国际教育水平测试予以了较为全面的关注。西方国家在语言水平测试的规范性、科学性方面做出重要成绩,产生了世界性的影响,也影响到中国汉语国际教育水平测试。

汉语国际教育水平测试在内容上主要是听说读写的测试,但是在不同国家有不同的标准和具体的方式、过程。譬如,在加拿大汉语水平测试主要在 5 级到 12 级之间进行,其测试步骤为确定预期的学习结果,确定关键的学习目的,建立标准,计划活动,活动之前告知学生评价标准,提供不同水平的例子,贯彻学习活动,对特殊的作业和学生使用多种评价方式,根据标准评价材料和学生的展示,评定等级,向学生和家长报告评价结果。中国对留学生的汉语水平测试有课堂测试、期末测试、等级测试,比较有代表性的是汉语水平考试(HSK)。中国汉语水平考试是为测试母语非汉语者的汉语水平而设立的国家级标准化考试,1984 年开始初级、中级汉语水平考试制订,经过五年多努力,在 1990 年通过国家鉴定。在此基础上,1989 年进行高等汉语水平考试制订,1993 年通过审定;1995 年国家进行基础汉语水平考试制订,1997 年完成。从而在中国形成了由低到高的完整的汉语水平考试体系。1990 年起 HSK 正式在国内推广,1991 年推向海外。据统计,到 2013 年,已在北京、上海、广州、成都等 27 个城市设立了 40 个考点,在亚洲的日本、韩国、新加坡、泰国、印度尼西亚等国家,欧洲的法国、英国、意大利、德国、俄罗斯等国家,美洲的美国、加拿大和大洋州的澳大利亚、新西兰等 24 个国家设立了 55 个考点,逐步在世界范围内推广汉语水平测试的中国标准。

不过,中国汉语国际教育课堂上的汉语水平测试还不够完善,课堂比较随意,在教学效果方面的评价体系还不够客观、科学、合理,这影响到中国汉语国际教育的质量,同时也与西方国家的第二语言教育的水平测试存在诸多差距。

在汉语水平测试研究方面,刘珣的研究具有代表性。他历任国家“汉办”对外汉语教学学术专家咨询小组成员,国家汉语水平考试委员会顾问委员会成员。主要研究方向为对外汉语教学科学理论、第二语言教学理论、教材编写理论及师资培养理论,主持或独立编写有《新实用汉语课本》《实用汉语课本》《儿童汉语》等 6 套国内外广泛使用的对外汉语教材,主持研制我国第一套汉语水平考试试题,出版《对外汉语教育学引论》《对外汉语教学概况》《汉语作为第二语言教学简论》等专著,发表论文数十篇。

二、原典选读

刘珣：试谈汉语水平测试

本文选自《语言教学与研究》(1983 年第 4 期)，主要就以下五方面对汉语水平测试的原则、策略和方法等进行了探讨：①汉语水平考试所建立的标准需要以科学的调查统计为依据；②汉语水平考试要面对汉语教学的现实，推动汉语教学向正确的方向发展；③设计汉语水平考试要处理好可靠性与有效性的关系；④从领会能力（听、读）和表达能力（说、写）两方面进行全面的考核；⑤从汉语的特点出发，选择适合于汉语水平考试的项目。文章还涉及汉语水平考试中的统计分析、测试的组织管理等问题。

20 世纪以来，特别是近三四十年来，随着应用语言学、心理语言学、教育学和统计学的发展，对现代语言测试理论的研究取得了很大的进展。语言测试不仅是科学地测量语言知识和能力、评估语言教学的手段，而且能对语言教学和语言学习起着不可忽视的反馈作用（backwash effect）。

在我国，汉语作为外语的测试，是近三十多年来随着对外汉语教学的发展而发展起来的。我们在以一定的教学大纲和教材为依据、以检查教学成果为目的的汉语学业考试（achievement test）方面积累了较多的实践经验。但总的说来，我们对现代语言测试理论的系统研究起步较晚，特别是汉语作为外语的测试问题，无论在理论和实践方面跟其他外语相比，都存在着很大的差距。

汉语水平考试的设计，是一项比较艰巨的工作。比起一般的学业考试来，水平考试涉及的面广，应试的人多，对编制试题的要求也高。它需要有较好的有效性（validity）和可靠性（reliability），才能建立比较稳定的标准；要有较强的区别性，以适应并区分不同水平的考生；要保持一定的均衡性，每年试题的难易度大体上一致；最后还要考虑到用于大规模考试是否经济可行以及考试的反馈作用等。因此，需要在认真总结我们多年来课堂考试经验的基础上，运用现代的测试理论和技术手段，特别是数理统计、分析手段，同时借鉴其他外语的经验，设计出适合汉语特点的水平考试。值得注意的是，在运用语言测试理论和一些共同性的规律时，应该考虑到汉语本身的特点以及目前在国内和国外汉语教学的现状，具体探讨汉语测试的原则、策略和方法等方面的特殊规律，而不能完全照搬其他外语水平考试的模式。

下面就设计汉语水平考试中的主要问题，提出一些不成熟的看法。

一、汉语水平考试所建立的标准需要以科学的调查统计为依据设计汉语水平考试,固然需要适当参考目前通用的、有一定影响的国内外各种汉语教材,了解不同类型院校的教学大纲和课程设置情况,但绝不能仅仅以此为依据。而应从测试的目的要求出发,制订出自己的考试大纲,并根据考试大纲进行命题。考试大纲实际上就是试题设计者所提出的一种标准,这种标准的建立,必须以一定的科学调查统计为基础。必须从实际生活中收集相当数量的真实的语料,并进行筛选、分析;必须对常用汉字、常用词、常用句型结构以及常用功能——意念项目进行科学统计,从而对听说读写各种技能在不同的能力等级上提出具体的要求。我们认为只有在这个基础上建立的标准,才是客观的、科学的、能经得起时间考验的;在这个基础上设计的考试大纲、编制的试题,也才能保证最好的有效性、可靠性和区别性。现在,一些基本的调查统计工作正在进行,这就为汉语水平考试的设计提供了较好的条件。

二、汉语水平考试要面对汉语教学的现实,推动汉语教学向正确的方向发展

水平考试虽然不是以检查教学效果为直接目的,但它对语言教学和学生习得策略所产生的影响是很大的。它所制订的标准或测试水平,给考生提出了努力的目标;标准性考试试卷的样本常常是公开发行的,是教师和学生重要的参考资料。缺乏远见的测试,往往削弱了有效的教学方法所取得的成果;而好的测试正是利用这一积极的反馈作用,提高和改革教学,推动语言教学向正确的方向发展。但这种积极的反馈作用,又必须以教学的现实为依据,必须跟教学相一致。

汉语作为外语的教学法研究,现在正处于探索的新阶段。长期以来对外汉语教学受传统法的影响较深,比较偏重于语法、句型结构等语言形式方面的教学,而对语言功能重视不够,因而影响到对学生用汉语进行交际的能力的培养。这一点在测试方面表现得也非常明显,有时甚至还沿袭了汉语作为母语测试的传统方法,即总是把测试重点放在检查学生的语言知识方面,而忽视了对语言的运用。如要求学生分析句子的主谓语,离开语言情境,要求写出某个孤立的单词的反义词以及用汉语对一些词语的意思进行解释等。这类题目不仅不能很好地测出考生的实际语言水平,反而进一步助长了重知识、轻实践的不正确的语言学习方法。这样的测试反过来又会对教学产生不利的影响,因此需要加以改革。

随着交际教学法的兴起,人们对"交际测试法"(communicative test)也越来越感兴趣。交际测试法提出了一些重要的原则:如每个测试项目都要反映出在真实交际中对语言的有目的的运用,每个测试项目都应该是交际场合的行为,主张把测试重点放在交际能力(communicative competenee)上。语言是交际的工具,仅仅掌握语言形式,只具有一定的语言能力(linguistic competence)是远远不够的,还要考虑语言的社会制约,即运用的场合是否适切。所谓交际能力,既包括使用语言的正确性也包括使用语言的适切性。这些原则对我们设计汉语水平考试都是很有参考价值的。

近年来国内对外汉语教学界在基础阶段教学法研究中,一种带倾向性的看法是应该走结构与功能相结合的路子。这一原则正以教学大纲、教材编写以及课堂教学中逐步得到体现。我们认为汉语水平考试的设计,正应该着眼于这一教学改革的新趋向,并为推

动这一改革发挥作用。为了达到这一目的,水平考试的侧重点应该是运用语言的能力,语言知识的掌握主要应该体现在具体的语言运用能力之中。以语法结构为例,我们要测试的主要还不是学生对语法规则本身的了解,而着重考核他们在一定的语言情境中选择正确、适切的句型结构进行交际的能力。考试用的语料,应该是来自生活实际的活的语言,即一般中国人在会话、讨论、收听广播、阅读报刊以及日常交际中常接触到的口头和书面的语言,而不是人为编造的或仅仅是在课堂中练习用的缺乏交际价值的语言。试题选用的材料,题材要广泛,体裁尽可能多样化(包括议论文、说明文、描写文、叙事文、应用文等)。还要适当考虑到外国学生在中国大陆以外地区,如香港、台湾以及海外华人社会使用汉语的特殊需要(也就是社会方言的差异)。此外,既要有分立项目的考试(discrete-point test)也要有一些综合性考试,前者用来考核对词汇、语法结构的掌握,它的考题数量大,覆盖面广,有利于获得有关考生语言能力的更多信息,后者有利于考核考生综合运用语言进行交际的能力。

三、设计汉语水平考试要处理好可靠性与有效性的关系

人们在研究测试问题时,讨论得最多的是测试的可靠性和有效性的问题。简单地说来,有效性指的是测试的内容是否正是应该考的东西,可靠性指的是评分是否客观准确,能反映出考生的水平。测试的目的就在于准确地测出你想测的东西,因此有效性和可靠性是标准性水平考试必须具备的两大特点。但这两个特点有时难以兼顾:有些需要测试的东西如口、笔语表达能力,因为评分难以做到准确、稳定,因而影响到测试的可靠性;为了保证评分的准确可靠,有些测试项目如问答题、作文等就只好排除在考试之外,这就往往会影响到测试的有效性。我们认为汉语可以在首先解决好有效性的基础上,通过不断实践,进一步完善其可靠性。

为什么我们强调首先要保证有效性呢?

教育心理学家认为,语言测试的特点,在于必须通过所编制的试题造成一种条件,诱发考生作出主考人所要求的语言行为,从而对这种语言行为进行评估。成功的试题必须起到这样的作用,即凡是已经掌握了该语言有关知识和技能的人,不论是谁都能立即作出反应;反之,则不能作出相应的语言行为。另一方面,语言测试的特点又在于它是通过人们的语言"运用"(performance)来测出其语言"能力"(competence)。表现在测试中的语言运用,实际上是指人们已经习得的语言知识和技能能被诱发出来的程度以及反应的速度,它往往受到很多别的因素的影响(如当时不愿意说,一时忘了某个词语,心情的紧张以及口误等),不一定能非常准确地反映其语言能力。语言测试这两方面的特点,使它比起其他任何科目的测试,可靠性要更小一些;语言测试中一定程度的不可靠性也许是主考人和考生不得不接受的一个现实。

更重要的原因是,测试如果不能充分地、全面地考核考生的真正水平,不能考出你想考的内容,评分再客观可靠,其作用也是有限的。撇开有效性单纯追求可靠性不能不说是一种舍本逐末的作法。由于测试的内容和方式受到很大限制,放松了对考生全面要求,因而会对教学产生消极的反馈作用。我们今天设计汉语水平考试应该从中国的实际

情况出发,从一开始就注意这个问题,尽量避免可能产生的弊端。

从国内外一些影响较大的水平考试的发展趋势来看,有效性问题也越来越受到重视。一些研究结果还表明,可以找到一些既保证有效性,又增加可靠性的办法。如把一般说来有效性较高的主观考试题和可靠性较高的客观考试题结合起来;增加总的试题的数量,加大覆盖面,避免考生答题中的偶然性;对主观性试题提出详细、具体的要求和评分标准,采用几个人共同评定一份考卷或一人专门负责一道题的流水作业法等。

四、从领会能力(听、读)和表达能力(说、写)两方面进行全面的考核

如何处理汉语水平考试中领会能力(receptive skills)和表达能力(productive skills)的关系,是与测试的有效性、可靠性紧密相关的问题。听和读的能力(领会能力)可以通过一些客观考试的项目如正误题、多项选择题等测试,方法简便,可靠性大。而说和写的表达能力的评估则要困难得多。特别是口语能力的测试,技术上复杂,对主考人要求较高,需要花费大量的考试时间,评分标准也难以掌握。写的能力现在还只能用主观考试的项目如问答题、作文、翻译等进行考核,评分中主观判断的成分较大,可靠性有争议,也不利于进行大规模测试。因此现在有不少水平考试都把侧重点放在听、读的领会能力方面,有的干脆把说、写能力排除在考试项目以外。

我们认为,尽管领会能力的测试通常是测试中很有价值的一部分,一些抽样的数据表明它与整个测试的相关系度是高的,但领会能力的测试毕竟代替不了表达能力的测试。学生对一种语言技能的掌握程度不一定跟另一种技能的掌握程度完全一致。学龄前儿童以及成年人文盲对自己的母语没有阅读能力和写的能力,但却具有听、说能力。这说明即使在掌握母语的过程中,会话或写的能力也常常是各自独立发展起来的。而这种语言技能的不平衡性在非母语的习得过程中更为明显,更不可能做到四种技能同时、以同样的分量、同样的速度发展起来。因此,只测量四种技能中的某一、两种,则不能全面考核考生的语言能力。

汉语本身的特点,使这个问题更为突出。汉语的书写符号——汉字是一种表意文字,而不是表音文字。对外国学生(个别国家除外)来说,学习汉语跟学习绝大多数其他世界通用语言不一样,需要掌握一套全新的、跟自己的母语毫无共同之处的书写符号系统。汉字符号多,形体复杂,难认难记难写,是他们学习汉语所遇到的最大障碍之一。有的学生知难而退,干脆放弃汉字学习,想走通过拼音掌握汉语的“捷径”。但“拼音”在目前还没有形成一种文字,只是给汉字注音、推广普通话的工具。不学习作为记录汉语书写符号系统的汉字,要真正掌握汉语是难以想象的。所以就汉语的情况而言,领会能力和表达能力、口头表达和书面表达,尤其不能互相替代,更需要分别加以评估。当然两者在水平考试中所占的分量不一定完全相同,可以根据测试的不同目的以及学生掌握语言能力的不同阶段,有所区别。

上面我们强调了听说读写四种技能发展不平衡性,同时也应当注意到他们之间相互联系的一面:在语言习得过程中,四种技能是相互促进的;在语言测试中,有时是难以截然分开的。我们在设计水平考试时,要辩证地处理好四种技能既相互区别、又相互联系

的关系。为了有效地考核某种技能,就要尽量减少另一种技能的干扰,保证测试的侧重点。但是,想绝对"单一"地考核某一技能,又往往是难以做到的。比如在口语面试中,要完全避开听力的影响,几乎是不可能的。因此,在测试中也没有必要采取过分绝对化的做法。

五、从汉语的特点出发,选择适合于汉语水平考试的项目

汉语作为一种外语的测试,跟其他任何一种外语一样,受应用语言学、心理语言学和教育测量学的共同规律的支配。由于汉语离世界上其他通用语言如英语、俄语、法语、阿拉伯语等谱系关系较远,在语音、词汇、文字和语法等方面带有跟上述语言明显不同的特点。除了前面所说的难于掌握的表意文字——汉字外,再如汉语普通话声调的重要性以及方音对听力的影响,以词根合成为主要构词方法的汉语词汇,以词序和虚词为基本特征的汉语语法等,汉语的这些特点不能不从内容和项目的选择上对测试产生一定的影响。

根据初步统计,汉语课堂测试常用的项目不下七八十种。当然汉语水平考试的项目必须相对稳定。一些经长期使用证明是行之有效的传统测试项目,如作文、问答题、改写句子、用词组句等,我们觉得还是可以用于汉语水平考试的。比如用词组句,就是针对汉语词序在语法结构和意思表达上起着决定性的作用这一特点而采用的较好的方法,评分也比较客观。造句这种方式在测试中已很少使用了,原因是学生为了考虑句子的意思花了很多时间,这就离开了"语言本身"这个主题,考生还常常避开他没有很好掌握的语法结构或词汇,这就不能考出你想考的东西。那种给学生上半句让他完成下半句的"完成句子"项目,也很少使用;常常由于文化的差异,学生不知道怎样根据题意补出下半句,他们的答案也不一定是题目所要求的。如果让学生根据所给的词完成句子,效果就好些。考虑到考生来自不同的国家,使用不同的母语,在基础阶段我们也很少采用翻译这种形式。

近年来,汉语测试的项目有一些发展变化。这一发展变化有两个特点:一是比较注意试题评分的客观性,如采用多项选择,综合填充法(cloze test)等形式;二是比较强调通过一定的语言情境,测试综合运用语言的能力,如情景对话等。

多项选择能用于多种语言要素和技能的测试,其优点(如能直接考出主考人希望考的内容,题目量大,覆盖面广,评分客观可靠等)在汉语测试中同样能体现出来。例如用它来考学生选择具有共同词根的近义词的能力,就是一种比较好的方法。不足之处就是上文提到的,对它的过分依赖会对教学产生消极影响。在汉语考试中,多项选择尤其要跟其他项目结合起来,才能提高考试的有效性。综合填充法能用来考核综合运用语言的能力。但由于汉字的书写符号不是以词为单位而是以汉字为单位,传统的等距离的填空(即每隔相同数量的词后边填空)对汉语是不适用的。可以用不等距离填空,有目的地测试学生对虚词,特别是那些较难掌握的动态助词"了、着、过",结构助词"的、地、得",介词"把、被",语气助词"吧、呢、啊、吗"等的掌握。也可以采用把多项选择和综合填充结合起来的多项选择综合填充法(modified MC cloze)。

汉语中还有一些特殊的句式,是汉语中大量存在的、比较地道的表达方式,如"把"字句、意义上的被动句、主谓谓语句、名词谓语句以及带各种补语的句子等。对外国学生来说,这些句式也是不易掌握的,他们平时在语言交际中尽量避免使用这些句式,有时用了,也常常出现错误。为了测试这类句子,我们常用一些比较生硬机械的方式,如让学生按一定的要求改写句子。更好的诱发办法还是提供一定的语言情境,或通过情景对话让学生在交际中主动加以运用。

除了上面所谈的几个问题外,还有统计分析方面的一些问题,如试题的试测和校正,项目分析(item analysis)和计权(weighting)等,以及测试的组织管理工作,都是需要我们研究的。

三、建议阅读书目

刘英林.汉语水平考试研究[M].北京:现代出版社,1989.

刘英林.汉语水平考试研究(续集)[M].北京:现代出版社,1994.

刘镰力.汉语水平测试研究[M].北京:北京语言大学出版社,1998.

张凯.汉语水平考试(HSK)研究[M].北京:商务印书馆,2006.

张凯.语言测试理论及汉语测试研究[M].北京:商务印书馆,2006.

张旺熹,王佶旻.中国汉语水平考试 HSK(改进版)研究[M].北京:北京语言大学出版社,2010.

孙德金.语言测试专业硕士论文精选[M].北京:北京语言大学出版社,2005.

谢小庆.中国汉语水平考试研究报告精选[M].北京:北京语言大学出版社,2005.

四、思考题

1.什么是语言测试?

2.语言测试有哪些形式?

3.设计一个汉语国际教育水平测试题并进行评价。

第二节　汉语国际教育等级标准

一、概　述

汉语国际教育发展到今天,是一个艰难探索的历程,在这一历程里,学者们在这一领域中坚持不懈地努力着:从名称的变化看,从"对外汉语教学"到"汉语国际教育";从教材的变化看,从摸着石头过河到有据可循,教学者可以根据自身的教学情况选择合适的教材作为自己的教学依据;从汉语水平测试标准看,随着20世纪70年代以来,第二语言教学逐渐由"教"向"学"的转变,对外汉语教学也在进行着适应时代的改革,1988 年 1 月,中国对外汉语教学学会设立的"汉语水平等级标准和研究小组"完成了《汉语水平等级标准和等级大纲》中的三大部分的研究任务;1996 年,"国家对外汉语教学领导小组办公室汉语水平考试部"出版了《汉语水平等级标准与语法等级大纲》,这是汉语登上国际舞台的新形势下又一个新的探索。总体而言,时代的发展,社会的进步,对汉语国际教育应对新的形势变化带来了考验和挑战,同时也带来了机遇。

就汉语国际教育评估标准而言,也是在这种社会的历练中逐渐成长起来的。20 世纪 80 年代前,我国并没有形成一个面对各国学习汉语的统一测试标准和评估标准,但出现了具有针对性的语言水平等级标准和大纲,如《入门阶段》《初阶》《语言技能五级标准》《外语能力标准暂行规定》等。随着我国国际地位的不断提高,学汉语的外国人逐渐增多,他们对汉语学习的需求也越来越多样化,现有的汉语水平测试和评估难以满足新形势的要求,这就促使学者们根据新的情况研究、制订更能适应汉语水平测试和评估的相关规则和标准,其中《汉语水平等级标准和等级大纲》、"汉语水平考试(HSK)"、《汉语水平等级标准与语法等级大纲》应运而生。《汉语水平等级标准和等级大纲》包括五个部分的内容:"汉语水平等级标准""词汇等级大纲""语法等级大纲""功能、意念等级大纲"(暂缺)和"文化等级大纲"(暂缺);"汉语水平考试(HSK)"是为测试母语为非汉语的学习者设立的相对科学的考评标准,目的是"以考促教""以考促学",并以等级的形式考核学习者对汉语掌握水平;《汉语水平等级标准与语法等级大纲》包括三个部分的内容:"关于汉语水平等级标准的几个问题""汉语水平等级标准""语法等级大纲"。这些都使得对外汉语教学逐渐地向"科学化""规范化""标准化"发展。总之,汉语国际教育水平评估标准是在一个动态的历程中不断进步,在新的形势下,进行着不断探索和寻求最佳的解决思路。

二、原典选读

《汉语水平等级标准与语法等级大纲》选读

《汉语水平等级标准与语法等级大纲》是由"国家对外汉语教学领导小组办公室汉语水平考试部"编写,也是"国家对外汉语教学领导小组办公室"的科研项目,其制订过程中获得了"北京语言学院汉语水平考试中心"的大力支持,它参考了全国上百位专家的建议,并科学地呈现出来。其编写小组成员为:刘英林(主编)、李明(编委)、张凯(编委)、李庆本(编委),他们都是该领域有重要贡献的专家、学者。《汉语水平等级标准与语法等级大纲》以《汉语水平等级标准和等级大纲》(1988 年)和《汉语水平词汇与汉字等级大纲》(1992 年)为依据,并参照众多的词频与语法统计资料及有关语法专著、词典等而形成,这是一项复杂的语言系统工程。其基本框架结构是三等、五级、三要素,其中三等分为汉语的初等水平、中等水平和高等水平;五级分为汉语的一级标准、二级标准、三级标准、四级标准和五级标准;三要素分为汉语的话题内容、语言范围和言语能力。而每一级标准中都规定了学生在听、说、读、写、译等方面应达到的水平。

为了使对外汉语教学逐步走向科学化、规范化和标准化,中国对外汉语教学学会研制完成了我国第一部《汉语水平等级标准和等级大纲[试行]》(1988)。该大纲经过几年的试行后,目前已由国家对外汉语教学领导小组办公室陆续修订和完善:1. 修订、出版《汉语水平词汇与汉字等级大纲》(1992)。其中对甲、乙、丙三级词汇进行了修订,并补充了丁级词汇;同时,增补了甲、乙、丙、丁四级汉字等级大纲。2. 修订、完成《汉语水平等级标准与语法等级大纲》(1995)。其中对一级、二级和三级标准进行了修订,并补充了四级和五级标准;同时,对乙级和丙级语法进行了较大的修改和补充,并重点增补了丁级语法等级大纲。

《标准和大纲》的形成是一项复杂的语言系统工程。它的出版、修订和完善,标志着我国对外汉语教学正沿着科学化、规范化和标准化的道路继续稳步前进。它是我国对外汉语教学长期实践的结晶,是群体科学研究的成果,是学科逐渐成熟的重要标志。

本文仅就"汉语水平等级标准"(以下简称《标准》)的研制、修订和完善,依次讨论以下几个问题。

一、《标准》的性质、用途

《标准》是中国对外汉语教学学科的基础建设,是一种规范性的等级标准。《标准》面向世界汉语教学。

《标准》的本质特征是规定统一的教学要求、统一的教学等级、统一的教学水平。换句话说,就是科学划分教学等级和每一等级应该达到的教学标准、水平。

《标准》的形成主要来源于三条线索:1. 汉语语言学及相关学科科学研究的深入和发展,其中包括现代汉语计量学和第二语言习得理论的发展。2. 外语教学理论与实践的深入和发展。3. 对外汉语教学自身的学科理论与实践的深入与发展。

《标准》的主要用途是:1. 作为对外汉语教学总体设计、教材编写、课堂教学和课程测试的主要依据。2. 作为中国汉语水平考试(HSK)的重要参考。3. 作为我国少数民族汉语教学、中小学语文教学及方言区普通话教学的重要参考。

二、《标准》的框架结构、主要内容

《标准》的基本框架结构是三等、五级、三要素(其主要内容和数量界定见表1、表2)。

1. 三等:

初等水平,中等水平,高等水平。

2. 五级：

一级标准，二级标准，三级标准，四级标准，五级标准。

初等水平含一级和二级标准，中等水平含三级标准，高等水平含四级和五级标准。

3. 三要素：

每一级标准都由话题内容、语言范围和言语能力三要素构成。每一级标准都规定了学生在读、听、说、写、译（"译"只有三、四、五级才有）五种语言技能方面应该达到的水平。

表1 《标准》的基本框架和主要内容

		话题内容	语言范围	言语能力
初等水平	一级	最基本的日常生活、有限的学习活动和简单的社会交际	普通话全部声、韵、调，甲级词1 033个，甲级汉字800个，甲级语法129项	具有初步的读、听、说、写能力
	二级	基本的日常生活、学习和一定范围内社会交际活动	普通话全部声、韵、调，甲乙两级词3 051个，甲乙两级汉字1 604个，甲乙两级语法252项	具有基本的读、听、说、写能力
中等水平	三级	一般性日常生活、学习和一定范围内的工作	普通话全部声、韵以及轻声、儿化，甲乙丙三级词5 253个，甲乙丙三级汉字2 205个，甲乙丙三级语法652项点	具有一般性的读、听、说、写、译能力，基本具备在中国高等院校入系学习的基本语言能力
高等水平	四级	中国电台和电视台的一般新闻，较高层次的学习（如进入中国大学本科学习与进修），各种社交活动和一般性工作（如旅游、体育、商贸、文化、外交等）	普通话全部声、韵、调以及轻声、儿化，甲乙丙三级词及丁级词的一半共7 000个左右，甲乙丙三级汉字及丁级汉字的一半共2 500个左右，甲乙丙三级语法及丁级语法的一半共约910项点	基本符合汉语的规范性，初步体现汉语的多样性，初步显示汉语运用的得体性，基本适应不同语体的不同需要。对所学汉语的"文化背景"和语义内涵应有一定的了解和初步运用的能力
	五级	中国电台和电视台的各类新闻，较高层次的学习和社会交际活动，带有一定专业性的实际工作（如教学、科研、商贸、文化、外交等）	普通话全部声、韵、调、轻声、儿化以及语气、重音，最低限为甲乙丙丁四级词8 822个，甲乙丙丁四级汉字2 905个，甲乙丙丁四级语法1 168项点	具有从事较高层次的学习、社交活动和带有一定专业性工作的能力。言语活动符合汉语的规范性，体现汉语的多样性，显出汉语运用的得体性，适应不同语体的不同需要。对所学汉语的"文化背景"和语义内涵应有较深的了解和活用的能力，并初步具备运用汉语进行思维的能力

表 2 《标准》中读、听、写的等级数量界定

		读	听	写
初等水平	一级	同课文类似的记叙文:长度 400 ~ 500 字,速度 100 字/分,理解 90% 以上。含 1% 生词的同类短文:速度 80 字/分,理解 80% 以上	课堂上:同课文类似的材料,长度 300 ~ 400 字,语速 160 字/分。实际交际中:内容熟悉的简短问答,语速 150 字/分	听写已学过的简短语段,速度 10 字/分,汉字准确率 90% 以上。抄写速度 15 字/分,模仿课文写 300 字以内的记叙文
	二级	题材熟悉的短文:速度 120 字/分,理解 90% 以上。含生词 2% 以内的浅显文章:速度速度 100 字/分,理解 80% 以上	课堂上:含 2% 生词的话题熟悉的材料,长度 500 ~ 600 字,语速 180 字/分。实际交际中:内容熟悉的一般性谈话,语速 170 字/分	听写由学过的语句组成的较长语段,速度 13 字/分,汉字准确率 90% 以上。2 小时内写题材熟悉的记叙文,字数 500 字以上
中等水平	三级	同课文类似的一般性文章:速度 150 字/分,理解 90% 以上。含生词 3% 以内的一般性文章:速度 120 字/分,理解 90% 以上	课堂上:内容熟悉的连贯性讲解,语速正常(180 ~ 220 字/分,下同)实际交际中:语速正常(180 ~ 220 字/分)的会话、谈话、题材熟悉的新闻广播	听写由学过的词汇、语法任意组合的语段,速度 15 字/分,汉字准确率 90% 以上。整体听记较长语段(300 字以上)要点的能力,速度 10 字/分。2 小时内写出命题作文,字数 600 字以上
高等水平	四级	含生词 4% 以内的内容较为复杂的文章:速度 135 字/分,理解 80% 以上。一般性报道文章的快速阅读和查找信息的能力:速度 180 ~ 220 字/分	课堂上:有一定深度的连贯性讲解,语速稍快(180 ~ 240 字/分)。实际交际中:语速稍快(180 ~ 240 字/分)的会话、谈话,语速正常(180 ~ 220 字/分)的一般性新闻广播、电视节目	整体听记较长语段(400 ~ 600 字)要点的能力,2 小时内写出命题作文,字数 700 字以上
	五级	含生词 3% 以内、文言词语 2% 以内的原文:速度 150 字/分,理解 80% 以上。各类文章的快速阅读和查找信息的能力:速度 180 ~ 240 字/分	课堂上:带有某种专业性的讲解、课堂讨论和辩论,语速较快(180 ~ 260 字/分)。实际交际和工作中:语速稍快(180 ~ 240 字/分)的讲话、对话和新闻广播,语速较快(180 ~ 260 字/分)的会话和讲话	整体听记较长语段(600 ~ 800 字)要点的能力,2 小时内写出命题作文,字数 800 字以上。撰写毕业论文,字数不少于 5 000 字

三、修订《标准》的基本原则

《标准》完善和修订的总原则是:运用定性、定量与定位相结合的综合集成方法,多学科定量统计与群体性定性、定位分析相结合,语言学科学原则与对外汉语教学的分级需要相结合。

基本原则有以下五条:

(一)综合性原则

1.综合我国对外汉语教学四十多年的群体实践经验和多种科研成果。

2.综合现代语言学、应用语言学、现代汉语计量学、第二语言教学法、认知心理学与教育测量学的最新研究成果。

3.综合语言教学"三要素":话题内容、语言范围、言语能力。

4.综合五种语言表现形式:读、听、说、写、译。

(二)针对性原则

所谓针对性,主要是指《标准》中规定的各级教学要求、教学内容及有关数据,既要针对外国人学习汉语的特点、难点,又要切实可行。

1.以我国对外汉语教学作为总依据和总参照系。这一点不能动摇。

2.词汇、汉字、语法及读、听、写等各种数据的界定,必须遵循"针对教学、高于教学、利于教学"的基本原则,使多数院校经过师生的最大努力,可逐步达到统一的要求。

3.具体的定性、定量、定位要与一定的灵活性相结合,允许在各阶段的教学实践中出现不同的浮动幅度(参见表4)。

(三)限定性原则

主要是指"三定":定性描述、定量分析和定位分级。

1.定性描述:使用简洁、概括性的"模糊语言",对教学要求、等级水平进行定性描写。这种描写主要体现在"话题内容"和"言语能力"两个方面。

2.定量分析:使用明确、阶梯性的"量化语言",对教学要求、等级水平进行定量限定。这种定量限定,要揭示不同教学阶段和等级划分中的一系列数量关系,它主要体现在对"读、听、写"等诸多方面的数量、速度和准确性的要求上。

3.定位分级:在定性描述、定量分析的基础上,对各类相关的具体教学内容界定出不同的范围、等级、水平,并允许出现一定的调节比例(即浮动幅度)。这种定位分级和调节,主要体现在"语言范围"方面,它不仅限定教学内容的分级定位,而且限定教学要求的分级定位。

(四)系列性原则

要求在纵向和横向两个方面相一致、相协调,构成一个个完整的级差、涵盖系列。

1.纵向系列:在等级上,由初等到中等、高等,由一级至二、三、四、五级,是循环递进的,后一级要涵盖前一级。在内容上,由初等到高等,由一级至五级,也是循环递进的,后一级要涵盖前一级。在语言技能与言语能力上,由初等到高等,由一级至五级,也是循环递进的,后一级要涵盖前一级。

2.横向系列:同一级的话题内容,在读、听、说、写、译几个方面,是相互协调的、一致的。同一级的语言范围,在读、听、说、写、译几个方面,基本上是相互协调的、一致的。同一级的言语能力,在读、听、说、写、译几个方面,基本上也应该是协调的、递进的。

(五)导向性原则

要求在教学内容、教学水平、教学法等方面,引导我国对外汉语教学向统一的目标体系前进。

1.教学内容与水平:在词汇、汉字、语法等诸多方面,引导我国对外汉语教学向科学、统一、规范化的目标靠拢。

2.言语技能:在语言技能、言语能力方面,引导我国对外汉语教学在读、听、说、写、译诸多方面全面发展。

3.教学法体系:引导我国对外汉语教学特别是基础阶段的教学法向"结构—功能—文化相结合"的主导教学法体系前进。同时,也提倡针对不同教学对象,在不同教学阶段采用不同的多元化教学法。

四、使用《标准》应注意的几个问题

(一)注意《标准》与词汇、汉字、语法等级大纲的关系

《标准》与词汇大纲、汉字大纲、语法大纲之间,基本上是对等的关系,实践中应配合起来使用。它们之间的对应关系参见表3。

表3 《标准》与词汇、汉字、语法大纲的关系

《标准》	《词汇大纲》	《汉字大纲》	《语法大纲》
一级标准	甲级词1 033个	甲级字800个字	甲级语法129项
二级标准	乙级词2 018个	乙级字804个字	乙级语法123项
三级标准	丙级词2 202个	丙级字601个字	丙级语法400点
四级标准 五级标准	丁级词3 569个	丁级字700个字	丁级语法516点
(总计)	四级词8 822个	四级字2 905个字	四级语法1 168项点

(二)注意《标准》与词汇、汉字、语法等级大纲的调节比例

根据《汉语水平等级标准和等级大纲(试行)》(1988)和《汉语水平词汇与汉字等级大纲》(1992)几年来的实践情况,根据语言理论研究和语言教学的发展,对《标准》中规定的词汇、汉字、语法的数量范围进行必要的调节,给以一定的浮动幅度是完全必要的。其调节比例和变动情况见表4。

表4　《标准》中词汇、汉字、语法大纲的调节比例

等级	词汇大纲		汉字大纲		语法大纲	
	编入 （不少于）	超纲 （不多于）	编入 （不少于）	超纲 （不多于）	编入 （不少于）	超纲 （不多于）
甲级	85%	20%	85%	10%	90%（项）	10%（项）
乙级	80%	20%	85%	10%	90%（项）	10%（项）
丙级	75%	30%	90%	15%	80%（点）	30%（点）
丁级	75%	35%	90%	20%	80%（点）	35%（点）

1. 实践证明,在编写与甲级词相对应的教材中编入词汇不少于85%（即878个）,在编写与乙级词相对应的教材中编入词汇不少于80%（即1 614个）两者相加为2 492个,这种定量与调节比例与目前多数院校在正规的一年制对外汉语基础教材中编入词汇2 500个左右是完全吻合的。所不同的是,词汇范围有了很大的变化。

2. 根据在几所高校调研的情况看,在编写与丙级词相对应的中级汉语教材中,起点生词定在2 500个左右,编入词汇不少于75%（即1 651个）,在编写与丁级词相对应的高级汉语教材中,编入词汇不少于75%（即2 676个）,这种定量与调节比例对克服目前中高级汉语教材的随意性很大的无序状态是必要的、可行的。

（三）注意汉语（等级）水平、等级标准与对外汉语教学年级、HSK的关系

1. 汉语（等级）水平与等级标准之间完全是对等的关系。

2. 汉语水平考试（HSK）各等等级证书的最低级（C级）,略高于相对应的各级等级标准。

3. 目前,从全国范围的教学质量来看,各级等级标准略高于对外汉语教学相对应的各年级的水平。以上情况,参见表5。

表5　汉语水平、等级标准与对外汉语教学年级、HSK的关系

汉语水平	等级标准	教学年级	HSK
初等水平	一级标准 →	一年级 →	
	二级标准		HSK（初等）
中等水平	三级标准 →	二年级 →	HSK（中等）
高等水平	四级标准 →	三年级	
	五级标准 →	四年级 →	HSK（高等）

（四）编教过程中对"调节"出来的词汇、汉字的处理方法

教材编写过程中未能编入的等级大纲中的词汇与汉字如何处理？我们建议,为与等级标准和中国汉语水平考试（HSK）相协调,可采用以下三种办法:

1. 作为补充生词,分散于各课生词的后面,以备教学中灵活使用。

2. 在练习（特别是替换练习）中出现,并在词汇后面标注拼音,以供学生自学。

3. 在专门为教学编写的补充教材或课外读物中出现,并在词汇后面加注拼音。这也

是一种过渡性替代办法。

（五）关于对外汉语教学的学时问题

基础阶段和基础后阶段（即一、二年级）的对外汉语教学，是一种短期、速成、强化性质的实用教学模式，保证每一教学阶段有足够的学时，是强化训练的重要措施之一，是其成功的关键条件之一。一级和二级水平（即一年级），上课时间（不包括复习、考试，下同）应不少于 33 周，上课学时应在 800 学时以上［如能达到 900 以上学时，则更能体现对外汉语教学的特点，900 以上学时——33（周）×5（天）×6 学时＝990 学时（包括每周一个下午 2 学时的有计划、有目标的语言实践活动时间）。三级水平（即二年级），在学时问题上应基本上视同一、二级水平。四级和五级水平，也必须各有 700 以上学时，四年制总学时应达到 3 000—3 400 学时。

三、建议阅读书目

中国对外汉语教学学会汉语水平等级标准研究小组.汉语水平等级标准和等级大纲［M］.北京:北京语言学院出版社,1988.

国家对外汉语教学领导小组办公室汉语水平考试部.汉语水平词汇与汉字等级大纲［M］.北京:北京语言学院出版社,1992.

四、思考题

1.汉语水平等级标准有哪些?

2.什么是 HSK?

3.如何在教学中融入《汉语水平词汇与汉字等级大纲》?

第八章　汉语国际教育的历史、现状与未来

作为一个方兴未艾的学科,汉语国际教育在推动汉语走向世界,推动中华文化走向世界的过程中发挥了不可忽视的重要作用。一般而言,今天学界以"对外汉语教学"来指称"对来华留学生进行汉语教学",以"汉语国际教育"来指称"在海外进行的汉语教学"。近来也有人提出以"汉语国际教育"来涵盖对来华留学生进行的汉语教学和在海外进行的汉语文化教学,则是对"汉语国际教育"的广义理解。

从历时的眼光加以梳理,自东汉始,我国就开始对留学生进行汉语教学,到唐代达到鼎盛。总体上看,在古代我国并没有形成一项专门教授外国人汉语的学问。从新中国成立后的20世纪50年代起,我国的对外汉语教学事业从开创并逐步发展。"文化大革命"期间,对外汉语教育事业受挫,陷入全面停滞。到20世纪70年代后期,随着国家改革开放政策的实施和国力的振兴,在世界范围内掀起了持久性的"中国热"。为适应文化交流和国际合作快速发展的新形势,对外汉语教育在国内形成了以院校教育为基础的完整教学体制,并积极通过派遣教师、提供教材、开展理论合作等多种渠道支持国外汉语教育的发展。1987年7月,国务院批准成立了国家对外汉语教学领导小组(简称汉办),统一领导和协调全国的对外汉语教学工作,这项事业由此进入蓬勃发展阶段。对外汉语教育也随之成长为我国语言教学中一个重要的分支学科。新世纪以来,汉语国际教育更进入了国内国际并重的迅猛发展阶段,国际汉语推广事业也上升为国家大外交战略的重要组成部分。

在未来,随着改革开放的进一步深化,经济的持续高速增长,中国的国际影响力将不断提高,汉语国际教育事业还将有一个较长的高速发展期。在观念层面,从对外汉语教学到汉语国际教育无疑是一种较大的观念转变;在实践层面,狭义的对外汉语教学与汉语国际教育之间则将形成一种新的良性互动局面。汉语国际教育的基础研究和应用研究会有很大的发展空间,而教师、教材、教学法仍将会是汉语国际教育未来发展所面临的三大基本问题。在崔希亮看来,从教学理念上来看,单纯的语言教育已经很难适应新的时代需要,语言加文化式的博雅教育将会成为汉语国际教育未来的主导性理念。

第一节　汉语国际教育历史

一、概　述

语言文字不但是人类最重要的交际工具,而且是历史、文化等信息的主要载体。随着社会的发展和科学技术的进步,在不同民族、地区和国家之间,文化和信息的交流更加广泛,各个领域、各种渠道的联系与交往日益密切,经济上互相依存和共同发展的趋势也渐趋明显。语言文字也是在不同的民族、地区和国家之间,交流文化和信息、沟通联系与交往、促进相互依存和共同发展的工具。因此,各个国家和民族都要根据自己的需要学习其他国家和民族的语言文字,同时向其他国家和民族传播自己的语言文字,以增强本国、本民族对其他国家和民族的吸引力。人类社会越发展,越能显示出这种学习和传播的重要性。许多国家早就十分重视向世界推广本族语的工作,有些国家把这项工作列为国策,并在语言政策、教育政策和外交政策中加以体现。它们的国家元首、政府首脑和驻外使节都主动关心、亲自过问推广本族语的工作,把它作为外事活动的一项重要内容。这些国家除了大量招收外国留学生之外,还在国外设立专门的官方和民间机构,组成推广本族语的国际网络。政府拨出巨款,资助师资培养、教材建设和这一领域的科学研究,并通过派遣教师、提供教材和教学设备等方式对国外的教学点进行无偿援助。这一切努力的结果,使它们的语言在世界上得到了不同程度的推广,同时把以这些语言为载体的国家和民族的科学、文化传播到世界各地,从而使人们对这些国家和民族更加了解,也使许多人在不同程度上对这些国家和人民产生了亲近感。

我们中华民族悠久的历史和光辉灿烂的文化早已为世界各国所景仰,为了学习我国的语言文字,并通过语言文字来学习我国的文化、科学和技术,许多国家很早就向我国派遣过留学生。

据历史记载,早在东汉时期,就有一些国家向我国派遣留学生。"东汉明帝在永平九年(公元 66 年)专为功臣樊氏、郭氏、阴氏、马氏的子弟设立学校,称为'四姓侯学'。这种贵族学校所聘教授人选,竟有超过当时的太学的,因之名声日彰,传至国外,引起外人的羡慕,遂有'匈奴遣子入学'之举。"(付克,1986)我国古代接收留学生的鼎盛时期要算唐代。"唐代自贞观至开元年间(公元 627—741 年),国力强盛,教育发达,各国派遣子弟来我国留学的日益增多。"

我国古代怎样对留学生进行汉语教学,现在看不到具体记载。这可能是因为当时对外国人的汉语教学还没有形成一项专门的事业和专门的学问。实际上,就是到了近代,甚至新中国成立之前,对外国人的汉语教学也没有形成一项专门的事业和一种专门的学问。

　　我国把对外国人的汉语教学作为一项专门的事业,是在新中国成立之后,从 1950 年开始的。60 多年来,随着这项事业的发展,人们在教学上不断进行探索和创新,并且围绕教学中提出的问题,积极开展科学研究,使对外汉语教学逐渐形成为我国整个语言教学中一个重要的分支学科。

　　1978 年 12 月 18 日,中国共产党第十一届中央委员会第三次会议在北京举行,中国改革开放的大幕从此拉开,中国进入了一个全新的发展时期,中国的强大发展势头备受世界瞩目。得益于改革开放,来华留学生教育工作也进入了恢复和发展期。这个时期有两个重要标志:"一是来华留学生的生源地扩展到西方工业化发达国家,二是在政策上许可一些有资格接受政府奖学金留学生的高校招收自费来华留学生,从此自费留学生开始进入中国的高等院校。1979 年全国自费留学生数量为 300 余名,1989 年已经发展到了 2 500 名,增加了 8 倍多。从 1978—1989 年,全国共接收和培养了 40 221 名留学生,其中政府奖学金生 13 699 名,自费留学生 26 522 名。1990—2000 年,全国共接收和培养了 310 000 多名留学生,其中政府奖学金生 18 360 名,自费留学生 292 000 多名。但是这一时期的来华留学生无论从规模上还是从层次上来看,都还处于一个比较低的发展水平,自费留学生的来源国主要是日本、美国、德国、英国、法国等 20 多个发达国家。"(崔希亮,2010)

　　本章选文的作者吕必松,北京语言大学教授,江苏泰兴人,1961 年毕业于华东师范大学中文系,曾任北京语言学院(现北京语言大学)院长、国家对外汉语教学领导小组成员兼办公室主任、《世界汉语教学》杂志主编。1978 年首次提出要把对外国人的汉语教学作为一门专门的学科来研究;1983 年主持成立了中国对外汉语教学学会,连任四届会长;1987 年主持成立了世界汉语教学学会,连任两届副会长和三届会长;主持完成的"中国汉语水平考试(HSK)"(初、中级)于 1990 年通过专家鉴定。现兼任国家语言文字工作委员会委员、中国对外汉语教学学会名誉会长、国家职业汉语能力测试专家委员会主任委员等职。主要著作有《对外汉语教学探索》《对外汉语教学研究》《吕必松自选集》《华语教学讲习》《对外汉语教学概论(讲义)》《语言教育与对外汉语教学》等。

　　本文节选自吕必松的《对外汉语教学发展概要》,全书从三个方面回顾了 1950 年以来我国对外汉语教学所走过的道路:1. 对外汉语教学事业的发展;2. 对外汉语教学法的发展;3. 对外汉语教学学科理论的发展。文章从不同角度对我国对外汉语教学的历史进行了全面、系统的介绍,对学科建设、教学法和学科理论研究等方面的有关问题作了扼要的论述。书中对外汉语教学事业的发展和对外汉语教学法的发展都分为四个阶段叙述(对外汉语教学事业的发展分为:初创阶段:20 世纪 50 年代初到 60 年代初;巩固和发展阶段:60 年代初到 60 年代中期;恢复阶段:70 年代初到 70 年代末;蓬勃发展阶段:70 年代末以来。对外汉语教学法的发展分为:初创阶段:50 年代初到 60 年代初;改进阶段:60 年代初到 70 年代初;探索阶段:70 年代初到 80 年代初;改革阶段:80 年代初以来),对外汉语教学学科理论的发展从教学理论和基础理论两个方面论述,基础理论包括语言理论、语言学习理论和比较文化理论。在下面一节的选文中,吕必松教授将带我们了解

20 世纪 70 年代以来我国汉语国际教育事业发展的历史脉络和发展特色。

二、原典选读

吕必松:《对外汉语教学发展概要》(选读)

本文出自吕必松教授所著《对外汉语教学发展概要》,文章对 1978 年以后我国对外汉语教学事业的重大变化进行了系统的梳理,将 20 世纪 70 年代以来对外汉语教育的蓬勃发展及特点进行了归纳:①对外汉语教育逐步形成以院校教育为基础、各教学点涌现、教学体制多样化、规模迅速扩大等特色;②通过各种方式支持国外的汉语教学;③把对外汉语教学作为一门专门的学科来建设;④成立了专门的领导机构,加强领导和协调。通过阅读本文可以了解改革开放以来我国对外汉语教学事业出现蓬勃发展新局面的历程,对探究对外汉语教学事业的发展进程和变化特点有着以小见大、抛砖引玉的作用。

我国粉碎"四人帮"之后不久,即宣告"无产阶级文化大革命"结束。党的十一届三中全会制定了以经济建设为中心的正确路线,同时决定实行改革开放和搞活经济的政策。政治上的转轨和因此而带来的经济发展,引起了世界各国的极大关注,随之在世界上出现了一股"中国热"。许多国家的政府、经济界、学术界以及友好团体等,都希望更多地了解中国,加强跟中国的联系,在各个领域发展与中国的交流与合作。因此,很多人都希望懂汉语,各种机构都需要汉语人才,要求学习汉语的人越来越多。这样,"中国热"又引起了"汉语热"。许多国家的汉语教学得到了迅速发展,并因此对我国的对外汉语教学提出了更多的要求。例如:要求向我国派遣更多的留学生,包括培养高级汉语人才;要求向他们派遣更多的汉语教师,并帮助他们培养自己的汉语教师;要求提供更多、更适用的汉语教材,特别是声像教材;要求提供理论指导或合作开展理论研究。要满足这些要求,就必须加快发展我国的对外汉语教学事业。

这一时期我国高等学校承担对外汉语教学任务的能力有所增强。经过前几年的恢复,各高等学校的办学条件有所改善;对外汉语教师得到了补充,经过培训或教学实践的锻炼,业务素质也有了一定程度的提高。改革开放政策为我国对外汉语教学事业的发展进一步创造了良好的内部条件。为了发展对外经济技术交流与合作,不但要继续通过政府协议交换留学生,而且要支持高等学校直接与国外学术交流。有条件的学校可以跟国外的对口学校进行校际交流,互派教师和留学生往往成为交流的主要内容。此外,一部分学校还可以直接接收国外实业机构和友好团体派遣的留学生,也可以直接接受个人申请。与国外的交流与合作,不但拓宽了招生渠道,而且使我们开阔了眼界,扩大了视野,思想得到了空前的解放。

我国改革开放政策的实施和国外"汉语热"的出现,使我国的对外汉语教学事业出现了蓬勃发展的新局面。从 1978 年开始,我国对外汉语教学事业的面貌发生了重大变化,形成了许多新的特点。主要变化和特点是:

1. 逐渐形成了以北京语言学院等院校为基地、教学点遍布全国并且各具特色的,以学校教育为主的,多渠道、多层次、多种形式的教学体制,教学规模迅速扩大。

学校教育除了汉语预备教育有了进一步发展以外,又出现了一些新的教学类型:

1978 年,北京语言学院正式创办了四年制的现代汉语本科专业(1975 年开始试办),以培养汉语教师、翻译和汉语研究人才以为主要目标。现在每年有数十名汉语专门人才从这里毕业。

同年,北京语言学院又根据国外的要求创办了短期汉语进修班。从 1980 年开始,这种学习期限长短不一(一般最短 4 周,最长 16 周)、汉语程度高低不同(一般分四种程度编班)、教学与旅游相结合的短期汉语班迅速发展到全国。不少院校主要通过校际交流的形式接收短期生。现在每年招收短期生数千人(包括校际交流数),构成了我国对外汉语教学的一大特色。我国开展对外汉语教学的高等院校在短短几年内增加到 100 所,正是短期汉语教学的发展和开展校际交流的结果。

有些院校根据国外的要求,接收一些国家的大学中文系或中文专业的学生前来进修,这些学生在中国学习的成绩,由派遣学校计算学分。有些院校根据外国实业机构或友好团体的委托,为它们派遣的高级进修生举办进修班,专门培养贸易、金融等方面的高级汉语人才。

1978 年后,北京、广州、集美三所华侨补习学校陆续得以恢复。"文化大革命"前,这三所学校的主要任务是为华侨学生补习文化;复校后,入学的新一代华侨、华人子女汉语水平普遍较低或者根本不懂汉语,这样,它们的主要任务就改为教授汉语,校名也随之改为中国语言文化学校(原校名保留)。

以上情况说明,我国对外汉语教学已形成了多渠道招生和多层次教学的新体制,结束了只通过政府渠道招生和基本上仅限于汉语预备教育的历史。这正是改革开放、搞活精神在对外汉语教学事业上的体现。

改革开放的政策也使我国接收留学生的规模得以迅速扩大。从 1978—1988 年,我国共接收 130 多个国家的长期留学生(即学习一年以上的留学生)13 126 名,短期留学生33 812 名(均不包括校际交流数)。这一阶段仅国家计划内的长期生数就相当于前三个阶段留学生总数的 1.4 倍。1988 年在校长期生 5 245 名(也不包括校际交流数),是1977 年在校生数的 4.3 倍,是 1965 年在校生数的 1.6 倍。这一阶段通过校际交际渠道接收的留学生人数也相当可观,据不完全统计,仅 1986—1988 年接收的长期生就达 4 500 人,短期生人数更多。

到 1988 年为止,在校长期留学生总数达到 100 人以上(包括学习专业的人数)的高等院校有:北京语言学院、北京大学、清华大学、北京外国语学院、北京师范大学、南开大学、山东大学、南京大学、复旦大学、同济大学、华东师范大学、中山大学、厦门大学等。除了教学规模最大的北京语言学院和北京大学以外,中国人民大学、北京师范大学、北京外国语学院、山东大学、复旦大学、上海外国语学院、暨南大学、厦门大学、陕西师范大学、东北师范大学等院校也都成立了系一级的对外汉语教学机构,接收外国留学生的其他院校多半也成立了教研室一级的机构。

其他形式的对外汉语教学也有了很大的发展。1980年,厦门大学海外函授部恢复,并更名为海外函授学院。学生人数逐年增加,1987年达到3 900多人。同年,北京市外国企业服务总公司成立了教学部,负责驻京的外国和港澳企业代表机构人员及其家属的汉语教学。现有学员600人,专职教师20人,兼职教师100多人。1981年北京外交人员服务局将汉语教研组改为汉语教研室,1984年又发展成为汉语教学中心,教学对象除各国驻京外交人员和记者以外,还有联合国驻华机构人员以及上述各类人员的家属。现有学员650人,专职教师70多人,兼职教师40多人。上海等地也开始对驻当地的外国和港澳机构人员进行汉语教学。中国国际广播电台除了继续在日语和英语节目中进行汉语教学以外,1986年以来,又先后在泰语、波斯语、老挝语、波兰语、朝鲜语、德语、俄语等语种的广播中开办了汉语教学节目。从1985年开始,英文台还专门为在北京地区的外国人开办了"每日一句中国话"节目。刊授教学除了《中国建设》继续开设"中文月课"以外,《人民中国》杂志于1986年和1988年先后开辟了"旅游会话"和"一分钟小说"栏目。以上各种形式的对外汉语教学与各类学校的校内教学互相补充,形成了一个比较完整的对外汉语教学网络。

2. 通过派遣教师、提供教材、建立教学点等多种方式支持国外的汉语教学。

早在20世纪50年代,我国政府就根据协议派教师到国外教授汉语,即使在"文化大革命"期间,派遣出国汉语教师的工作也没有中断。1978年以来,随着世界汉语教学的发展和对汉语教师需求量的增加,我国派出的汉语教师数量也逐渐增加。以1987年为例,我国共有通过政府渠道派遣的143名汉语教师和汉语教学专家在36个国家的69所院校或机构从事汉语教学工作。近年来,有越来越多的汉语专家应聘到国外担任政府汉语教学顾问,帮助设计汉语课程和制订汉语教学大纲,主持或参加教材编写工作等。此外,我国有关高等院校还通过举办教师培训班、进行个别指导、招收本科生和研究生等方式帮助国外培训和培养汉语教师。

支持国外发展汉语教学,还必须提供品种齐全、数量充足、质量较高、针对性较强的汉语教材。周恩来总理生前非常关心对外汉语教材的编写、出版工作,20世纪70年代初曾作过"速编速印"的批示。80年代以来,除了国内使用的汉语教材继续对外发行以外,教育、侨务部门与有关院校和学术团体互相配合,组织编写了一批专供国外使用的教材,有的是与国外合作编写的。这些教材有的在国内出版、在国内外发行,有的直接在国外出版发行,有的由国内外合作出版发行。黄辛白在1987年召开的对外汉语教材规划工作会议上的报告指出"对外汉语教材建设要着眼于全世界,有步骤有重点地开展。……在当前适用于国外的教材很少的情况下,尤其要考虑国外的需要。不但要看到今天已经提到面前的需要,而且要看到几年后必然会出现的新的需要,要远近兼顾"。为了贯彻这一方针,在《1988—1990 年对外汉语教材规划》中列入了相当数量专供国外使用的汉语教材,并且都作为重点项目,有些由国内外专家合作编写。从 1987 年开始,国家已拨出专款资助对外汉语教材建设。教育、侨务部门和有关院校早已开始向国外赠送汉语教材、工具书和教学参考书。

支持国外汉语教学的另一种形式是直接在国外开设汉语教学点。1988 年,我国在毛里求斯开设了"中国文化中心",汉语教学是这个中心日常活动的重要内容。这是我国直接在国外开设的第一个汉语教学点,类似性质的汉语教学机构有可能在越来越多的国家发展起来。这可以看作我国对外汉语教学网络在国外的延伸。

3. 把对外汉语教学作为一门专门的学科来建设。

要使对外汉语教学事业得到健康的发展,就必须把对外汉语教学作为一门专门的学科,努力加强这门学科的建设。在过去相当长的时期内,许多人不了解对外汉语教学的性质和特点,因此不重视理论研究,课程设计、教材编写、课堂教学和测试等基本上是凭经验办事,教师队伍建设也没有明确的标准和方向。1978 年在中国社会科学院召开的北京地区语言学科规划座谈会上,吕必松提出应当把对外国人的汉语教学作为一个专门的学科,应当在高校中设立培养这类教师的专业,并成立专门的研究机构。这一意见得到了与会语言学家的支持,会后发表的《北京地区语言学科规划座谈会简况》提到"要把对外国人的汉语教学作为一个专门的学科来研究,应成立专门的机构,培养专门的人才"(《中国语文》1978 年第 1 期)。之所以要把对外汉语教学作为一个专门的学科,是因为如果要使它得到健康的发展,就必须对它的特点和规律进行研究,就必须在教学、理论、队伍等方面加强建设,而它的研究范围和建设内容是其他任何一个学科都不能包括或代替的。为了开展对外汉语教学的学科建设,我国政府、各有关院校和广大对外汉语教学工作者已进行了长期的努力。采取的主要措施有:

(1)创办了专业刊物,成立了专业出版社和专门的研究机构。

(2)成立了专门的学术团体和学术机构,努力发展对内对外的学术交流。

(3)努力加强教材建设。

(4)加强对外汉语教师的培养和培训工作,努力提高对外汉语教师的素质。

4. 成立了专门的领导机构,加强领导和协调。

作为一项国家和民族的事业,对外汉语教学不但跟教育部门相关,而且跟文化、侨务、新闻、出版、外交等部门有关。随着对外汉语教学的迅速发展,迫切需要加强统一领导和对各方面的工作进行协调。经国务院批准,1987 年 7 月成立了国家对外汉语教学领导小组,负责统一领导和协调全国的对外汉语教学工作。领导小组由国家教育委员会副主任何东昌任组长,国家教委专职委员黄辛白和国家教委副主任滕藤先后任常务副组长,国务院侨务办公室副主任李星浩任副组长。领导小组成员还有国务院外事办公室、外交部、广播电影电视部、文化部、新闻出版署、国家语言文字工作委员会以及北京语言学院的有关领导。国家对外汉语教学领导小组的成立,反映了国家对发展对外汉语教学事业十分重视。

国家对外汉语教学领导小组成立后,我国对外汉语教学事业走上了更加有计划、有组织的发展道路。

1987 年 11 月,国家对外汉语教学领导小组办公室召开了全国对外汉语教材规划工作会议,黄辛白在会上作了题为《适应对外汉语教学蓬勃发展的新形势,加快对外汉语教材建设》的报告,对我国对外汉语教学的形势、任务和对外汉语教材编写、出版、发行工作中带有方针、政策性的问题进行了全面论述。会上制订了《对外汉语教材规划选题项目》,成立了“对外汉语教材选题项目评议组”。同年 12 月,评议组召开了第一次会议,讨论通过了 163 个申报项目,由国家对外汉语教学领导小组办公室作为第一批项目列入了《1988—1990 年对外汉语教材规划》。1989 年 4 月,评议组召开了第二次会议,又讨论通过了 19 个项目,作为第二批项目列入了规划。

领导小组办公室在广泛征求意见的基础上,于 1988 年 6 月制订了《1988—1990 年对外汉语教学科研课题指南》。1989 年 4 月召开了“对外汉语教学科研课题评议组”第一次会议,讨论通过了 44 个申报项目,正式列入了《1988—1990 年对外汉语教学科研规划》。

1988 年 9 月,国家教委和国家对外汉语教学领导小组召开了全国对外汉语教学工作会议。出席这次会议的有国务院有关部委的负责人、部分省市教育和侨务部门负责人、部分高等院校校长或院长、部分驻外使领馆教育处或文化处负责人以及有关的专家学者等共 120 多人。这是新中国成立以来第一次专门研究对外汉语教学工作的全国性会议。滕藤在《主动适应国际社会的需要,加快对外汉语教学事业的发展》的报告中,对发展对外汉语教学事业的意义、对外汉语教学面临的形势和当前的任务以及发展对外汉语教学事业的指导思想、方针政策和措施等问题进行了全面的论述。这个报告是我国发展对外汉语教学事业的第一个纲领性文件。与会者经过热烈讨论,在关于加强对外汉语教学工作的一些原则性问题上基本统一了认识。这次会议对推动我国对外汉语教学事业的发展将发挥积极作用,在我国对外汉语教学史上具有重大意义。

三、建议阅读书目

程裕祯.新中国对外汉语教学发展史[M].北京:北京大学出版社,2005.

李培元.五六十年代对外汉语教学的主要特点[C]//第二届国际汉语教学讨论会论文选.北京:北京语言学院出版社,1988.

李向玉,张西平,赵永新.世界汉语教育史研究[M].澳门:澳门理工学院,2005.

陆锡兴.汉字传播史[M].北京:语文出版社,2002.

吕必松.对外汉语教学发展概要[M].北京:北京语言学院出版社,1990.

张西平.西方汉学简史[M].北京:外语教学与研究出版社,2008.

赵金铭.对外汉语教学概论[M].北京:商务印书馆,2004.

四、思考题

1. 简述中国汉语国际教育的历程。
2. 中国汉语国际教育取得了哪些成绩？
3. 汉语国际教育与国家政策有什么关系？

第二节 汉语国际教育现状与未来

一、概 述

学术界不仅注重研究汉语国际教育的发展历史,还非常重视研究汉语国际教育发展的现状和未来趋势。在对汉语国际教育发展现状的研究中,学术界研究的重点是汉语国际教育发展目前所取得的成就和存在的问题。

在汉语国际教育发展目前所取得的成就方面,学术界主要归纳了以下几个方面:①国家对汉语国际教育事业的领导和管理不断加强;②学科理论建设初具规模;③教学体制不断完善,教学规模不断扩大;④汉语水平考试进一步推广,研发力度加强;⑤国际交流与合作的渠道更加广泛;⑥师资队伍建设进一步加强;⑦高度重视基础理论和教学理论研究;⑧教材开发有了新的突破;⑨已经形成了国内和国外两个面向外国人的汉语教学市场;⑩孔子学院得到了快速发展。

在汉语国际教育发展目前存在的问题方面,学术界主要总结了以下几点:①在基础理论研究上尚无重大建树;②在教学实践上尚无重大突破;③教学思想与教学手段有待于现代化;④教师、教材、教学法这三个问题仍然是汉语国际教育的基本问题,在这三个基本问题中,教师的问题是核心;⑤一方面在国外有大量的外国人想学习汉语而没有足够的合格的汉语教师,另一方面国内培养出来的大量对外汉语(汉语国际教育)专业人才却找不到对口的工作。

至于汉语国际教育未来的发展趋势,学术界主要归纳了以下几点:①在国内对外汉语教学稳步发展的同时,国外的汉语国际教育会有一个较大的飞跃发展;②国家会加大政府奖学金的投入,吸引更多的来华留学生,尤其是高层次的研究生和本科生;③国内的对外汉语教学和国外的汉语国际教育的顶层设计会更加精细化,除了分课型教学之外,个性化教学会越来越受欢迎;④国内的对外汉语教学和国外的汉语国际教育会形成联动的局面;⑤对外汉语教学与汉语国际教育的基础研究和应用研究会有很大的发展空间;⑥教育教学理念的变化在未来的一段时间里会对对外汉语教学和汉语国际教育产生深刻的影响;⑦急需建立大量的专门面向外国人的汉语学校或培训机构。

赵金铭对汉语国际教育的研究取得了重要成果,他思考了汉语国际教育的现状与未来发展,他的《国际汉语教育研究的现状与拓展》可视为这个方面研究的代表作。他是我国著名对外汉语教育专家、北京语言大学教授、博士生导师、全国汉语国际教育硕士指导委员会副主任、中国语言学会秘书长、商务印书馆世界汉语研究中心顾问委员会主任,曾任世界汉语教学学会副会长、北京市语言学会会长、《世界汉语教学》主编等职。

二、原典选读

赵金铭:国际汉语教育研究的现状与拓展

　　赵金铭的《国际汉语教育研究的现状与拓展》原载《语言教学与研究》2011 年第 4 期,主要归纳总结了"十一五"国际汉语教育研究的主要进展与薄弱环节,展望了"十二五"国际汉语教育研究的学术前沿与发展趋势。

　　中国的和平发展,吸引了世界众多的汉语学习者。这期间,汉语作为外语教学在世界范围内广泛推进,伴随而来的是研究领域的扩大、研究成果的卓著,同时也显现了国际汉语教育研究中存在的问题。回首"十一五"期间国际汉语教育走过的历程,瞻念未来"十二五"期间国际汉语教育的发展前景,择要总结学科的发展,审慎预示学科研究将要深化和拓展的领域,将有助于国际汉语教育研究的顺利开展,将更加有力地推动汉语加快走向世界的进程。

　　一、"十一五"国际汉语教育研究主要进展与薄弱环节

　　1.1 明确了"国际汉语教育"学科定位,构建并完善了学科体系研究框架。近年来,随着汉语加快走向世界,以往在中国语境下的"对外汉语教学"已经不能涵盖世界范围内蓬勃发展的"国际汉语教育"。我国以接收外国留学生学习汉语为主的对外汉语教学,正以积极的姿态参与并融入国际汉语教育发展和建设的更大的洪流之中,成为其重要的组成部分。这就为我们传统的对外汉语教学研究带来了无限的机遇与挑战。今天的国际汉语教育是不是一个学科? 这个学科目前所面临的最大挑战是什么? 都是值得我们研究和探讨的。

　　我们认为,国际汉语教育承袭了对外汉语教学学科研究的传统,是一个内涵更深、外延更广的学科。该学科目前所面临的问题是,社会上对它的性质和地位还存在诸多误解与偏见。从对外汉语教学,到汉语国际教学,再到国际汉语教育,本学科的内涵更加丰富,体系更加完备,视野更加开阔,范围更加广泛,研究理念更加先进,研究成果更加丰厚(赵金铭,2006)。国际汉语教育的学术定位属于第二语言/外语教学,学科定位属于应用语言学,学科内涵为基于"大汉语"概念的汉语作为第二语言/外语教学,下辖国内的对外汉语教学(汉语作为第二语言教学)、海外的汉语作为外语教学。外延则包括国内

外汉语作为第二语言/外语教学的教学、研究、教学管理,汉语教师的培养与培训,以及汉语国际传播和汉语国际推广的相关工作。

之所以称作"国际汉语教育",是因其涵盖面更宽,不仅仅是汉语作为第二语言教学/外语教学,随着国际汉语教学的推进,还伴随着中国文化在世界范围的介绍与传播。加强汉语教学与文化教学之关系的研究,探索国际汉语教育中的文化传播方略与模式,亦为题中原有之义。

自从已故语言学大师王力先生提出"对外汉语教学是一门科学"以后,对外汉语教学在业内已逐渐形成一种共识,公认对外汉语教学是一个学科。如今这个学科内涵与外延正在扩大,基于这种需求,业内确立了以汉语国际教育职业需要为目标的国际汉语教师的三大能力培养,即:汉语作为第二语言教学能力、中华文化传播能力和跨文化交际能力。此外,为适应海外汉语教学环境,还特别强调汉语课堂教学组织与管理能力的培养,以及教师基本素质的养成与教师的自我发展,为国际汉语教师培养与培训的课程体系建设明确了方向与目标。

1.2 学科研究更加精密化,开拓了新的研究领域

国际汉语教育学科,研究的范围不断扩大,并日益精密化。汉语作为第二语言习得研究、汉语课堂教学技能研究、适合海内外的汉语教材的研发与创新研究、中国文化及其传播研究、跨文化交际研究以及不同国家和地区汉语教学的课堂教学案例研究,都在蓬勃开展。

近年来,特别是围绕着国际汉语教育所开展的跨学科研究与交叉学科研究得到加强,现代教育技术广泛应用于汉语教学之中,多媒体汉语教学、网络汉语教学以及远程汉语教学有了长足发展。汉语作为第二语言/外语教学研究与心理学、教育学融为一体,学习理论与第二语言习得研究取得新的成果,学习者语言研究(中介语研究)、第二语言习得模式、习得顺序、习得规律、习得特点研究成果显著。但学习者个体因素研究因起步较晚,还比较薄弱。特别是对学习者学习动机、学习兴趣、学习策略、学习风格与学习持续性的研究,仍有待加强。

1.3 建立了国际汉语教育领域的有关标准,学科研究进一步走向科学化、规范化

国际汉语教师的培养与学习者语言能力的培养,以及国际汉语教学课程设置与课程内容的确定等,均需系统性和标准化。有关标准只能由汉语的故乡———中国产出,并应与国际通用标准相衔接。《国际汉语教师标准》《国际汉语能力标准》及《国际汉语教学通用课程大纲》三个标准的出台,是国际汉语教育界的标志性成果。

培养合格的国际汉语师资,是发展国际汉语教育的关键。国际汉语教师既要兼通中外两种语言,还要兼容中外两种文化;既要热爱国际汉语教学事业和中华文化,还要有国际化的视野和跨文化交际能力;既要懂得语言教学的一般规律,又要有适应不同教学环境,因地制宜,因材施教的教学应变能力。要培养合格的国际汉语教师,除了应具有一整套科学的培养程序之外,还必须有一套完备、合理、规范的测评标准。国际汉语教师标准,从语言教学和语言学习、汉语教学法、中国文化与跨文化交际、汉语课堂教学组织与

管理、汉语教师素质与自我发展等方面衡量教师。这个标准可以用来提供汉语教师资格认证,也可以作为评估教学质量的标准,还可以用来评估课堂教学与管理。而有了国际汉语能力标准,学习者就可以根据自己可能完成的任务来预期自己所能达到的汉语能力。有了课程大纲,在字、词、语言点、话题内容教学,以及教材编写的规范控制方面,就有了科学的依据。今后,要进一步将这些标准深化和细化,建立具有可操作性的测评细则和培训计划。从建立标准,到设计实施细则,再到具体测评,三位一体,是一项系统工程,今后应加强后两项研究。特别需要将这些标准与国际通用的相关标准相匹配,以便在国际上得到更广泛的使用和认可。

1.4 更加重视汉语国际传播方略研究

目前国际汉语教学,主要在三个层次上展开。孔子学院主要是满足当地社区学习汉语多样化的需求;外国大学中文系主要是培养汉语专业人才;各种类型的华文学校是以华人华侨子女为培养对象。在这三个层次上,应具有不同的汉语传播方略。为适应国际汉语教育发展的新变化,服务于国家发展战略研究,适应不同层次的教学需求,开展了对不同国家、不同地域、不同语言文化背景的汉语教育研究。为应对国际汉语教育的新形势,开展了对国际汉语教育学习者低龄化研究,对学习者学习动机多样化研究,以及对教学环境多元化研究。总体看来,三教问题(教师、教材、教法)的研究,日益成为研究的重点。所谓汉语教师对海外汉语教学环境的诸多不适应,汉语教材的编写不能满足海外汉语学习者的需求,汉语的课堂教学方法不完全适合海外学习者的学习习惯等,说到底,还是对汉语作为外语教学的基本理论研究不够,特别是对汉语本身的特点以及汉字的特点在海外汉语教学中如何体现研究不够。如何把汉语作为外语教给不同教学环境下不同需求的学习者,是一个根本的研究课题。也就是说,考察新时期海外汉语教学的科学规律,探求适合海外的汉语教学法,仍是我们面临的主要研究课题。与此相关的是,汉语作为第二语言教学的相关因素研究,还有待加强。譬如对海外汉语教学环境的研究,以及对海外汉语学习者个体因素的研究,还相当薄弱,有些领域还是空白。

1.5 从比较研究中寻求自身的发展

汉语作为第二语言/外语教学,有其自身的特殊性,不仅应该研究本学科教学与学习规律,还应从比较教育学的角度,与其他语言作为第二语言教学进行比较研究,还应对世界上不同流派的汉语作为第二语言教学进行比较研究。有比较,才能有鉴别,才能不断创新。我们应该研究汉语作为外语教学带有规律性的东西,要研究具有普遍指导意义的东西。作为一门学科的国际汉语教育,与其他语言作为外语教学既有共性又有个性。共性不必说,个性就是要体现汉语语音、词汇、语法的特点及其书写系统汉字所独具的特色。只有掌握了汉语作为外语教学的普遍规律,当我们走向世界各地进行汉语教学时才能结合当地的实际情况,开展有针对性的教学,形成当地汉语教学的特色,打造蓬勃发展的国际汉语教学宏伟局面。近年来,汉语作为第二语言的教学理念不断更新,教学模式的研讨十分热烈,并多有创获。为了保持并发扬近百年来汉语作为第二语言教学法的优良传统,对在汉语土壤上滋生并日趋完善的汉语作为外语的教学法,或称综合教学法,应从理论与实践上予以提升,并与时下世界第二语言教学潮流相契合,融入其中,形成具有影响力的汉语作为外语的教学法,真正立足于世界第二语言教学法之林。

二、"十二五"国际汉语教育研究的学术前沿与发展趋势

2.1 国际汉语教育的新发展,导引学术研究的走向

近年来世界范围内学习汉语的人数呈现较快增长趋势,为满足世界各地学习汉语的需要,从 2005 年开始,我国在 96 个国家和地区开设了 322 所孔子学院和 369 个孔子课堂,形成了 4 000 人的专职教师队伍;累计派出汉语教师 1.7 万人,比 2004 年增长了近 80 倍,为 80 个国家短期培养汉语教师达 10 万人次。(刘延东,2010)孔子学院采取中外合作办学模式,以传播汉语和中华文化,促进多元文化发展为宗旨,是中华文化走出去的一大创举。(袁贵仁,2010)从汉语教学角度来看孔子学院,其汉语教学属于多层次的、学习需求多样化的、学习者构成复杂的、学习时间相对较短而又缺乏连续性的非学历教学。为提高学习者学习兴趣,吸引学习者,并留住学习者,必须改变以往在对外汉语教学中所存在的教学手段落后、模式单一、情景缺乏的状况,采用以学习者为中心的互动式教学,汉语教师要善于用当地学习者乐于接受、容易接受的方式来教授汉语,以鲜活、生动的教学形式,学习者感兴趣的学习内容,大幅度提升孔子学院和孔子课堂的教学质量,充分调动学习者的学习积极性。孔子学院的兴起,促进了国际汉语教育事业跨越式的发展,也为国际汉语教育提供了深入研究汉语教学的广阔平台。

从 2007 年起,我国开始创办汉语国际教育硕士专业学位,目前已累计招收在职与全日制学生 2 000 余人,2009 年又招收 1 020 名外国汉语教师奖学金生,攻读专业学位。孔子学院、汉语志愿者教师和汉语国际教育硕士专业学位,此三者是国际汉语教育事业中前途广阔的新生事物,为国际汉语教育研究开辟了新的领域。诸如孔子学院的汉语教学模式和中国文化介绍与传播模式研究,专业学位的课程设置体系与实习实践体系研究,国际汉语教育师资培养与培训体制及培养模式研究等,都具有广阔的研究前景。从长远来看,最重要的是大力培养所在国家和地区本土化的汉语教师。深入比较不同语言文化的异同,探索汉语教学本土化的教学方法,编写本土化的汉语教材,让本土化的汉语教师现身说法,提升汉语学习者的学习积极性。

今后,国际汉语教育的大发展,仍将推动本学科学术研究,导引本学科学术研究的走向。

2.2 重视对华侨、华人的汉语教学

在全世界 4 000 多万汉语学习者中,华侨、华人学习者竟占 70%。学习汉语对他们来说,不仅是保持自己的语言,或学习一种语言,还有更深层的文化含义,那就是对中华文化的认同。因此,在对华侨、华人的汉语教学方面,大力培养了解本地情况的合格师资,编写针对性强、更具本土特色的教材,以丰富多彩的祖国文化吸引学习者,采用符合当地教育传统的教学方法,提升华人华侨汉语学习积极性,是汉语国际传播中十分重要的问题。华人华侨学习者是一个特殊的学习者群体,他们有着自己的语言文化背景,有着深远的中国文化渊源,处在一个复杂的学习环境之中,中国传统的语言教学理念深深

地影响着他们。因此,必须专门研究,编写专门的汉语教材。华文教育具有自身的特点,我们应据此全面思考有关华文教学的问题,针对华人华侨的特点,加强华文教学的教材、教法和师资问题研究。

2.3 着力化解所谓"汉语难学"问题

在汉语走向世界的过程中,不应忽视"汉语难学"这一国际上广为流传的偏见及其负面影响的存在。有一种误解,认为汉语很神秘、很难学。虽然这是个伪命题,但它对汉语学习者的影响却不容低估。故首先应突破这一观念的束缚,并结合教学实际努力化解所谓汉语难学的问题。赵元任(1980:221)说过:各国语言里不同的方面各有难易,平均说起来么,我觉得中国语言在世界上,对于没有学过任何语言的孩子,可以算是中等,也不特别难,也不特别容易。因此,为了将学习者引进门并能保持学习的兴趣,我们应进一步科学审慎地论证和试验"先语后文"的教学模式,特别是针对母语文字为拼音文字的汉语学习者。在初步掌握汉语口语之后,可以较为顺畅地把汉字教学和认知理论有机结合起来,突破汉字教学的瓶颈,全面发展汉语语言能力。还应根据不同的学习目的、学习时间、学习环境,合理安排汉字学习内容,灵活多变地处理汉字教学问题。所谓汉语难学,在很大程度上说的是"汉字难学"。因此,冲出汉字学习的峡谷,便会快速走上汉语学习的坦途。深入探索不同区域、不同教学环境下的各种有效的教学方法和教学模式,化解"汉语难学"问题,已迫在眉睫。

2.4 努力探索海外汉语教学规律和文化传播功能

探索对世界有影响力的、与国际第二语言教学潮流同步的、基于汉语和汉字特点的、适应各种学习群体和学习需求的、丰富多彩的海外汉语教学模式,仍是重要的研究课题。教学模式、教学方法不求整齐划一,一定要适合当地的实际情况。还要关注海外学习者有效的学习时间,适当考虑教材的容量,兼顾学习者的学习动机,选用学习者感兴趣的言语内容,因地、因人、因时地开展汉语教学。应针对不同的学习对象和目的,探讨汉字的认知与学习规律,突破汉字教学和学习的瓶颈。还应借鉴世界第二语言教学已有的成功经验,适当采用目前流行的各种有效教学方法。汉语国际教育现阶段的根本目标是:以较为轻松的学习方式,用较短的学习时间,使更多的海外学习者走进汉语,学习汉语,并且能乐于学下去。

国际汉语教育的主旨是努力拓展汉语教学,同时传播中华文化。我们应将汉语教学方式方法的研究与文化传播途径、方略的研究同时进行论证。目前国际汉语教育中的文化传播,有些急功近利,过于直白,多少带有为介绍中华文化而讲文化的倾向。我们应该研究,如何与学习者的本土文化相结合,如何克服中外不同话语体系和不同文化差异所带来的障碍,用国外学习者容易接受和理解的方式来介绍中华文化。在世界第二语言教学中,目的语文化的传授已经置于一个更宏大的背景之中,呈现全球化和多元性的趋势。学习者在自身文化和异质文化的交流与碰撞中,不断领悟与体验,文化不再作为学习的对象,而是作为学习的背景,即文化的学习应该是润物细无声,是耳濡目染,是潜移默化。这种理念对国际汉语教育的教材内容和教学方法提出了新的要求。我们应该研究汉语与中华文化如何契合,在汉语教学广泛推进的同时,让中华文化大步走向世界。

三、建议阅读书目

崔希亮.对外汉语教学与汉语国际教育的发展与展望[J].语言文字应用,2010(2).

邓文彬.中国语言学史[M].北京:北京交通大学出版社,2006.

陈昌来.对外汉语教学概论[M].上海:复旦大学出版社,2005.

赵金铭.对外汉语教学概论[M].北京:商务印书馆,2004.

刘珣.对外汉语教育学引论[M].北京:北京语言文化大学出版社,2000.

刘珣.对外汉语教学概论[M].北京:北京语言文化大学出版社,1997.

四、思考题

1. 汉语国际教育未来有哪些重要机遇?

2. 如何面对汉语国际教育的诸多挑战?

3. 如何理解"汉语热"与"汉语难学"的关系?